Ibiza & Formentera

Eivissa i Formentera

Ibiza & Formentera

Eivissa i Formentera

Jaume Balanyà / August Vallmitjana

Triangle Books

BALÀFIA POSTALS

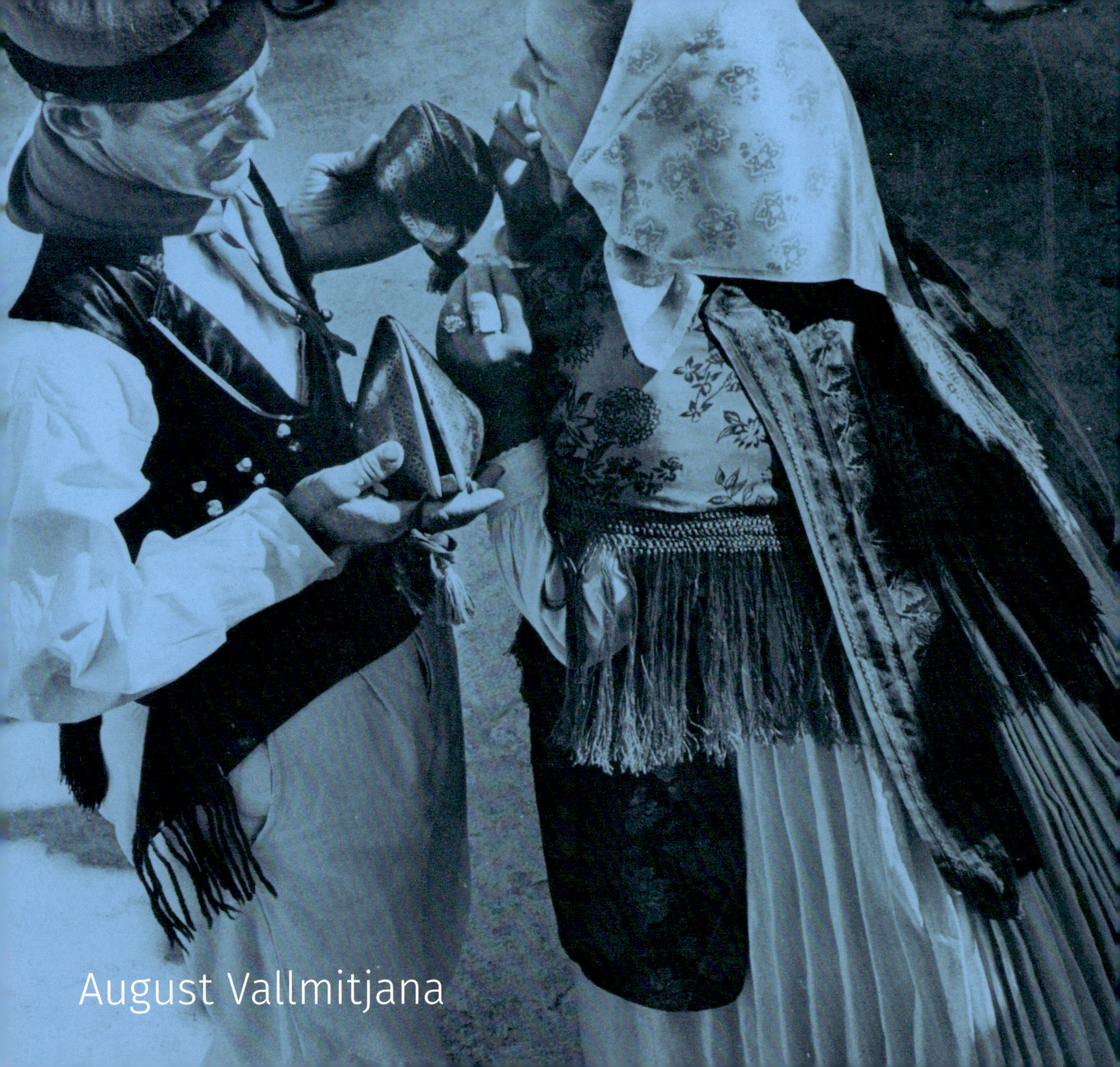

August Vallmitjana

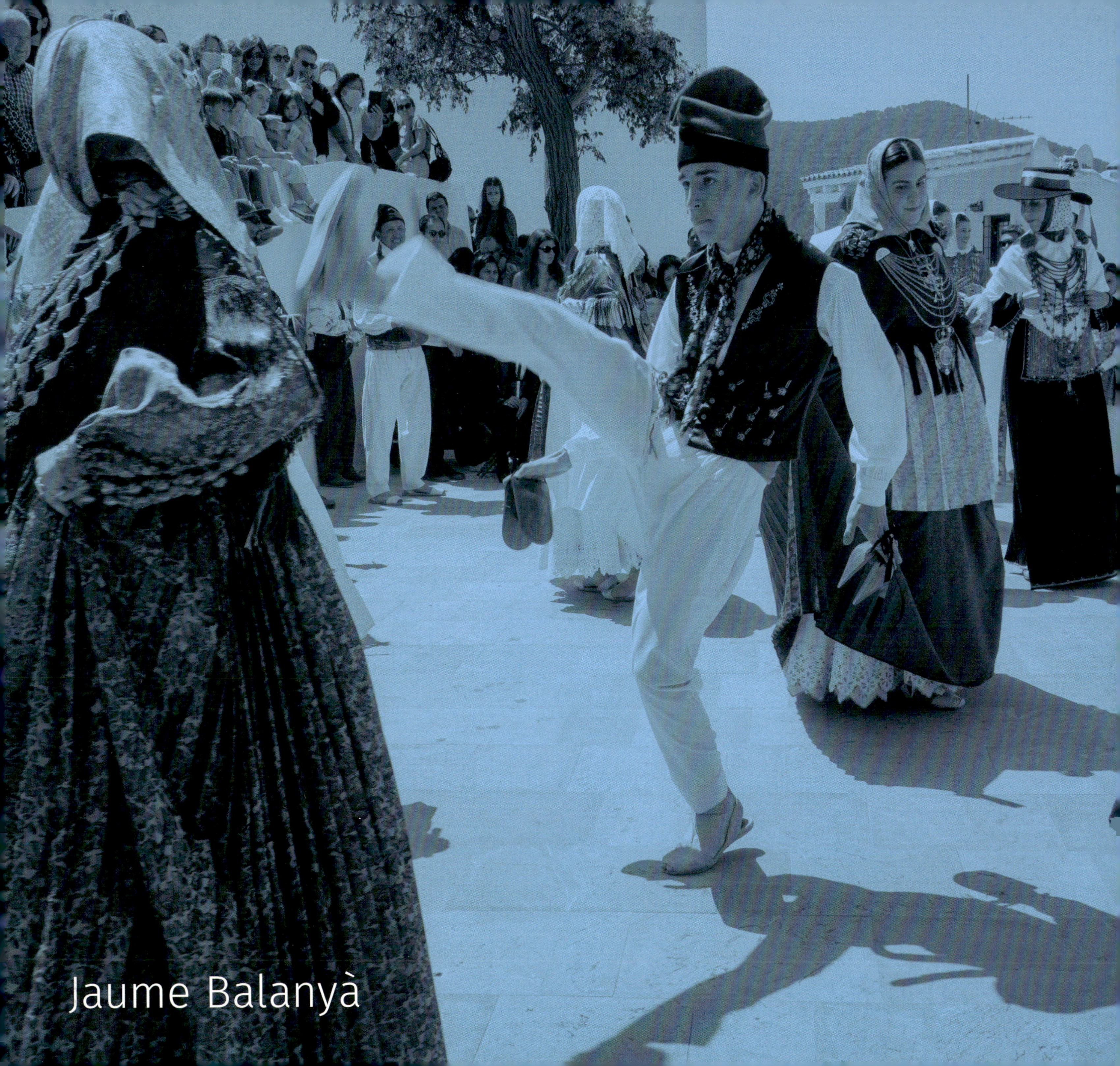

Jaume Balanyà

Sumari

Sumario / Summary / Sommaire

Recordant August Vallmitjana

Aquesta crònica tracta d'una persona que vaig conèixer en aquella entranyable Eivissa, quan en deien «s'illa blanca» i on encara convivien les darreres pageses amb els darrers hippies. També relata una trobada casual amb aquesta persona que es convertí en amistat. Des de llavors vàrem compartir experiències i fotografies, perquè aquesta persona era un fotògraf, qui vaig prendre com a referent pel seu treball i per entusiasme desbordant que transmetia, i de qui –a la meva manera– he intentat seguir el model fent dels projectes realitats, com aquest llibre, que he fet pensant en ell.

Jaume Balanyà

Barcelona, juliol de 2022

Molts capvespres del mes d'octubre de l'any 1972 els vaig passar en una sala d'art del passeig de Vara de Rei de Vila. Allà tenia la meva primera exposició fotogràfica sobre l'illa d'Eivissa. L'any 2018, algunes d'aquelles fotografies es varen publicar al llibre *Eivissa, l'ànima d'un poble*, de l'editorial Balàfia Postals, i el 2019 a *Eivissa 1970*, de Triangle Books. Aquells eren uns dies pletòrics: amb només vint-i-dos anys, jo mostrava per primera vegada en públic unes fotografies que m'omplien de satisfacció. Representava l'inici d'un camí que encara no ha finit, i em feia content d'explicar-ne alguna cosa als visitants que m'hi preguntaven.

Aquella tarda, ho recordo com si fos ara, s'hi va presentar una parella; ell era un home ja madur i ella molt més jove. Es varen mirar les fotos amb atenció, aturant-se davant de cadascuna, comentant-les... Mentrestant, a l'altra banda de la sala, jo me'ls mirava encuriosit. I en acabar la visita, ell em va dir: «Em dic August Vallmitjana, com tu, soc fotògraf, i et felicito pel teu treball».

Dies més tard, Vallmitjana em va visitar novament, aquesta vegada amb un sobre sota el braç. Era un d'aquells sobres amb marca de paper fotogràfic i hi duia algunes de les seves fotos. En veure-les, a l'instant em vaig adonar que acabava de conèixer un gran fotògraf. Això va passar ja fa mig segle.

En acabar l'any, vaig deixar l'illa –hi era fent el servei militar– i em vaig incorporar a la meva feina a Barcelona, un laboratori de fotografia en color per a fotògrafs professionals, especialitat que en aquell temps no existia a Eivissa. Llavors, Vallmitjana va començar a enviar-me els seus treballs per positivar-los, i en la carta que embolicava els rodets m'explicava coses seves, projectes i realitats. De vegades em demanava que en el mateix enviament en el qual li trametia la comanda per transportista, hi afegís un paquet de mate, aquelles fulles per fer la infusió que ell prenia i que li costava trobar a Eivissa. Llavors jo anava a un herbolari de la plaça Reial i l'hi comprava. Aquesta era la nostra relació, de col·legues fotògrafs i d'amistat.

D'August Vallmitjana, nascut a Barcelona l'any 1914, la seva biografia diu: «fill d'una família barcelonina de destacats artistes i escultors, va marxar amb els seus pares a l'Argentina quan era un infant i allí tingué una exitosa carrera com a fotògraf i cineasta. L'any 1970 retornà a Barcelona i tot seguit s'establí a Eivissa fins a la seva mort l'any 1981».

En la meva trajectòria professional he seguit l'obra dels fotògrafs més coneguts, els que han publicat molts llibres o que, fins i tot, tenen fotos en museus. En el cas de Vallmitjana, a més, l'he admirat, pel seu treball genial i encara més per la seva senzillesa i vitalitat. Vallmitjana es va relacionar amb el col·lectiu d'artistes que vivien a Eivissa –els fotògrafs locals cobrien els actes socials– i aviat es va fer una posició en nous espais fotogràfics. Al seu laboratori de blanc i negre feia ampliacions murals de paisatges, ball pagès, retrats i altres temes, sens dubte una novetat que el convertí en pioner en aquesta especialitat. Va col·laborar amb la revista de l'Institut d'Estudis Eivissencs i va publicar fotos en el llibre *L'any en estampes* del poeta Marià Villangómez. Llavors jo ja estava immers de ple en el món fotogràfic barceloní, i de vegades li donava un cop de mà en temes que a l'illa li costava resoldre.

Eivissa se li va fer petita, i quan venia a Barcelona ens vèiem i debatíem sobre la nostra passió. A Barcelona va exposar obra a la galeria Spectrum; va fer una exposició individual sobre la Sagrada Família de Gaudí a la sala Aixelà, amb espectaculars fotos gegants fetes amb aquella curiosa càmera panoràmica que tenia; va publicar un llibre sobre la ciutat amb l'editorial Castell que encara es troba a les llibreries de vell; va projectar la pel·lícula *Rio Patagónico* al Centre Excursionista de Catalunya, on reflectia el seu temps d'aventurer i descobridor de llocs recòndits de la Patagònia argentina...

Vallmitjana no parava, era una font de projectes, en tenia sempre, n'acabava un i en començava un altre. I això, en la meva joventut –temps d'aprenentatge de tot, no sols de fotografia– em sorprenia d'aquell home d'ulls inquiets i cabells ja cendrosos.

En fer vint-i-nou anys, vaig deixar el laboratori fotogràfic i vaig muntar el meu primer estudi dedicat a la fotografia publicitària. Llavors les nostres trobades es varen anar espaiant, cadascú feia el seu camí. I un dia trist algú em va dir que l'August Vallmitjana descansava al cementiri de Sant Josep de sa Talaia, a Eivissa.

Durant temps i temps el llegat de Vallmitjana ha estat oblidat, reposant en arxius diversos, i les fotografies s'han anat tenyint d'aquell to groguenc que aporta l'antiguitat. Treure-les de nou a la llum ha estat quelcom semblant a una cursa d'obstacles.

Partint del més absolut desconeixement, vaig aconseguir contactar amb els seus familiars a l'Argentina, però allà no conserven fotos de la seva etapa eivissenca. En un dels arxius d'Eivissa, l'amiga Neus Escandell va descobrir unes capses de fotos que Vallmitjana feia per a col·leccionistes –una donació d'un particular–, amb sublims dossiers d'imatges d'arquitectura i de ball pagès. L'editor Martin Davies em va confirmar que anys enrere n'havia vist moltes en una fundació de Mallorca i que n'havia publicat algunes en el seu llibre *Eivissa l'illa d'un temps*. I l'amic Xavier Margais, amb una veritable recerca detectivesca, em va confirmar on van anar a parar finalment moltes d'aquelles fotos, després d'un periple per diverses fundacions resultat de diferents fusions bancàries... A tots ells, el meu agraïment.

Tradueixo de l'anglès l'encertat comentari de l'editor Martin Davies: «Una autèntica recerca del tresor, amb una olla d'or fotogràfic al final!». Malauradament, ha estat una recerca inacabada i no he pogut trobar el «tresor» sencer, a hores d'ara dispers en diversos arxius, en alguns fins i tot sense qualificar per la desídia evident dels organismes que havien de preservar-lo. Desitjo que no s'hagi malmès i que en el futur algú tingui més fortuna que jo.

Ja en la meva tardor, un cop més he tornat a Eivissa, on vaig viure l'any 1972, i també a Formentera, on anava de tant en tant. Dues illes que des de llavors ocupen un lloc preferent en la meva memòria. Aquestes darreres vegades hi he anat expressament a fer les fotos d'aquest llibre. Fotografies que he pres sospesant la llum, llegint el paisatge, enquadrant amb l'esguard el petit detall o la immensitat, esperant el millor moment o aprofitant la inesperada descoberta que l'atzar em revelava, comentant-ho tot amb l'August en una conversa imaginada. Imatges de llocs que vàrem compartir, i que representen el meu homenatge a algú amb qui, en tantes ocasions, vaig parlar de fotografia.

Mentre feia les fotos, retornaven del passat moments inoblidables, dissabtes meravellosos quan, de bon matí, llogava una precària bicicleta a Vila i me n'anava fins al Port de Sant Miquel o Sant Carles de Peralta a descobrir llocs per a mi inèdits, amb la senalla a l'esquena, alguna cosa per menjar i la càmera fotogràfica. De tornada havia d'espavilar-me i pedalar costa avall amb energia per arribar a temps de retornar la bici. Acabava exhaust i saciat de paisatges... I no hauria passat res si l'hagués tornada l'endemà, perquè tots els eivissencs que llavors vaig conèixer eren gent amable que m'ajudava.

En aquestes darreres visites a les Pitiüses, fetes entre el 2019 i el 2023, he passejat per llocs que havia descobert de jove on sempre em plau tornar-hi, com Cala d'Hort, el Puig de Missa, Dalt Vila, el cap de Barbaria... i també he anat a d'altres indrets on mai havia estat, sovint recorrent camins solitaris. M'he enfilat a la talaia des Alls, m'he despenjat per una angosta canal a ses Balandres, he descobert noves vistes del majestuós illot des Vedrà des del cap Llentrisca, m'he submergit en les aigües cristal·lines de la punta des Trucadors...

Soc conscient que, malgrat les reduïdes dimensions de les illes, mai arribaré a conèixer-les del tot, hi ha una àmplia xarxa de camins i possibilitats, indrets que cal cuidar i preservar... També hi ha llocs on m'estimo més no aturar-m'hi i conservar-ne el record de com eren llavors. El mateix em passa en el meu entorn més proper i en altres racons del planeta. Com a molts llocs, la vida a ses Illes ha pres un altre ritme, s'ha accelerat, abans la calma era arreu, ara s'ha de buscar al camp.

Ja no hi són les pageses cobertes de negre de dalt a baix, ni al camp ni emblanquinant els barris de la Marina o sa Penya, vestint-los d'enlluernadora blancor; els «vips» s'han fet un lloc en aquest indret de la Mediterrània, amb les seves luxoses mansions, el seu glamur, els seus privilegis... i han transformat, en bona part, el bucòlic escenari. Tot i així, com diu l'amic Néstor Pellicer, entusiasta d'aquests llocs que estima tant com jo, «malgrat els evidents canvis que ha sofert l'illa respecte al segle passat, avui dia un nouvingut encara pot enamorar-se'n».

TEXT IN ENGLISH

Remembering August Vallmitjana

This is a story about someone I met on that charming Ibiza, when they used to call it *S'illa blanca* (the white island), where the last of the farmers coexisted with the last of the hippies. It also revolves around a chance encounter that became a friendship and, from then on, we shared experiences and photographs. It is about a photographer who I made my role model because of his work and the boundless enthusiasm he radiated, and whose model I have tried to follow in my own way by turning projects into realities, such as this book, which I made with him in mind.

Jaume Balanyà

Barcelona, July 2022

I spent many an evening in October 1972 in an art gallery on Passeig de Vara de Rei, where I held my first photography exhibition on the island of Ibiza. Some of those photographs were published in 2018, in the book *Eivissa, l'ànima d'un poble* from the publisher Balàfia Postals, and in 2019, in *Eivissa 1970* from Triangle Books. Those days were bursting with excitement: at just 22, I was showing photographs in public for the first time that filled me with pride. This marked the beginning of a journey that is yet to end, and I was happy to explain anything to visitors who asked me to.

That afternoon, and I remember it as if it were yesterday, a couple came in; he was already a mature man and she was much younger. They looked closely at the pictures, stopping in front of each one, discussing them. Meanwhile, from across the room, I watched them curiously. Upon finishing their visit, he said to me, "My name is August Vallmitjana. Like you, I'm a photographer, and I congratulate you on your work." A few days later, Vallmitjana paid me another visit, this time with an envelope under his arm. It was one of those envelopes with photographic paper branding, and it held some of his photos. When I saw them, I instantly knew that I had just met a great photographer. This happened half a century ago.

At the end of that year, I left the island – I was there to complete my military service – and started a job in Barcelona, at a colour photography laboratory for professional photographers, a speciality that did not exist back then in Ibiza. Vallmitjana then began to send me his work for developing, and in the letters wrapped around the rolls of film he told me about what he was up to, his projects and goings-on. Sometimes he asked me to add a packet of maté, the tea he drank and had such difficulty finding in Ibiza, to the same parcel in which I would return his order via courier. So, I would go to the herbalist on Plaça Reial and purchase it for him. This was our relationship, that of fellow photographers, and of friends.

His biography tells us that August Vallmitjana, born in Barcelona in 1914, was "the son of a family of artists and sculptors from Barcelona; as a child he left for Argentina with his parents, and there he built a successful career as a photographer and filmmaker. In 1970, he returned to Barcelona and soon relocated to Ibiza, where he stayed until his passing in 1981."

During my professional journey, I have followed the work of the more renowned photographers, those who have published many books or even had their pictures displayed in museums.

In the case of Vallmitjana, I have also admired him for his excellent work and even more so for his humbleness and energy. Vallmitjana surrounded himself with the artist collective who lived in Ibiza – local photographers covered the social events – and he soon made a name for himself in new photographic spaces. In his black-and-white laboratory, he made mural-sized prints of landscapes, traditional dance, portraits and other subjects, undoubtedly a novelty that made him a pioneer in this speciality. He collaborated with the magazine of the Institut d'Estudis Eivissencs and published photos in the book *L'any en estampes* by poet Marià Villangómez. By then I was already fully immersed in Barcelona's photography scene, and sometimes helped him with matters that proved hard to resolve back on the island.

He outgrew Ibiza, and when he came to Barcelona we would meet and discuss our passion. In Barcelona he displayed his works at the Spectrum gallery; he had a solo exhibition on Gaudí's Sagrada Família at Sala Aixelà, featuring spectacular gigantic photographs shot with that curious panoramic camera he had; he released a book about the city with the publisher Castell which can still be found in second-hand bookshops; he screened the film *Rio Patagónico* at the Centre Excursionista de Catalunya, in which he reflected on his days as an adventurer and discoverer of remote places in Argentine Patagonia...

Vallmitjana never stopped, he was an endless source of projects. He always had one on the go: he would finish one and start the next. Which, in my youth – a time when I was learning about everything, not just photography – surprised me coming from that lively-eyed, silver-haired man.

When I turned twenty-nine, I left the photographic laboratory where I worked to set up my first studio devoted to advertising photography. From then on, our encounters became less frequent, we were each following our own path. And one sad day, someone told me that August Vallmitjana was resting in the graveyard of Sant Josep de sa Talaia, in Ibiza.

Vallmitjana's legacy has remained forgotten for too long, dormant in various archives, the photographs acquiring that yellow hue that comes with age. Bringing them back into the spotlight has been something of an obstacle course.

Starting with a complete lack of information, I managed to contact his relatives in Argentina, but they do not keep any pictures from his time in Ibiza there. In one of the archives in Ibiza, my friend Neus Escandell discovered some boxes filled with the photos that Vallmitjana would take for collectors – a donation from a private individual – with sublime dossiers of images depicting architecture and traditional dances. Publisher Martin Davies confirmed to me that he had seen many of them years ago at a foundation in Mallorca, and that he had published some in his book *Ibiza, Island Out of Time*. And my friend Xavier Margais, through research worthy of a detective, confirmed where many of those images had ended up, after a journey across various foundations as a result of a number of bank mergers. To all of them, my deepest gratitude.

Allow me to paraphrase a very apt comment from editor Martin Davies: "It was a true treasure hunt, with a pot of photographic gold at the end!" Sadly, it has been an uncompleted search and I have not been able to find the entirety of the "treasure", which at this point is scattered across various archives, in some of which it remains uncatalogued due to the apparent carelessness of the bodies whose duty it was to preserve it. I only hope that it has not been damaged and that, in the future, someone will have better luck than me.

Now, in the autumn of my life, I have returned to Ibiza once again, where I lived in the year 1972, and to Formentera, which I visited from time to time. Two islands that have held a special place in my memory ever since. The last few times I visited, I was there specifically to take the photos in this book. These are photographs that I captured by considering the light, reading the landscape, framing either a small detail or immensity with my gaze, awaiting the best moment or making the most of a discovery that fate revealed to me, discussing everything with August in an imagined conversation. Photos of places we shared, which serve as my tribute to someone with whom, on so many occasions, I talked about photography.

While capturing these photographs, many unforgettable moments returned to me from the past. Wonderful Saturdays when, early in the morning, I would rent a rickety bicycle and head to the Port of Sant Miquel or Sant Carles de Peralta to discover places I had never seen before, with just a basket on my back, something to eat and my camera. On the return journey, I had to hurry and pedal down the coast as fast as I could to get back in time to return the bicycle. I ended up exhausted and satiated with landscapes… and it would have been fine if I had returned it the following day, because everyone from Ibiza that I met back then were kind people who were willing to help me.

During these last visits to the islands, between 2019 and 2023, I walked around places that I discovered as a young man and which always bring me pleasure to revisit, like Cala d'Hort, Puig de Missa, Dalt Vila, cap de Barbaria… and I also went to places that I had never visited before, often by following deserted paths. I climbed the Talaia des Alls, I descended a steep cliff in Ses Balandres, I discovered new views of the magnificent illot des Vedrà from the cap Llentrisca, I swam in the crystal-clear waters of punta des Trucadors…

I am aware that, despite their small size, I will never fully get to know the islands. There is such a wide network of pathways and possibilities, spots that must be looked after and preserved. There are also places where I would rather not stop, so as to preserve the memories from the past, of what they were like back then. The same is true for my more immediate surroundings and other parts of the world. Like in many places, life on the islands now follows a different beat, the tempo has increased; calm was once omnipresent, now it can only be found in the countryside.

The female farmers covered head to toe in black are no more, neither in the countryside nor whitewashing the neighbourhoods of la Marina or Sa Penya, dressing them up in a dazzling whiteness; the "VIPs" have carved a place for themselves in this part of the Mediterranean, with their luxurious mansions, their glamour, their privilege… and have, to some extent, transformed this bucolic landscape. And yet, as my friend Néstor Pellicer says as someone who loves these places as much as I do, "Despite the obvious changes the island has undergone compared to the last century, a newcomer can still fall in love with it today."

TEXTO EN ESPAÑOL

Recordando a August Vallmitjana

Esta crónica trata de una persona que conocí en aquella entrañable Ibiza, cuando la llamaban «la isla blanca» y en la que todavía convivían las últimas campesinas con los últimos hippies. También relata un encuentro casual con esa persona i que se convirtió en amistad. Desde entonces compartimos experiencias y fotografías, porque esa persona era un fotógrafo, a quien tomé como referente por su trabajo y por el desbordante entusiasmo que transmitía, y de quien –a mi manera– he intentado tomar modelo, convirtiendo los proyectos en realidades, tal como este libro, que he hecho pensando en él.

Jaume Balanyà

Barcelona, julio de 2022

Muchos atardeceres del mes de octubre del año 1972 los pasé en una sala de arte del paseo de Vara de Rei de Vila. Allí tenía mi primera exposición fotográfica sobre la isla de Eivissa. En 2018, algunas de esas fotografías se publicaron en el libro *Eivissa, el alma de un pueblo*, de la editorial Balàfia Postals, y en 2019 en *Eivissa 1970*, de Triangle Books. Aquellos eran unos días pletóricos: con sólo veintidós años, yo mostraba por primera vez en público unas fotografías que me llenaban de satisfacción. Representaba el inicio de un camino que aún no ha terminado, y me complacía contar algo sobre ellas a los visitantes que me preguntaban.

Aquella tarde, lo recuerdo como si fuera ahora, se presentó una pareja; él era un hombre ya maduro y ella, mucho más joven. Miraron las fotos con atención, deteniéndose ante cada una, comentándolas... Mientras tanto, al otro lado de la sala, yo les miraba curioso. Y al terminar la visita, él me dijo: «Me llamo August Vallmitjana, soy fotógrafo, como tú, y te felicito por tu trabajo».

Días más tarde, Vallmitjana me visitó de nuevo, esta vez con un sobre bajo el brazo. Era uno de esos sobres con marca de papel fotográfico y llevaba algunas de sus fotos. Al verlas, al instante me di cuenta de que acababa de conocer a un gran fotógrafo. Esto ocurrió hace medio siglo.

Al acabar el año, dejé la isla –estaba haciendo el servicio militar– y me incorporé a mi trabajo en Barcelona, un laboratorio de fotografía en color para fotógrafos profesionales, especialidad que por aquel entonces no existía en Ibiza. Entonces, Vallmitjana empezó a enviarme sus trabajos para positivarlos, y en la carta que envolvía los carretes me contaba sus cosas, proyectos y realidades. A veces me pedía que en el mismo envío en el que le remitía el pedido por transportista, añadiera un paquete de mate, esas hojas para hacer la infusión que él tomaba y que le costaba encontrar en Ibiza. Entonces yo iba a un herbolario de la Plaça Reial y se lo compraba. Ésta era nuestra relación, de colegas fotógrafos y de amistad.

De August Vallmitjana, nacido en Barcelona en 1914, su biografía dice: «hijo de una familia barcelonesa de destacados artistas y escultores, marchó con sus padres a Argentina cuando era un niño y allí tuvo una exitosa carrera como fotógrafo y cineasta. En 1970 regresó a Barcelona y a continuación se estableció en Ibiza hasta su muerte en 1981».

En mi trayectoria profesional he seguido la obra de los fotógrafos más conocidos, los que han publicado muchos libros o que incluso tienen fotos en museos. En el caso de

Vallmitjana, además, lo he admirado, por su genial trabajo y aún más por su sencillez y vitalidad. Vallmitjana se relacionó con el colectivo de artistas que vivían en Eivissa –los fotógrafos locales cubrían los actos sociales– y pronto se posicionó en nuevos espacios fotográficos. En su laboratorio de blanco y negro hacía ampliaciones murales de paisajes, danza tradicional (*ball pagès*), retratos y otros temas, sin duda una novedad que le convirtió en pionero en esta especialidad. Colaboró con la revista del Institut d'Estudis Eivissencs y publicó fotos en el libro *L'any en estampes* del poeta Marià Villangòmez. Por aquel entonces yo ya estaba inmerso plenamente en el mundo fotográfico barcelonés, y a veces le echaba una mano en temas que en la isla costaba resolverlos.

Ibiza se le quedó pequeña, y cuando venía a Barcelona nos veíamos y debatíamos sobre nuestra pasión. En Barcelona expuso en la galería Spectrum; en la sala Aixelà realizó una exposición individual sobre la Sagrada Familia de Gaudí, con espectaculares fotos gigantes tomadas con aquella curiosa cámara panorámica que tenía; publicó un libro sobre la ciudad con la editorial Castell que todavía se encuentra en los libreros de viejo; proyectó la película *Rio Patagónico* en el Centre Excursionista de Catalunya, donde reflejaba su faceta de aventurero y descubridor de lugares recónditos de la Patagonia argentina…

Vallmitjana nunca descansaba, era una fuente de proyectos, siempre estaba con alguno, y cuando lo acababa, empezaba otro. Y eso, en mi juventud –tiempo de aprendizaje de todo, no sólo de fotografía– me sorprendía en aquel hombre de ojos inquietos y cabellos ya grisáceos.

Al cumplir veintinueve años, dejé el laboratorio fotográfico y monté mi primer estudio dedicado a la fotografía publicitaria. Entonces nuestros encuentros se fueron espaciando, cada uno hacía su camino. Y un día triste alguien me dijo que August Vallmitjana descansaba en el cementerio de Sant Josep de sa Talaia, en Ibiza.

Durante muchos años el legado de Vallmitjana quedó en el olvido, reposando en archivos diversos, y las fotos adquirieron aquel tono amarillento que aporta la antigüedad. Sacarlas de nuevo a la luz ha sido algo parecido a una carrera de obstáculos.

Partiendo del más absoluto desconocimiento, conseguí contactar con sus familiares en Argentina, pero allí no conservaban fotos de su etapa ibicenca. En uno de los archivos de Ibiza, mi amiga Neus Escandell descubrió unas cajas de fotos que Vallmitjana realizaba para coleccionistas –una donación de un particular–, con sublimes dossieres de imágenes de arquitectura y de danza tradicional. El editor Martin Davies me confirmó que años atrás había visto muchas de sus fotos en una fundación de Mallorca y que había publicado algunas en su libro *Eivissa l'illa d'un temps*. Y mi amigo Xavier Margais, a través de una auténtica búsqueda detectivesca, me confirmó a dónde fueron a parar muchas de esas fotos, tras un periplo por diversas fundaciones resultado de distintas fusiones bancarias… A todos ellos, mi agradecimiento más profundo.

Traduzco del inglés el acertado comentario del editor Martin Davies: «¡Una auténtica búsqueda del tesoro, con una olla de oro fotográfico al final!». Desgraciadamente, ha sido una búsqueda inacabada y no he podido encontrar todo el «tesoro», disperso en la actualidad por varios archivos, en alguno de los cuales sin ni siquiera calificar por la evidente desidia de los organismos que debían preservarlo. Deseo que no se haya dañado y que en el futuro alguien tenga más fortuna que yo.

Ya en el otoño de mi vida, una vez más he vuelto a Ibiza, donde viví en 1972, y también a Formentera, donde iba de vez en cuando. Dos islas que desde entonces ocupan un lugar preferente en mi memoria. Estas últimas visitas han sido expresamente para hacer las fotos de este libro. Fotografías que he tomado sopesando la luz, leyendo el paisaje, encuadrando con la mirada el pequeño detalle o la inmensidad, esperando el mejor momento o aprovechando el inesperado descubrimiento que el azar me revelaba, comentándolo todo con August en una conversación imaginada. Imágenes de lugares que compartimos, y que son mi homenaje para alguien con quien hablé de fotografía en tantas ocasiones.

Mientras hacía las fotos, volvían del pasado momentos inolvidables, sábados maravillosos cuando, por la mañana, alquilaba una precaria bicicleta en Vila y me iba hasta el puerto de Sant Miquel o de Sant Carles de Peralta a descubrir lugares para mí inéditos, con el capazo a la espalda, algo que comer y la cámara fotográfica. A la vuelta tenía que espabilar y pedalear cuesta abajo con energía para llegar a tiempo de devolver la bici. Acababa exhausto y saciado de paisajes… Aunque no habría pasado nada si la hubiera devuelto al día siguiente, porque todos los ibicencos que entonces conocí eran gente amable que me ayudaba.

En estas últimas visitas a las Pitiusas, entre 2019 y 2023, he paseado por lugares que había descubierto de joven y a donde siempre me complace volver, como Cala d'Hort, Puig de Missa, Dalt Vila, el cabo de Barbaria… y también he ido a otros lugares donde nunca había estado, a menudo recorriendo caminos solitarios. He subido a la Talaia des Alls, he descendido por un empinado acantilado hasta Ses Balandres, he descubierto nuevas vistas del majestuoso islote de Es Vedrà desde el cabo Llentrisca, me he sumergido en las aguas cristalinas de la Punta des Trucadors…

Soy consciente de que, a pesar de las reducidas dimensiones de las islas, nunca llegaré a conocerlas del todo. Existe una amplia red de caminos y posibilidades, lugares que hay que cuidar y preservar… También hay lugares donde prefiero no detenerme y conservar el recuerdo de cómo eran entonces. Lo mismo me sucede en mi entorno más cercano y en otros rincones del planeta. La vida en las islas, como en muchos lugares, ha cambiado de ritmo, se ha acelerado. Antes la calma estaba en todas partes, ahora hay que buscarla en el campo.

Ya no hay campesinas vestidas de negro de arriba abajo, ni en el campo ni blanqueando los barrios de La Marina o Sa Penya, vistiéndolos de deslumbrante blancura. Los «vips» se han abierto paso en este lugar del Mediterráneo, con sus lujosas mansiones, su glamour, sus privilegios… y han transformado, en gran parte, el bucólico escenario. Sin embargo, como dice el amigo Néstor Pellicer, entusiasta de estos lugares, que ama tanto como yo, «pese a los evidentes cambios que ha sufrido la isla respecto al siglo pasado, hoy en día un recién llegado todavía puede enamorarse de ella».

TEXTE EN FRANÇAIS

Mémoires sur August Vallmitjana

Ce récit se rapporte à une personne que j'ai rencontrée dans cette attachante Ibiza, quand elle était surnommée « l'île blanche », où les dernières paysannes et les derniers hippies vivaient encore côte à côte. Il se rapporte également à une rencontre fortuite qui s'est transformée en amitié, et depuis lors, nous partageons nos expériences et nos photographies. Il se rapporte à un photographe que j'ai pris comme référence pour son travail et pour l'enthousiasme débordant qu'il transmettait, et dont j'ai essayé de suivre le modèle, à ma manière, en concrétisant des projets, comme ce livre, que j'ai fait en pensant à lui.

Jaume Balanyà

Barcelone, juillet 2022

En octobre 1972, j'ai passé de nombreuses soirées dans une galerie d'art du Passeig de Vara de Rei à Vila, où j'ai réalisé ma première exposition photographique sur l'île d'Ibiza. En 2018, certaines de ces photos ont été publiées dans le livre *Eivissa, l'ànima d'un poble*, de la maison d'édition Balàfia Postals, et en 2019 dans *Eivissa 1970*, par les éditions Triangle Books. C'étaient des jours de joie : à l'âge de vingt-deux ans seulement, je montrais pour la première fois en public des photographies qui me remplissaient de satisfaction. C'était le début d'un voyage qui n'est pas achevé, et j'étais heureux d'expliquer quelque chose aux visiteurs qui me posaient des questions.

Ce soir-là, je m'en souviens comme si c'était maintenant, un couple s'est rendu sur place ; il était un homme mûr et elle était beaucoup plus jeune. Ils ont regardé attentivement les photos, s'arrêtant sur chacune d'elles, les commentant... Pendant ce temps, de l'autre côté de la pièce, je les regardais avec curiosité. Et, à la fin de la visite, il m'a dit : « Je m'appelle August Vallmitjana, je suis photographe comme vous et je vous félicite pour votre travail ».

Quelques jours plus tard, Vallmitjana est revenu me voir, cette fois avec une enveloppe sous le bras. Il s'agissait d'une de ces enveloppes marquées d'un papier photographique et contenant certaines de ses photos. Lorsque je les ai vues, j'ai immédiatement réalisé que je venais de rencontrer un grand photographe. Cela s'est produit il y a un demi-siècle.

A la fin de l'année, j'ai quitté l'île – je faisais mon service militaire – et je suis allé travailler à Barcelone, dans un laboratoire de photographie couleur pour photographes professionnels, une spécialité qui n'existait pas à Ibiza à l'époque. Ensuite, Vallmitjana a commencé à m'envoyer ses travaux pour impression et, dans la lettre qui accompagnait les bobines, il m'a parlé de lui, de ses projets et de ses réalités. Parfois, il me demandait d'ajouter un paquet de yerba maté, cette infusion qu'il buvait et qu'il avait du mal à trouver à Ibiza, dans le même colis où je lui envoyais la commande par transporteur. Alors, j'avais l'habitude d'aller chez une herboristerie de la Plaza Real et d'en acheter pour lui. Telle était notre relation, en tant que photographes et amis.

Sa biographie indique qu'August Vallmitjana, né à Barcelone en 1914, était « le fils d'une famille barcelonaise d'artistes et de sculpteurs éminents, il est parti avec ses parents en Argentina lorsqu'il était enfant et y a mené une carrière fructueuse en tant que photographe et cinéaste. En 1970, il retourne à Barcelone, et tout de suite s'installe à Ibiza jusqu'à sa mort en 1981 ».

Au cours de ma carrière professionnelle, j'ai suivi le travail des photographes les plus connus, ceux qui ont publié de nombreux livres ou dont les photographies sont exposées dans des musées. Dans le cas de Vallmitjana, je l'ai également admiré pour son travail brillant et plus encore pour sa simplicité et sa vitalité. Vallmitjana s'est rapprochée du collectif d'artistes vivant à Ibiza – des photographes locaux couvraient les événements sociaux – et s'est rapidement positionnée dans de nouveaux espaces photographiques. Dans son laboratoire noir et blanc, il réalise des agrandissements muraux de paysages, de *Ball Pagès* (danse traditionnelle d'Ibiza), de portraits et d'autres sujets, sans aucun doute une nouveauté qui a fait de lui un pionnier dans cette spécialité. Il a collaboré à la revue de l'Institut d'Estudis Eivissencs et a publié des photos dans le livre *L'any en estampes* du poète Marià Villangómez. À cette époque, j'étais déjà totalement immergé dans le monde photographique de Barcelone, et il m'arrivait de lui donner un coup de main sur des questions qu'il avait du mal à résoudre sur l'île.

Ibiza est devenue trop petite pour lui, et lorsqu'il venait à Barcelone, nous nous rencontrions et discutions de notre passion. A Barcelone, il a exposé ses œuvres dans la galerie Spectrum ; il a présenté une exposition personnelle sur la Sagrada Familia de Gaudí dans la salle Aixelà, avec de spectaculaires photos géantes prises avec son curieux appareil panoramique ; il a publié un livre sur la ville aux éditions Castell, que l'on peut encore trouver dans de librairies d'occasion ; il a projeté le film *Rio Patagónico* au Centre Excursionista de Catalunya, où il a évoqué sa période d'aventurier et de découvreur de lieux cachés dans la Patagonie argentine...

Vallmitjana ne s'arrêtait jamais, il était une source de projets, il en terminait un et en commençait un autre. Et cela, dans ma jeunesse – une époque où l'on apprenait tout, pas seulement la photographie – m'a surpris chez cet homme aux yeux inquiets et aux cheveux déjà grisonnants.

A l'âge de vingt-neuf ans, j'ai quitté le laboratoire photo où je travaillais pour ouvrir mon premier studio consacré à la photographie publicitaire. Puis nos rencontres se sont espacées, chacun suivant sa propre voie. Et un triste jour, quelqu'un m'a dit qu'August Vallmitjana reposait au cimetière de San Josep de sa Talaia, à Ibiza.

Pendant longtemps, l'héritage de Vallmitjana a été oublié, reposant dans diverses archives, et les photos ont été teintées de la teinte jaunâtre de l'antiquité. Les ramener à la lumière a été une véritable course d'obstacles.

Sans savoir rien sur sa famille, j'ai réussi à contacter ses proches en Argentina, mais ils n'y ont pas de photos de son séjour à Ibiza. Dans l'une des archives d'Ibiza, notre amie Neus Escandell a découvert des boîtes à photos que Vallmitjana a faites pour des collectionneurs – un don d'un particulier – avec de sublimes dossiers d'images d'architecture et de Ball Pagès. L'éditeur Martin Davies m'a confirmé qu'il avait vu beaucoup d'entre elles il y a des années dans une fondation à Mallorca et qu'il en avait publié quelques-unes dans son livre *Eivissa, l'illa d'un temps* (Ibiza, l'île d'autrefois). Et mon ami Xavier Margais, dans un véritable travail de détective, m'a confirmé où beaucoup de ces photos ont finalement abouti, après un parcours à travers diverses fondations issues de différentes fusions de banques... A tous, mes remerciements.

Je traduis de l'anglais le commentaire pertinent de l'éditeur Martin Davies : « Une véritable chasse au trésor, avec un pot d'or photographique à la fin ! ». Malheureusement, il s'agit d'une recherche inachevée et je n'ai pas pu retrouver l'intégralité du « trésor », qui est actuellement dispersé dans diverses archives, dont certaines ne sont pas classées en raison de la négligence évidente des organismes qui auraient dû les conserver. J'espère qu'il n'a pas été endommagé et qu'à l'avenir quelqu'un d'autre aura plus de chance que moi.

A l'automne de ma vie, je suis retourné à Ibiza, où j'ai vécu en 1972, ainsi qu'à Formentera, où je suis allé de temps en temps. Deux îles qui, depuis lors, occupent une place particulière dans ma mémoire. Ces dernières fois, j'y suis allé spécifiquement pour prendre des photos pour ce livre. Des photographies que j'ai prises en pesant la lumière, en lisant le paysage, en cadrant du regard le petit détail ou l'immensité, en attendant le meilleur moment ou en profitant de la découverte inattendue que le hasard m'a révélée, en discutant de tout cela avec August dans une conversation imaginée. Des photos de lieux que nous avons partagés, qui représentent aujourd'hui mon hommage à quelqu'un avec qui, à tant d'occasions, nous avons parlé de photographie.

Pendant que je prenais les photos, des moments inoubliables sont revenus du passé, de merveilleux samedis où, le matin, je louais un vélo fragile à Vila et allais au Port de Sant Miquel ou Sant Carles de Peralta pour découvrir des endroits que je n'avais jamais vus auparavant, avec mon panier sur le dos, quelque chose à manger et mon appareil photo. Sur le chemin du retour, j'ai dû reprendre mes esprits et pédaler dans la descente avec énergie pour arriver à temps pour rendre le vélo. Je finissais épuisée et rassasiée de paysages... Et il ne se serait rien passé si je l'avais rendu le lendemain, car tous les Ibiziens que j'ai rencontrés à l'époque étaient des gens gentils qui m'ont aidé.

Lors de ces dernières visites aux Pityuses, effectuées entre 2019 et 2023, j'ai parcouru des lieux découverts dans ma jeunesse où j'ai toujours plaisir à revenir, comme Cala d'Hort, Puig de Missa, Dalt Vila, el cap de Barbaria... et je me suis aussi rendu dans d'autres endroits où je n'étais jamais allé, en marchant souvent sur des sentiers solitaires. J'ai escaladé la Talaia des Alls, je me suis glissé dans une falaise abrupte jusqu'à Ses Balandres, j'ai découvert de nouvelles vues sur le majestueux illot des Vedrà depuis cap Llentrisca, j'ai plongé dans les eaux cristallines de la punta des Trucadors...

Je suis conscient que, malgré la petite taille des îles, je ne les connaîtrai jamais complètement, il y a un vaste réseau de chemins et de possibilités, des endroits qui doivent être entretenus et préservés... Il y a aussi des endroits où je préfère ne pas m'arrêter et préserver la mémoire du passé, de ce qu'ils étaient à l'époque. Il en va de même dans le cas de mon environnement immédiat et dans d'autres coins du monde. Comme dans beaucoup d'endroits, la vie dans les îles a pris un autre rythme, elle s'est accélérée ; le calme était partout avant, maintenant il faut le chercher dans la campagne.

Finies les paysannes couvertes de noir de haut en bas, ni dans la campagne ni celles blanchissant les quartiers de la Marina ou sa Penya, les habillant d'une blancheur éclatante ; les « vips » ont pris racine dans ce coin de Méditerranée, avec leurs luxueuses demeures, leur glamour, leurs privilèges... Et ils ont, en partie, transformé le paysage bucolique. Pourtant, comme le dit mon ami Néstor Pellicer, un passionné de ces lieux qu'il aime autant que moi, « malgré les changements évidents que l'île a subis par rapport au siècle dernier, aujourd'hui un nouveau venu peut encore en tomber amoureux ».

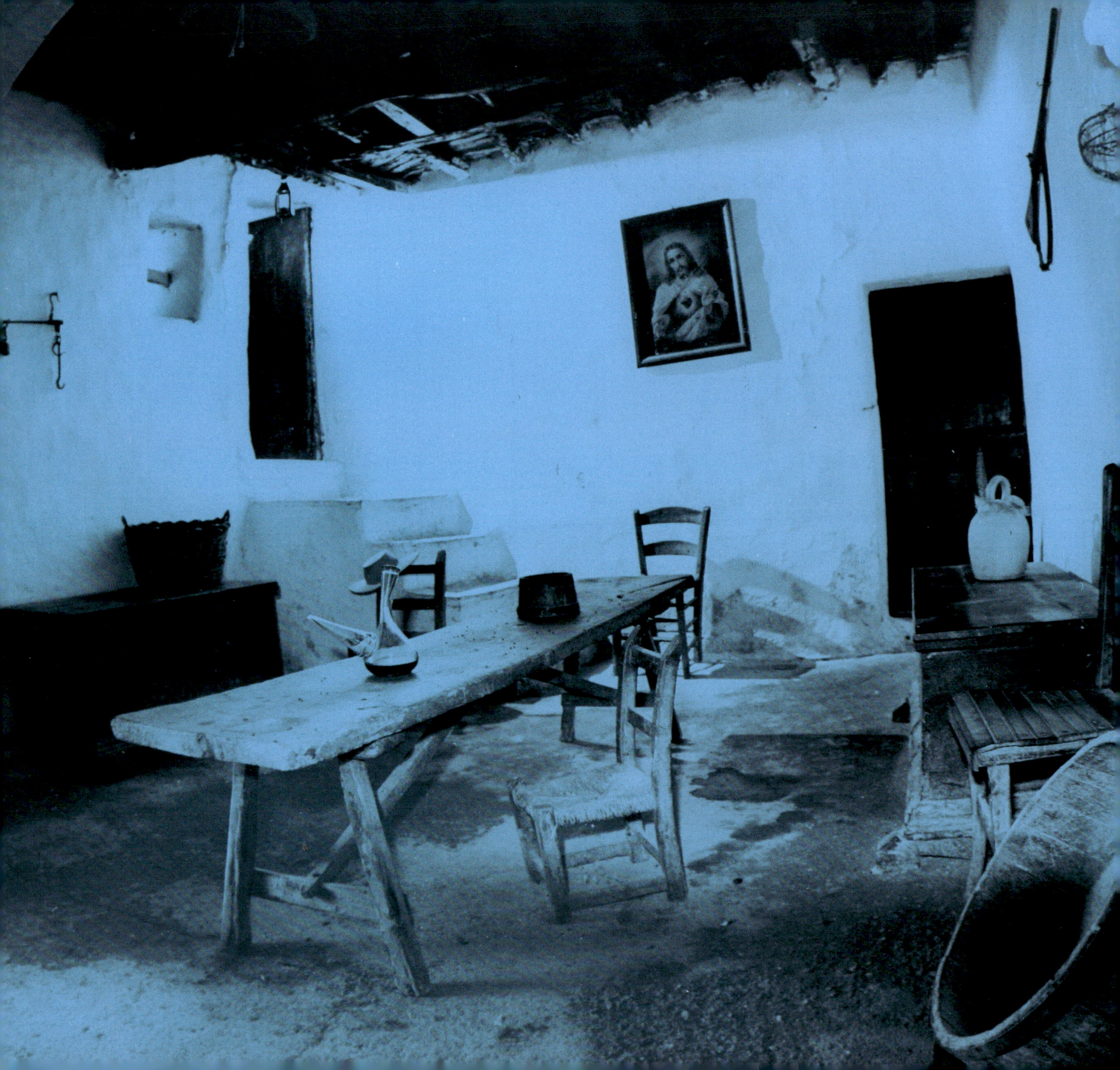

August Vallmitjana

Fotografies / Photography / Fotografías / Photographies

Els anys setanta

The seventies

Los años setenta

Les années soixante-dix

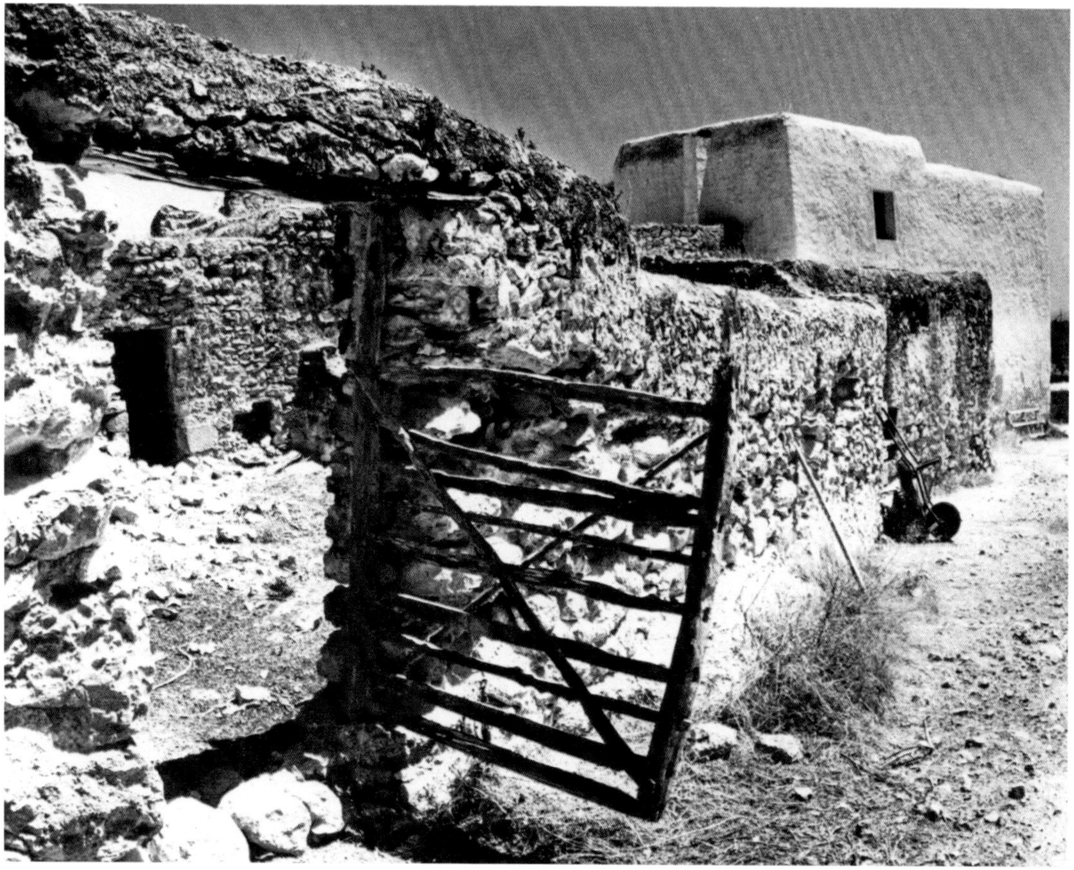

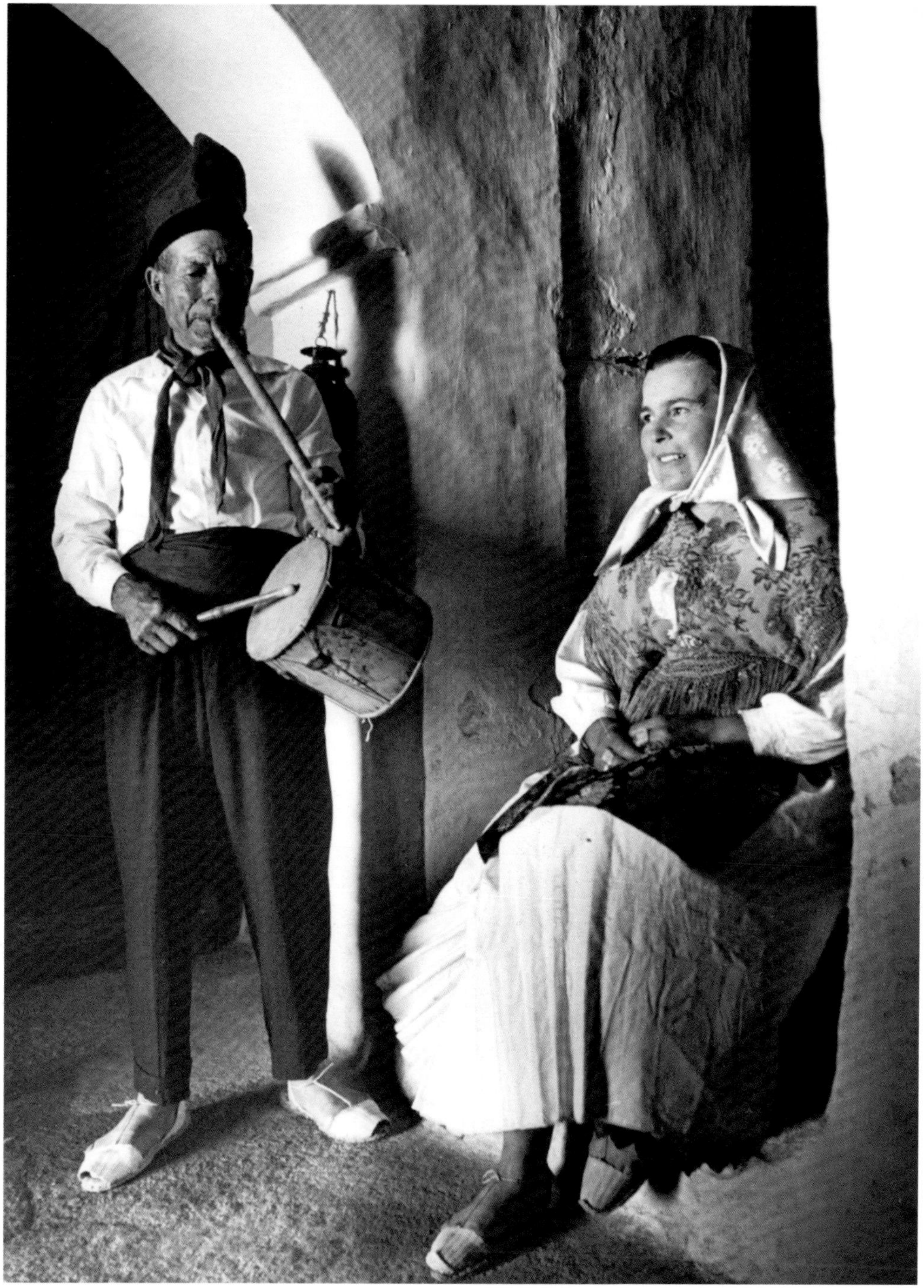

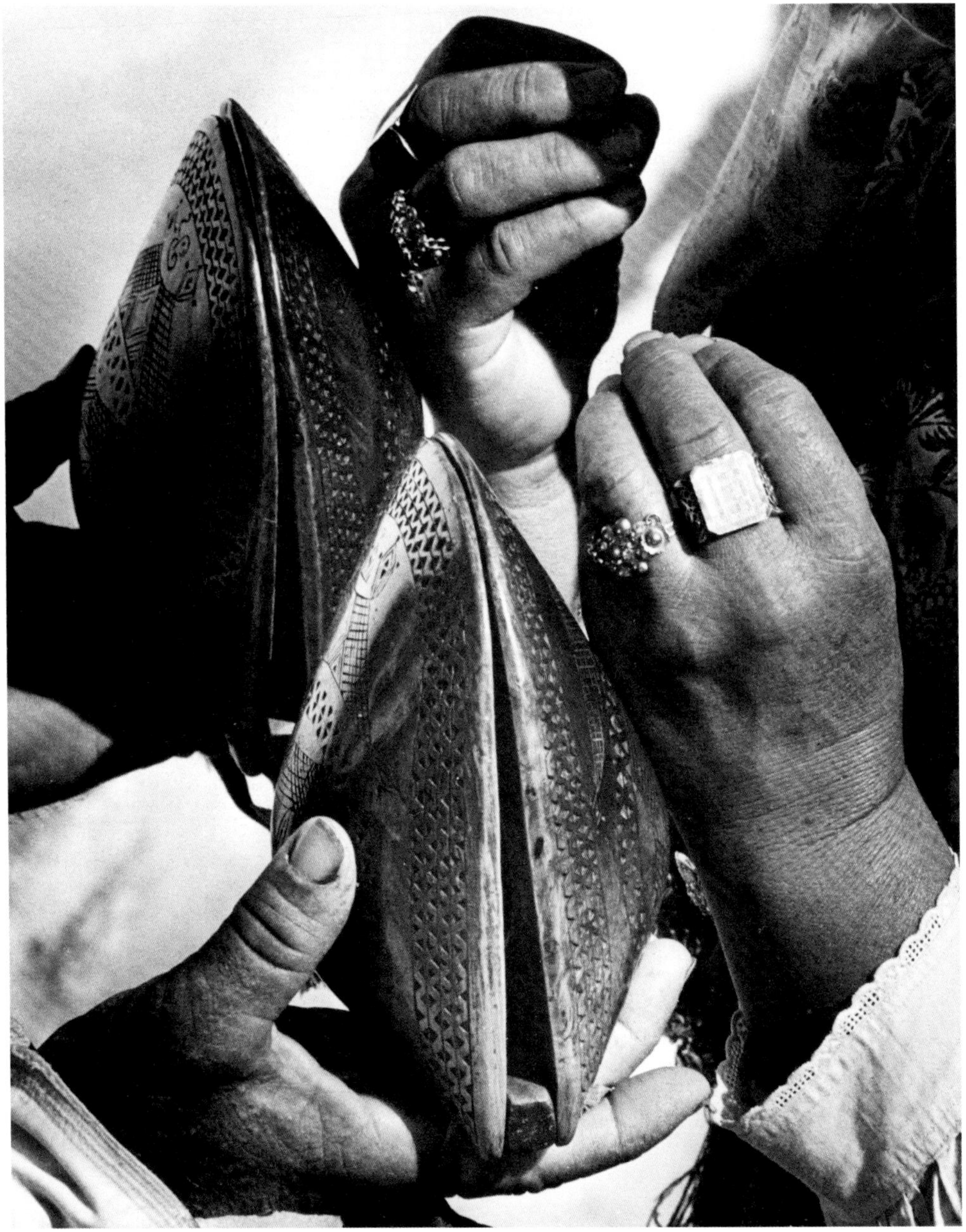

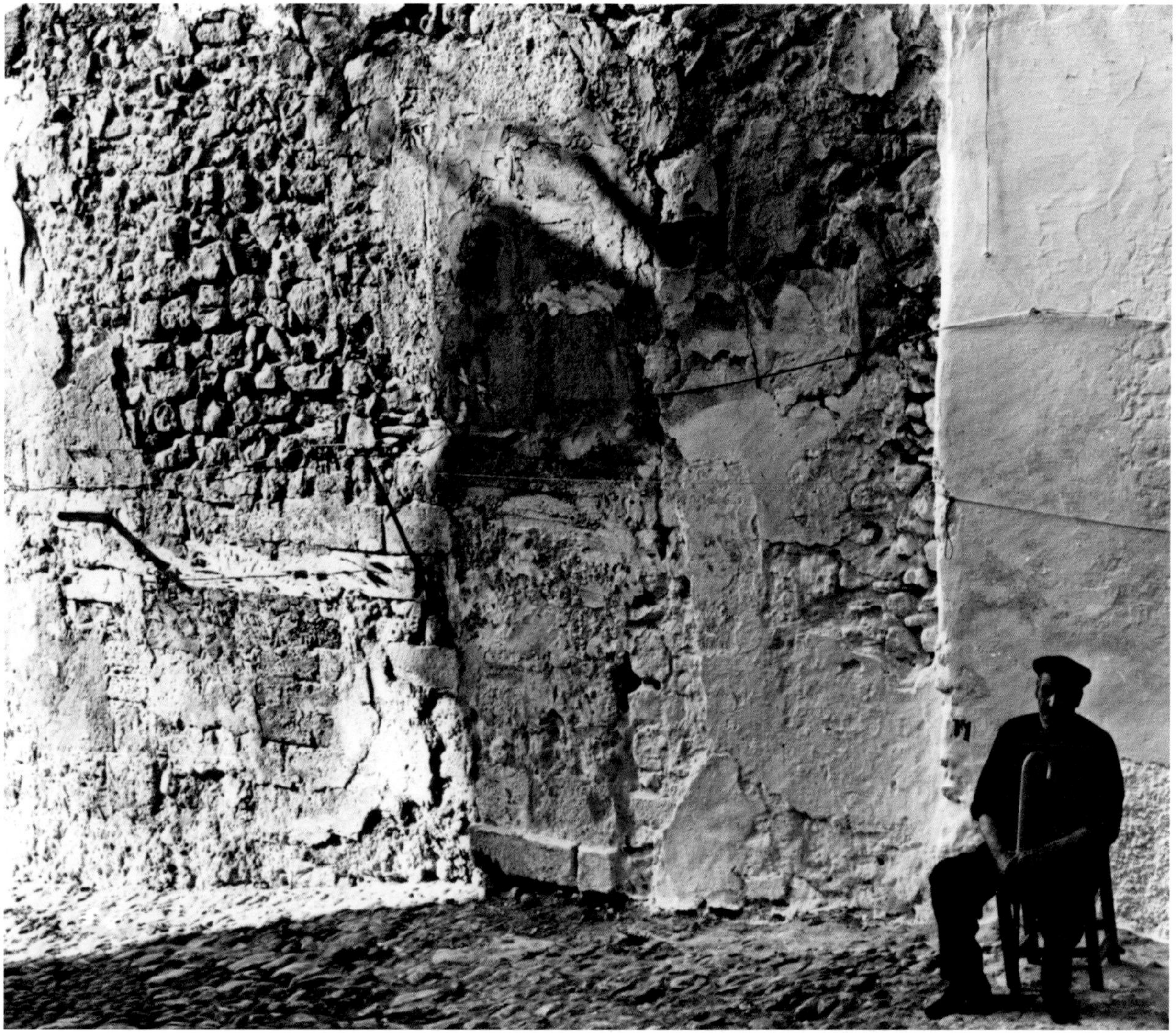

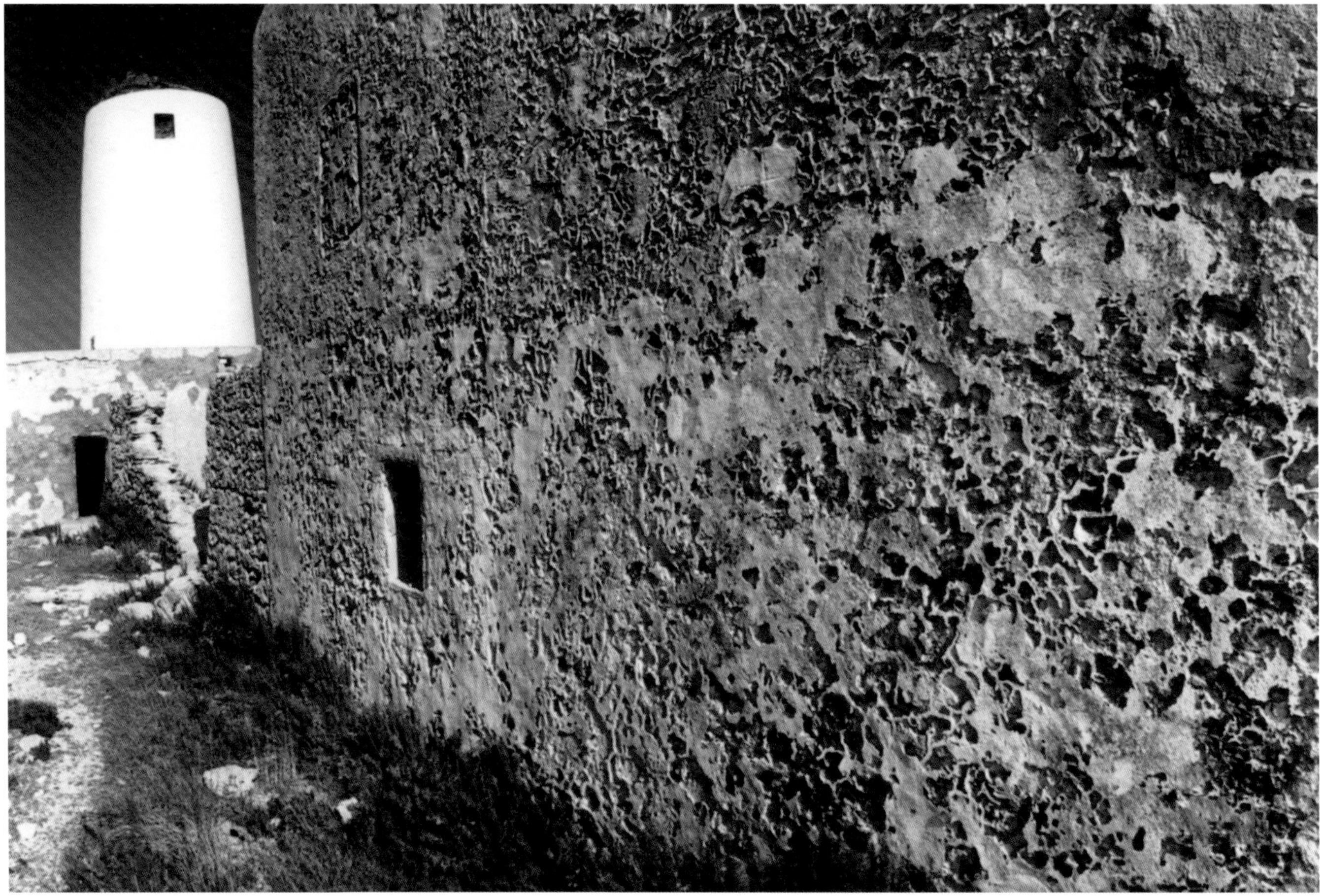

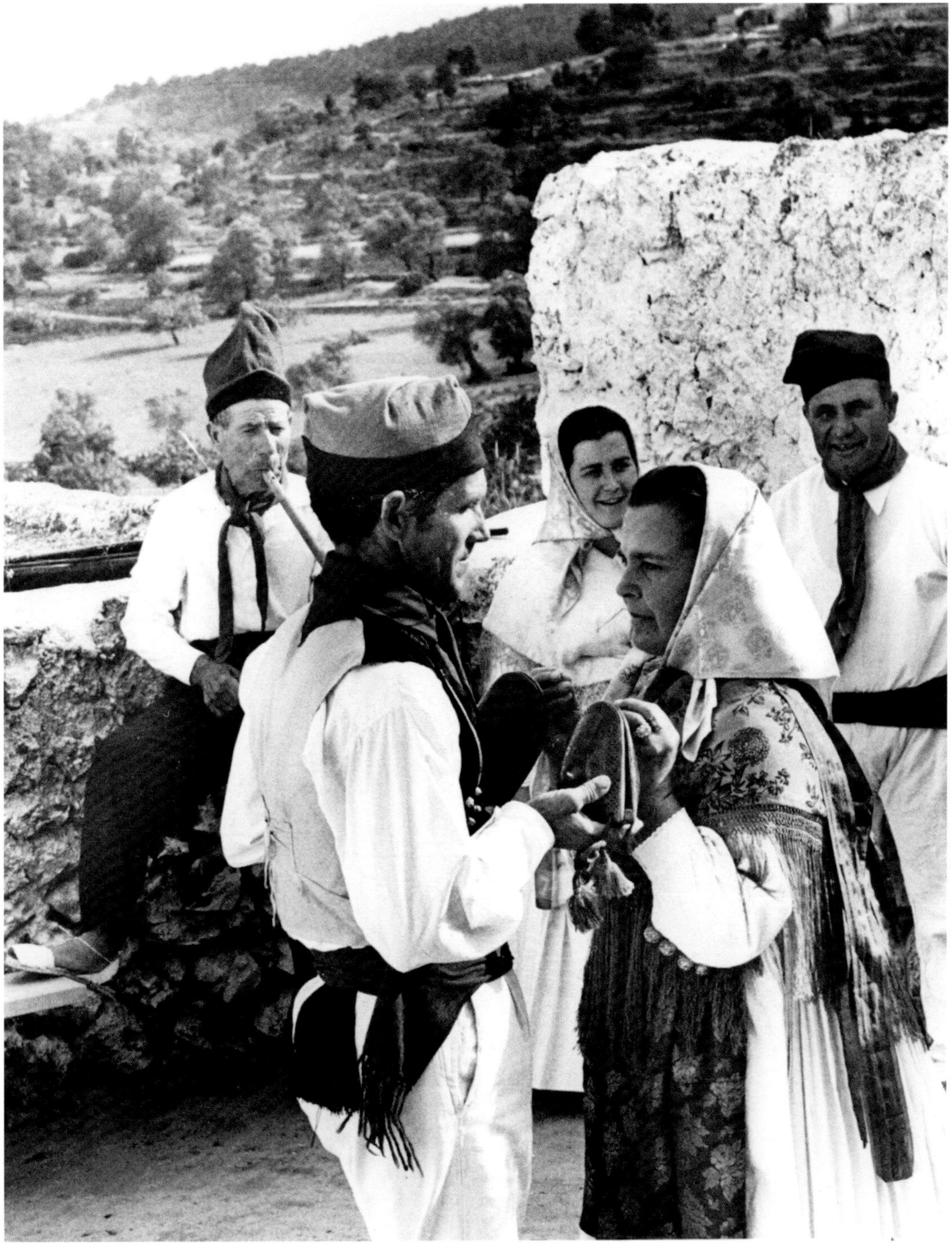

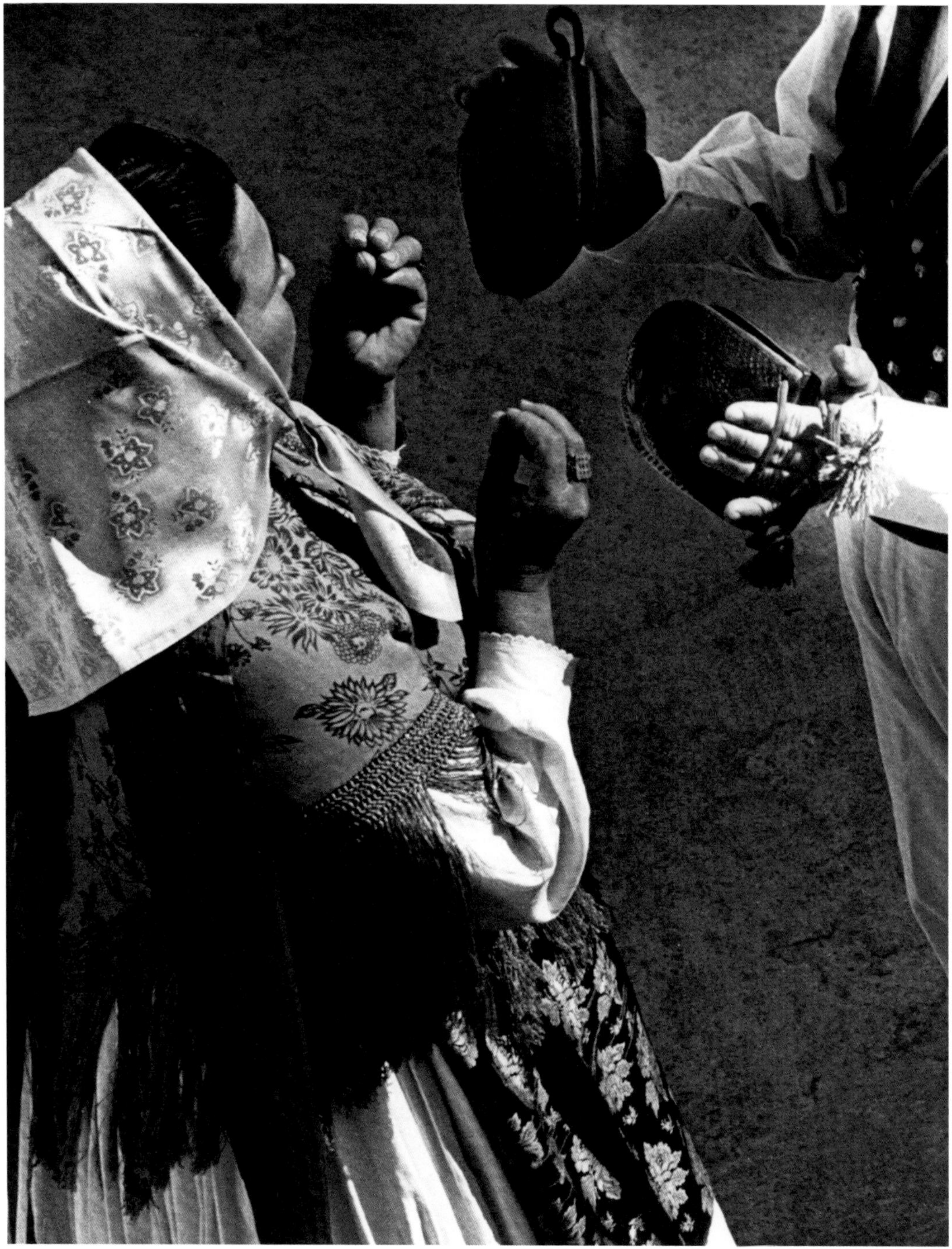

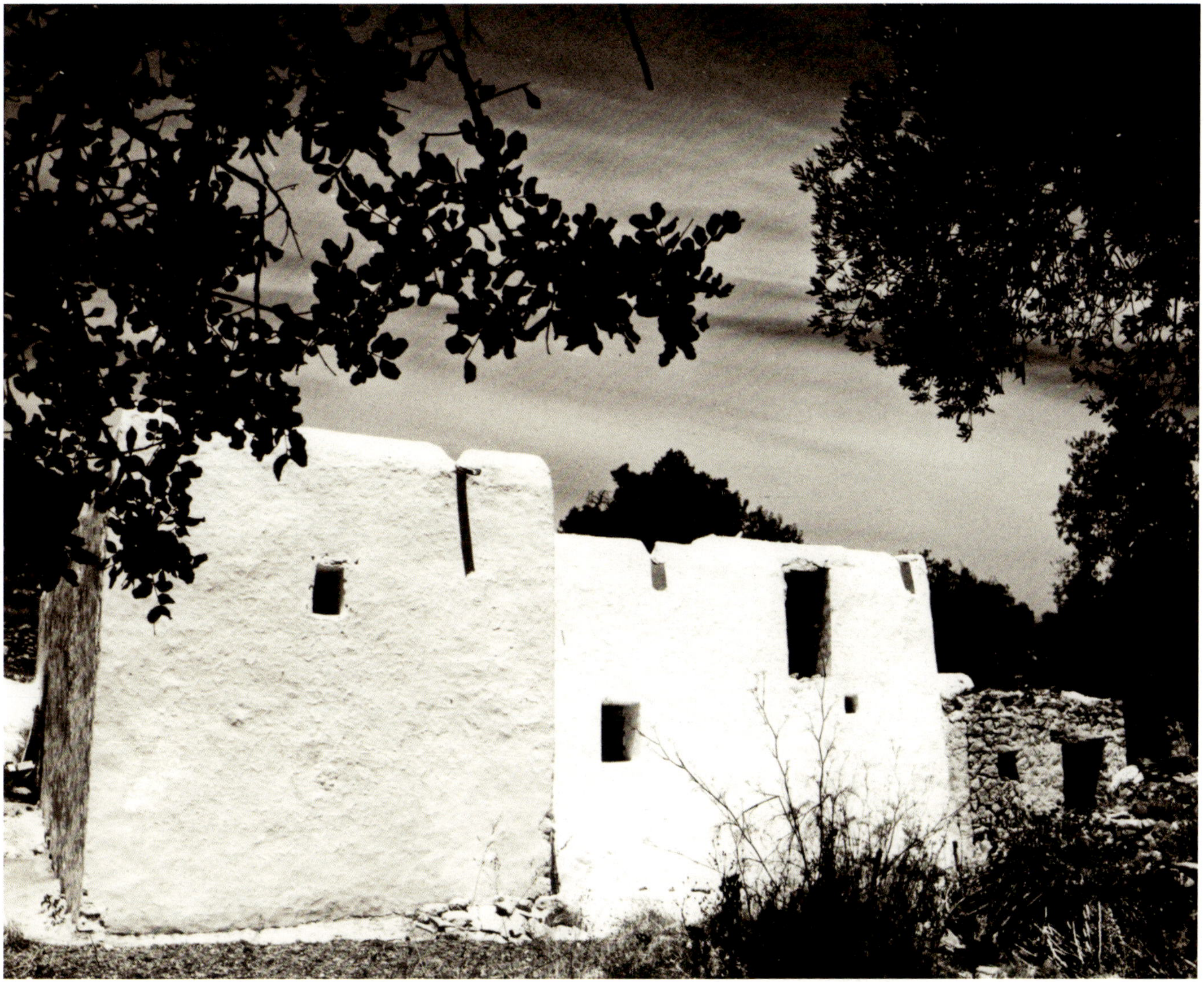

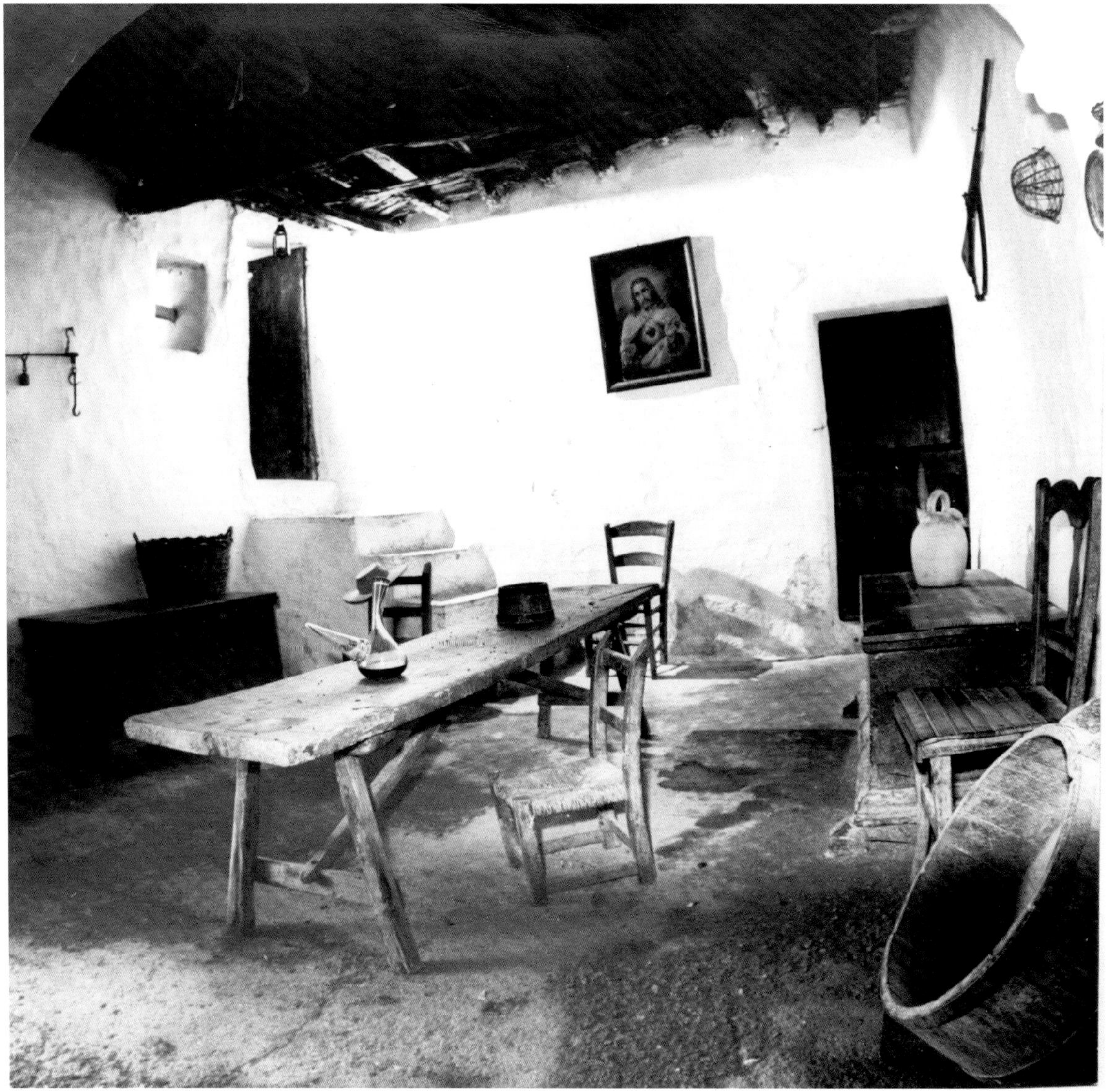

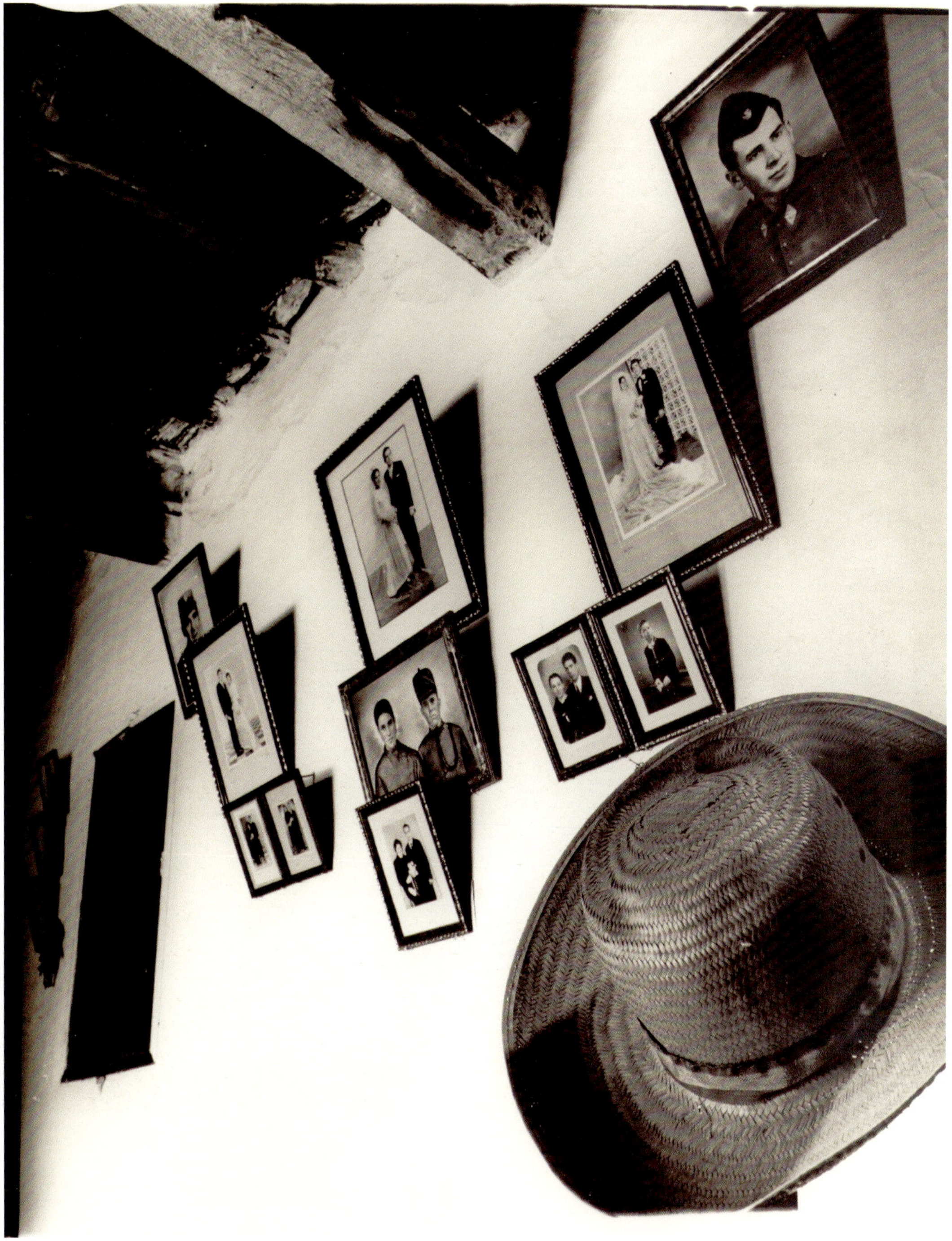

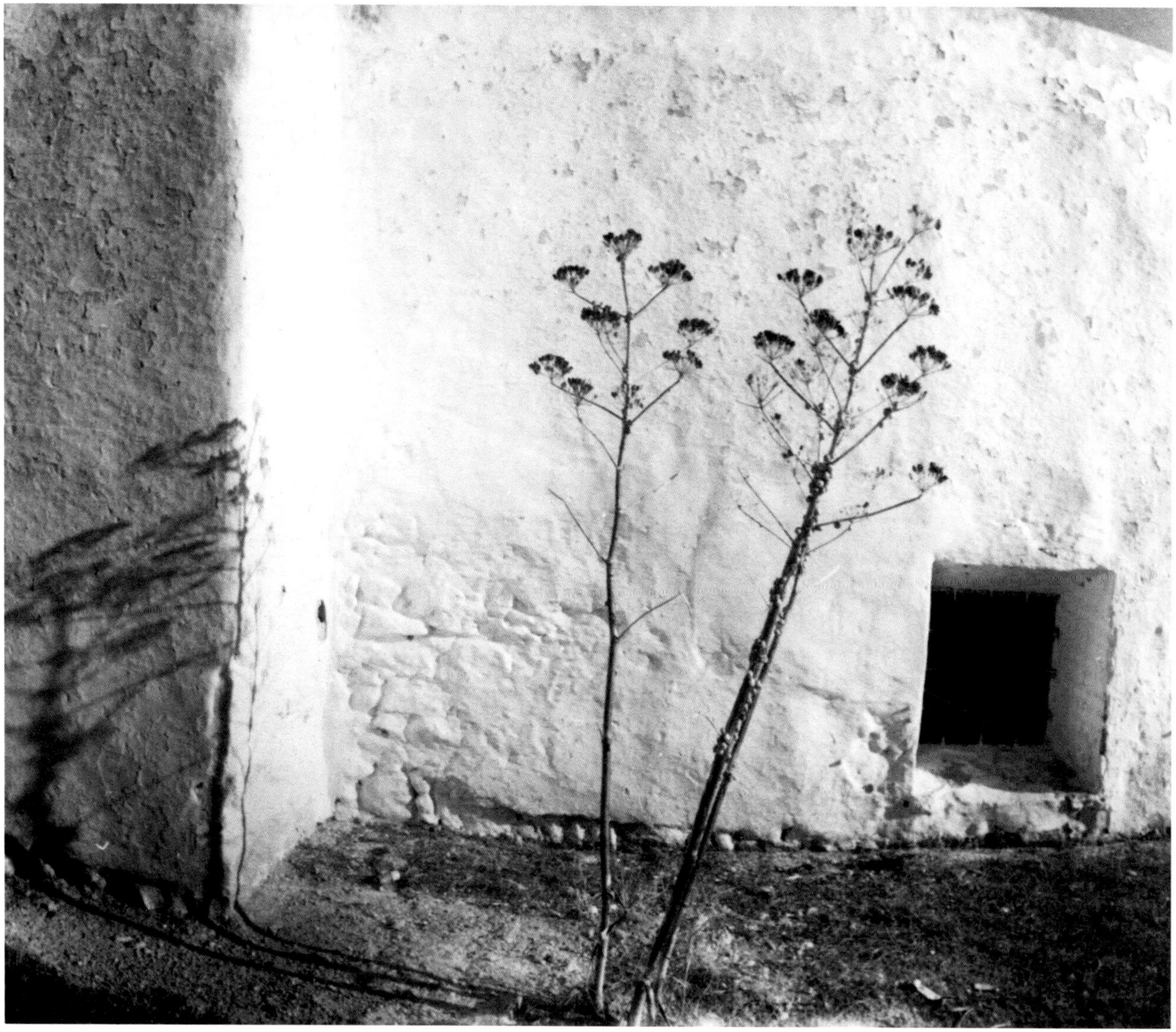

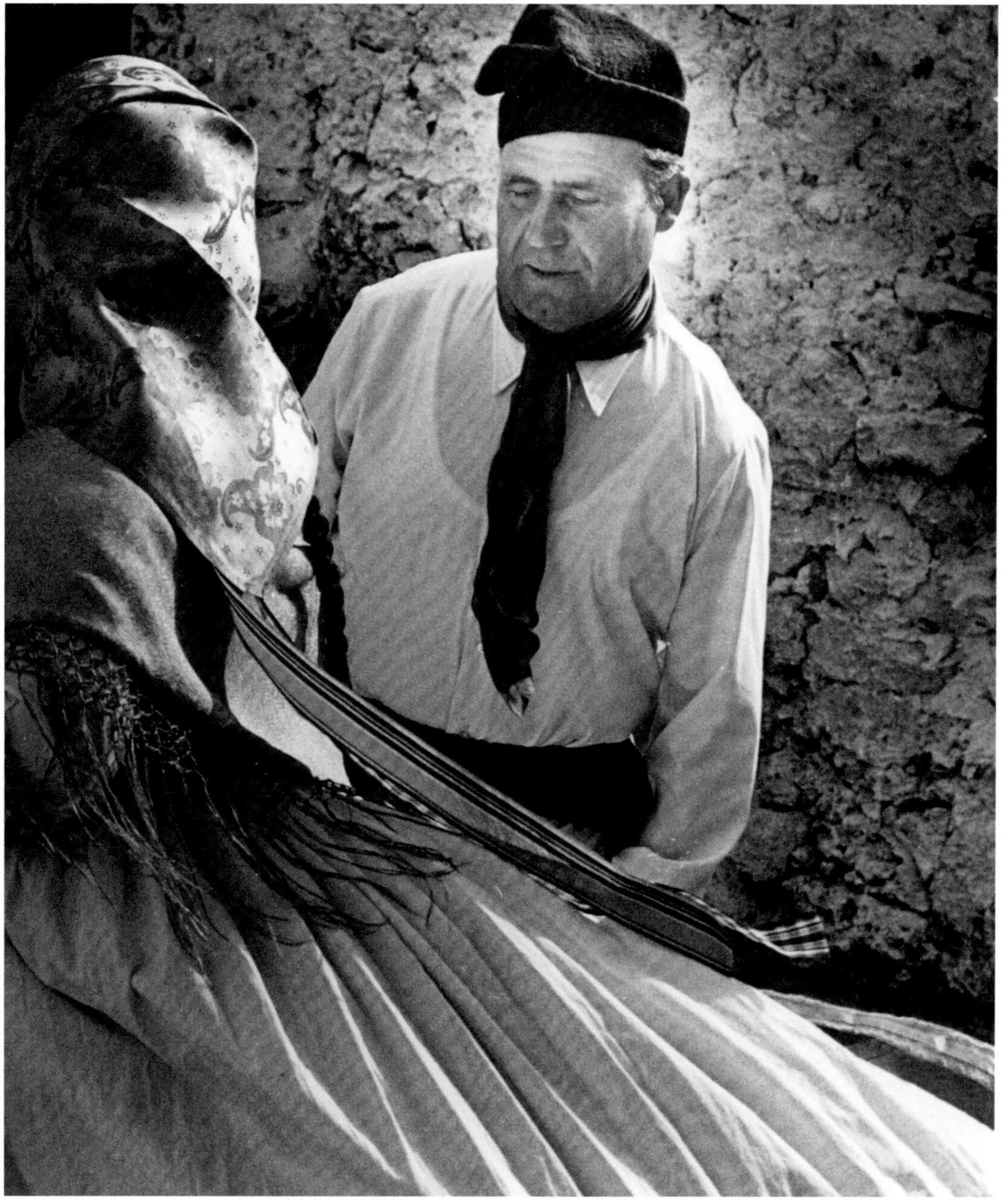

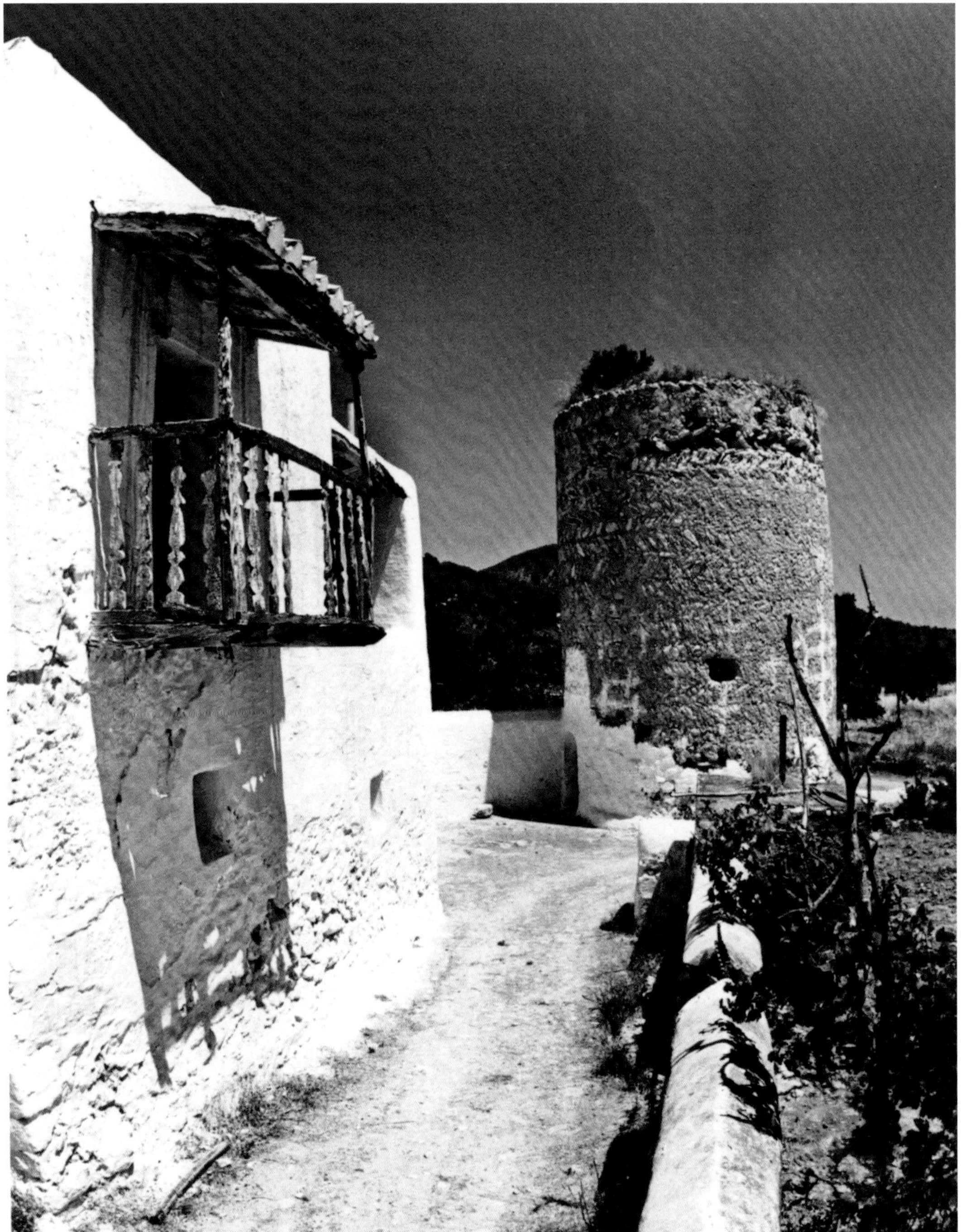

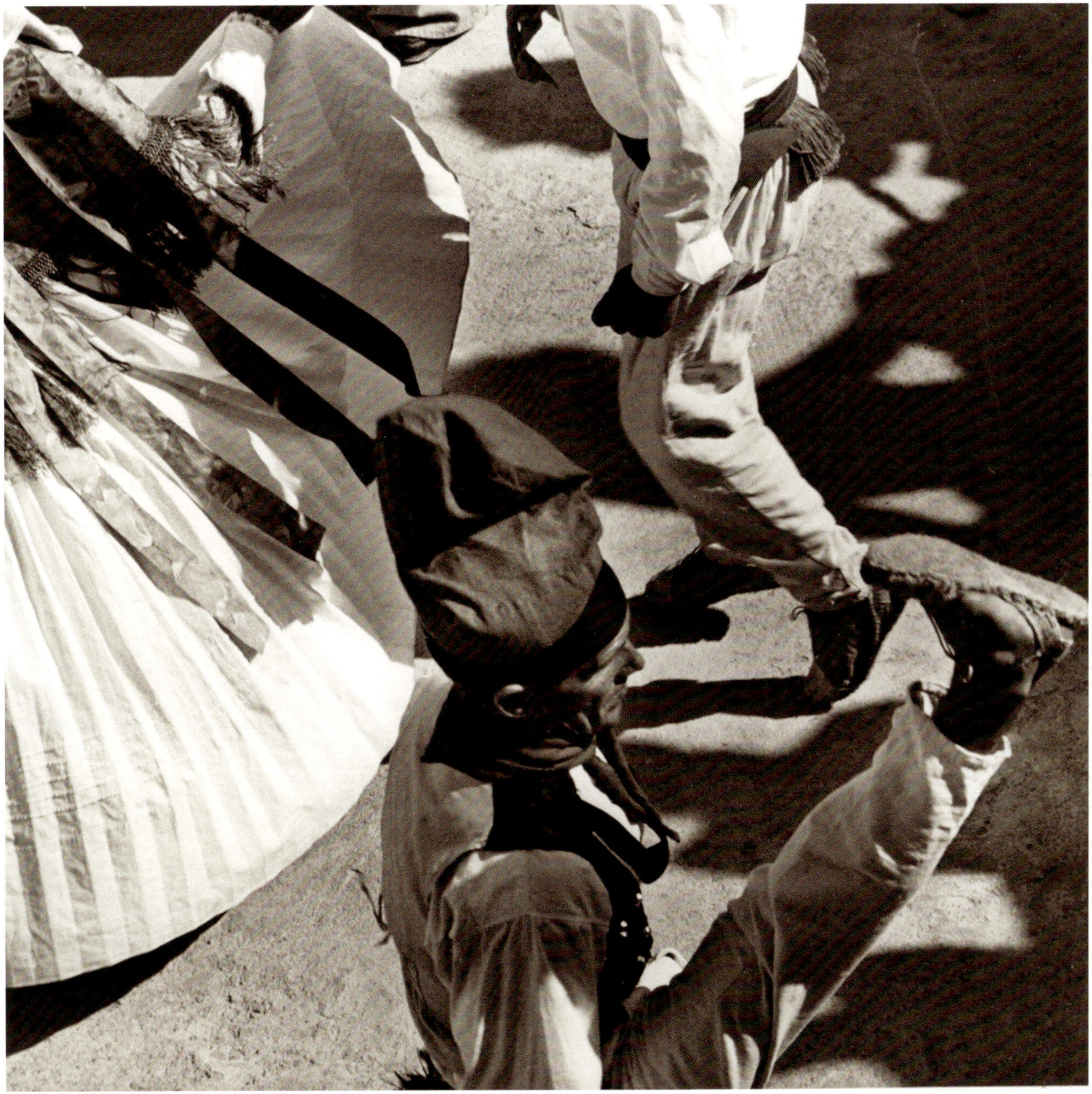

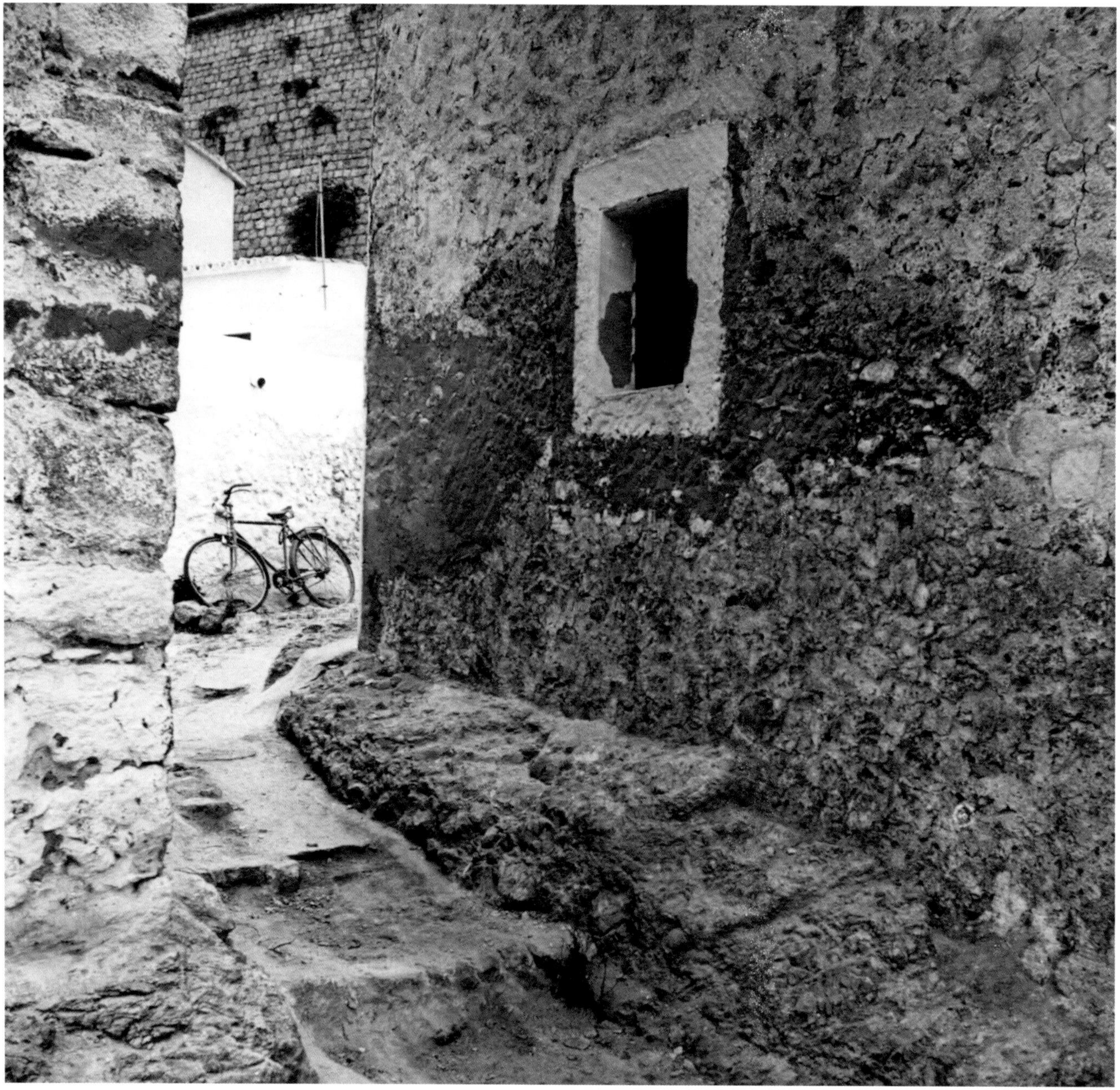

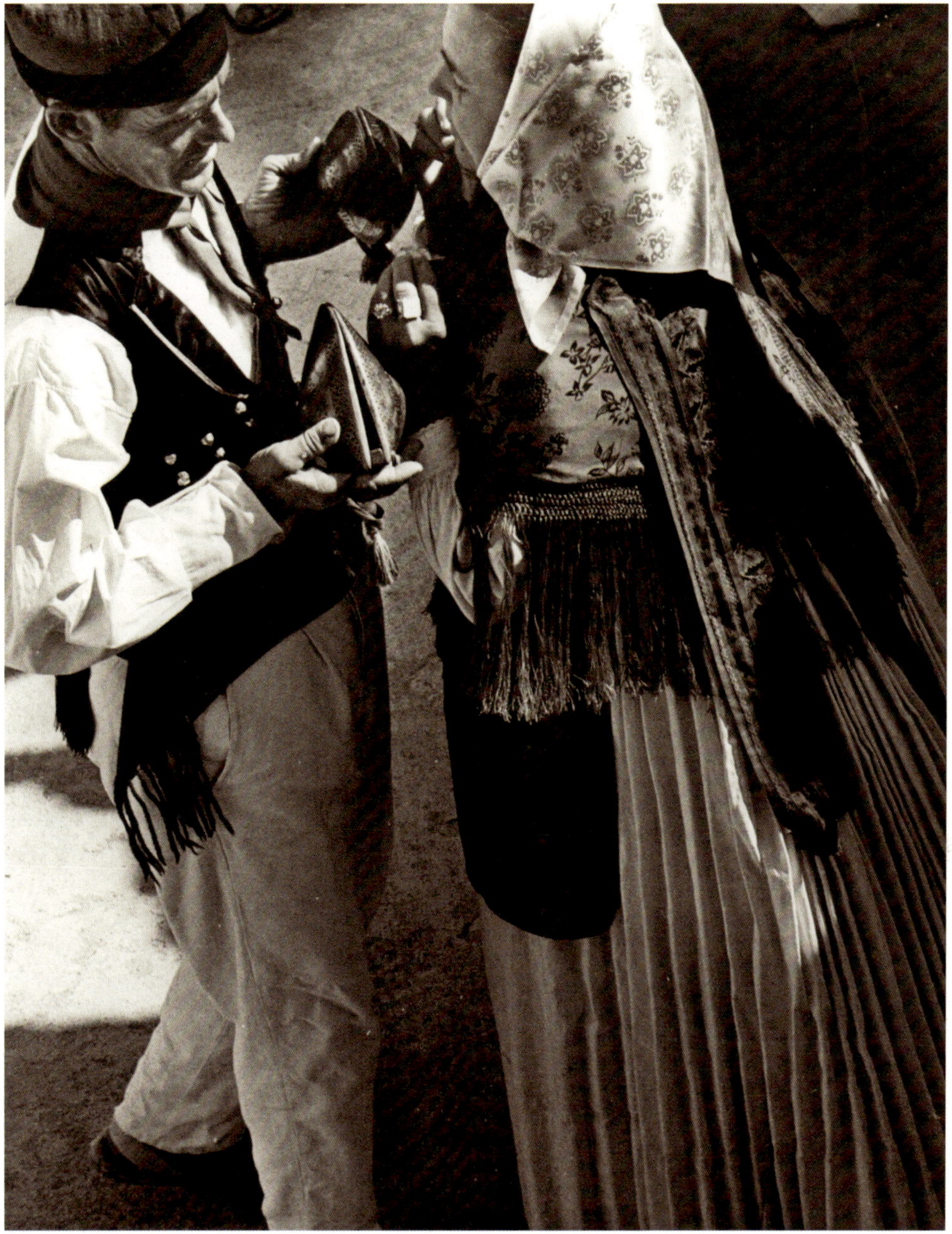

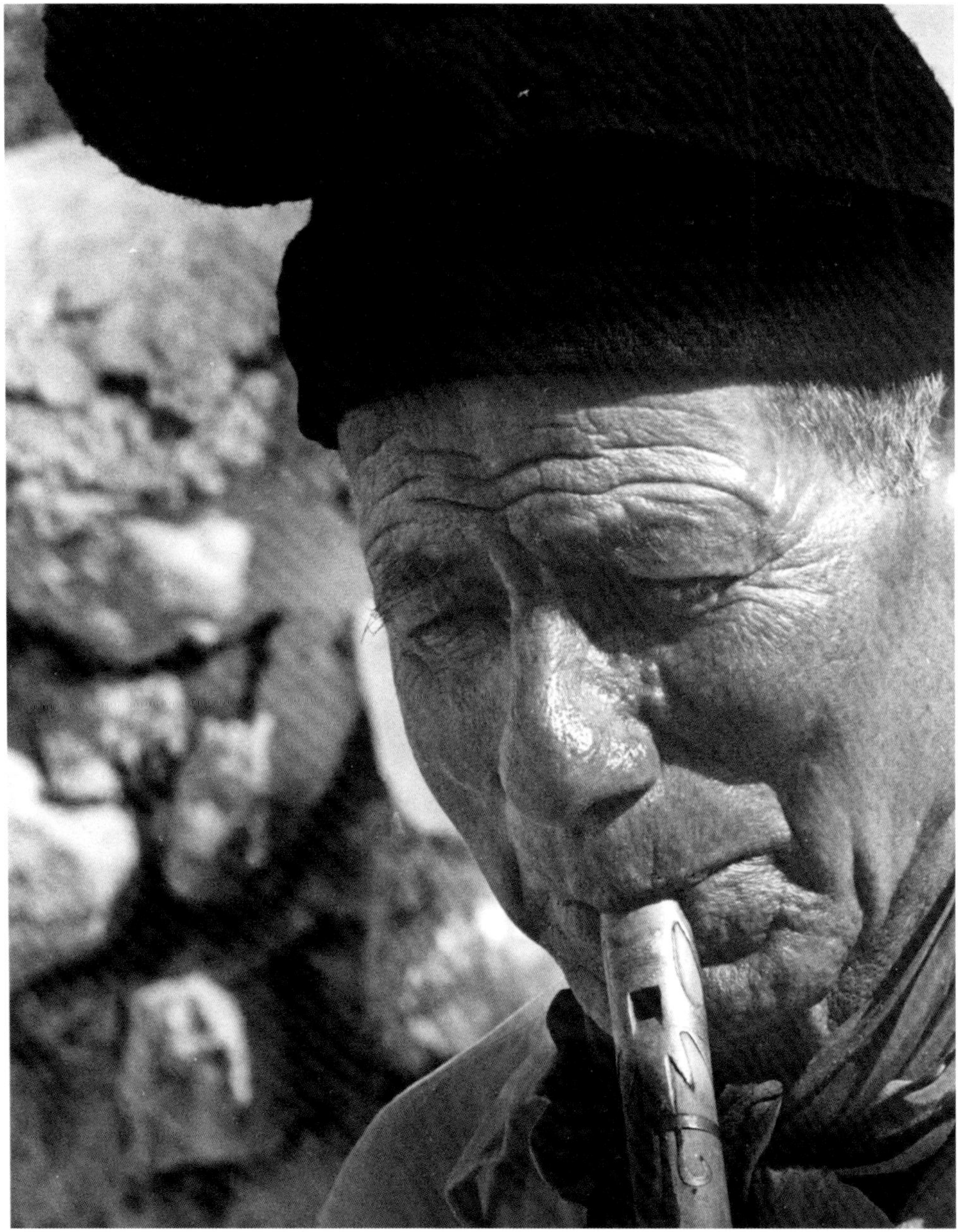

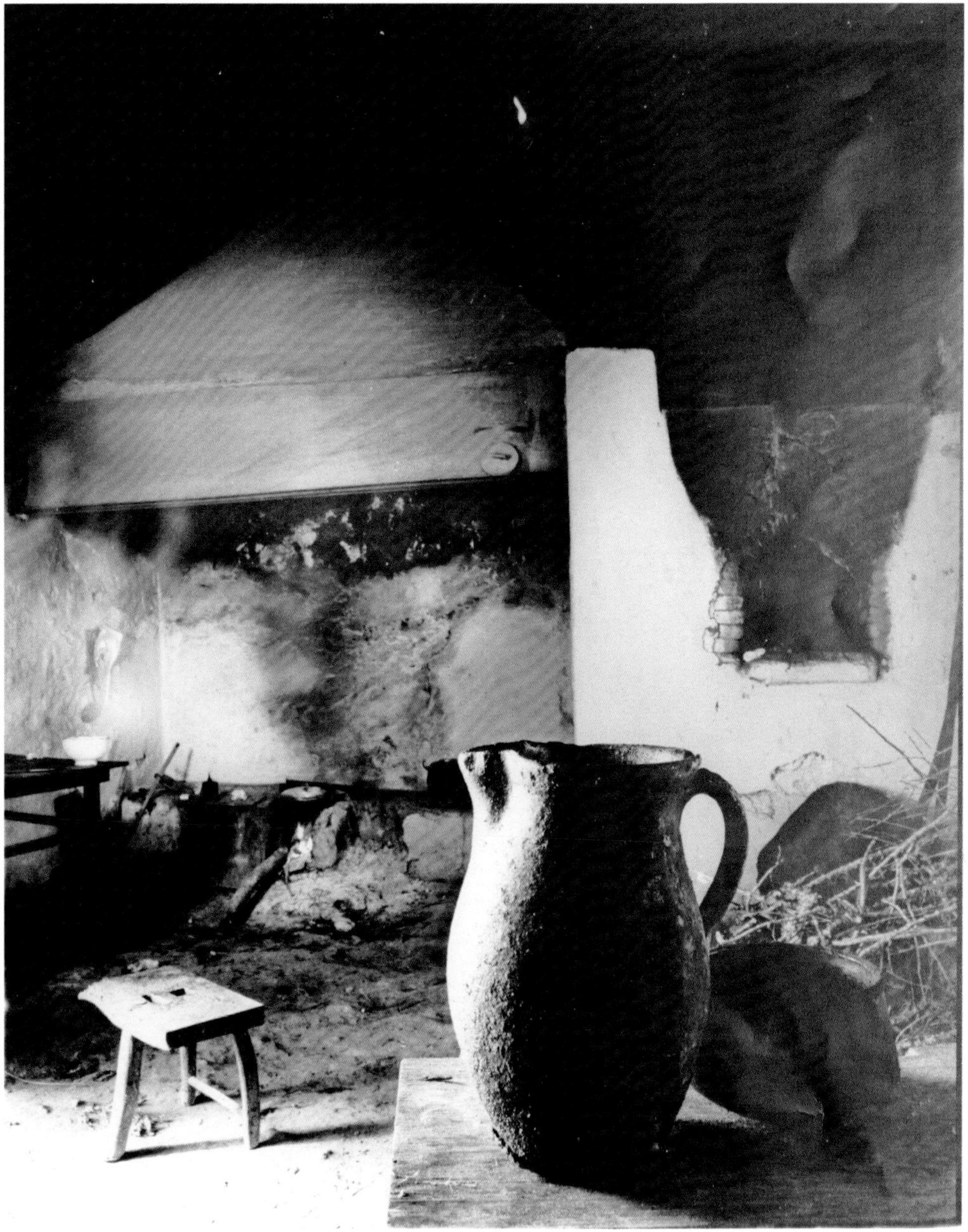

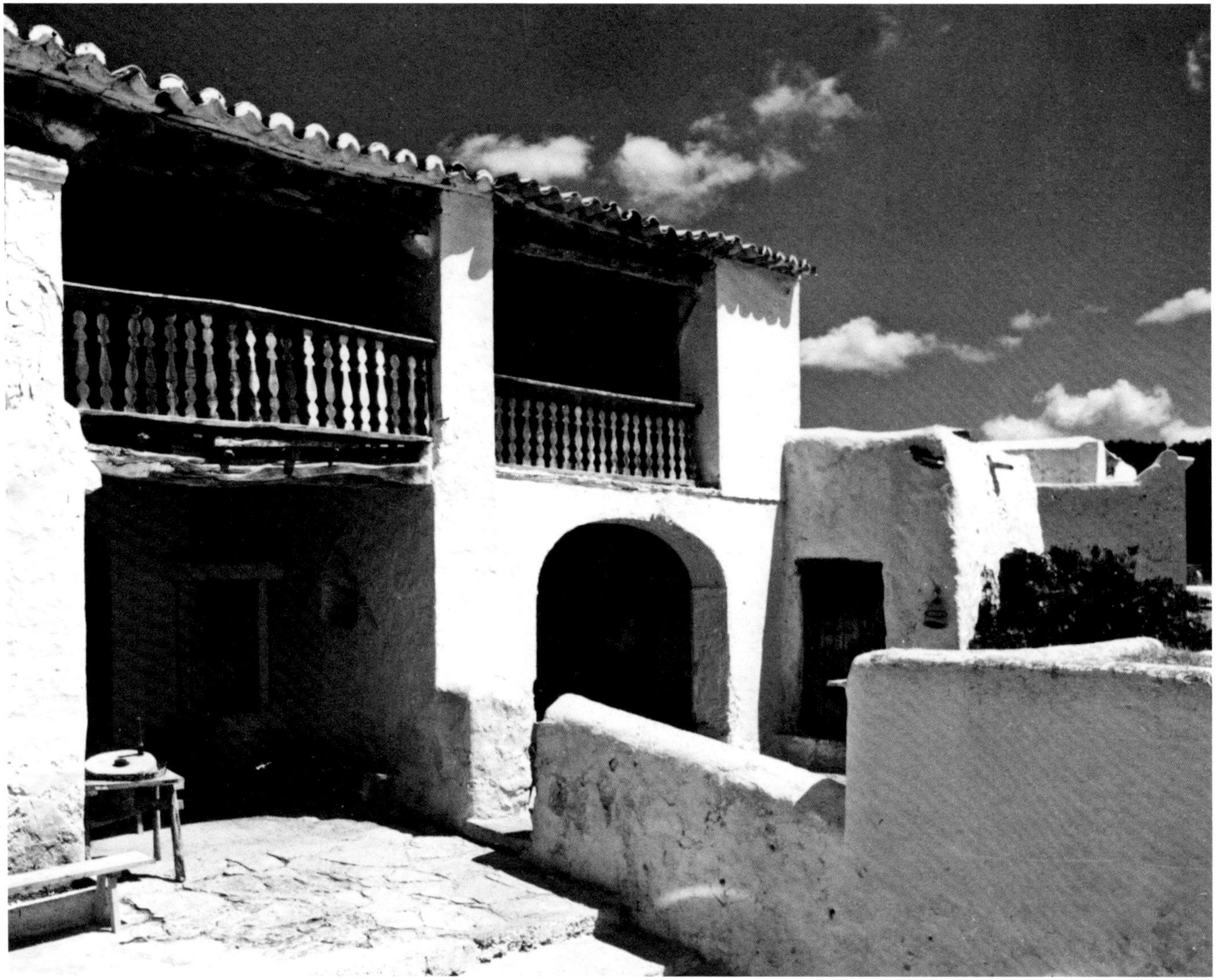

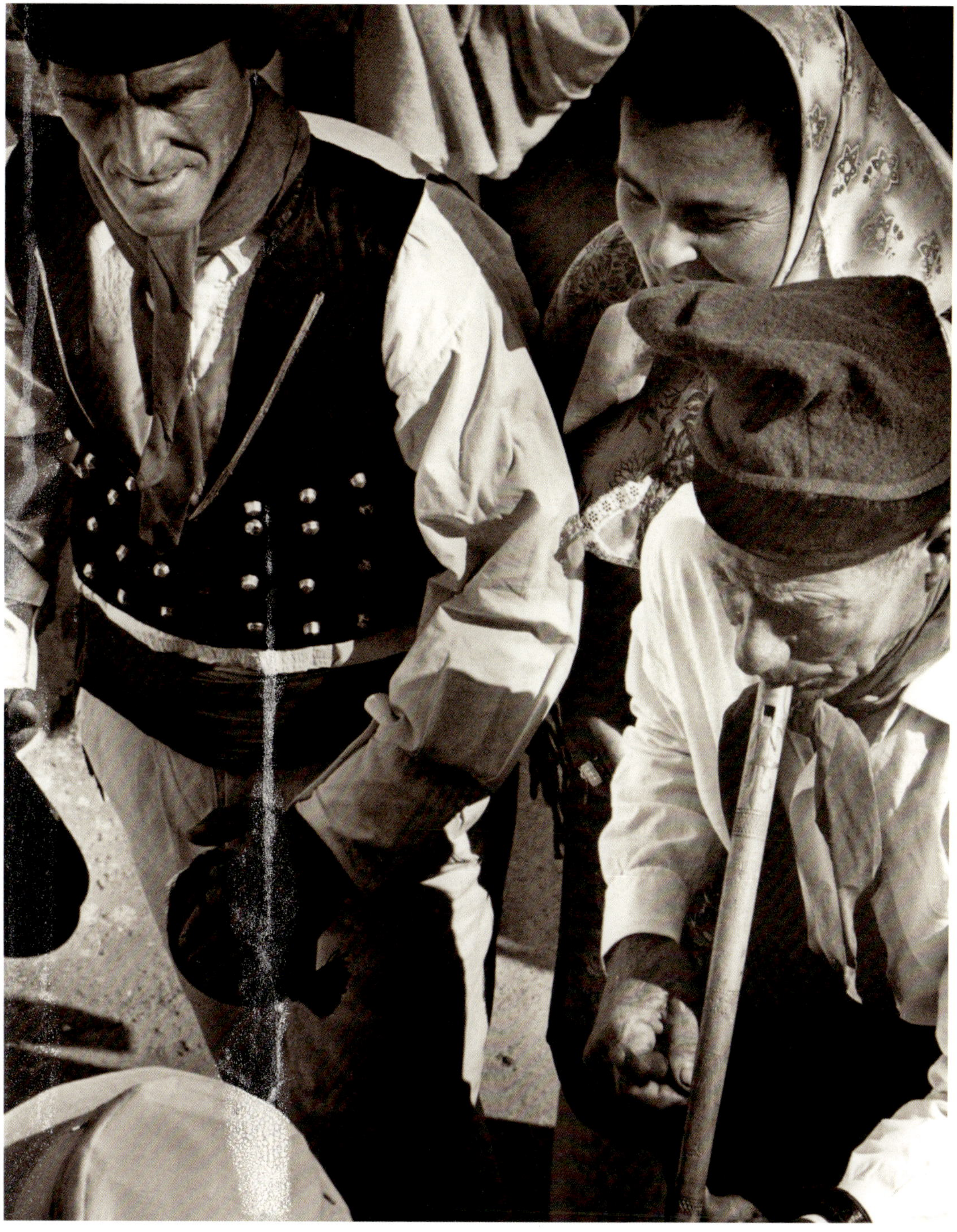

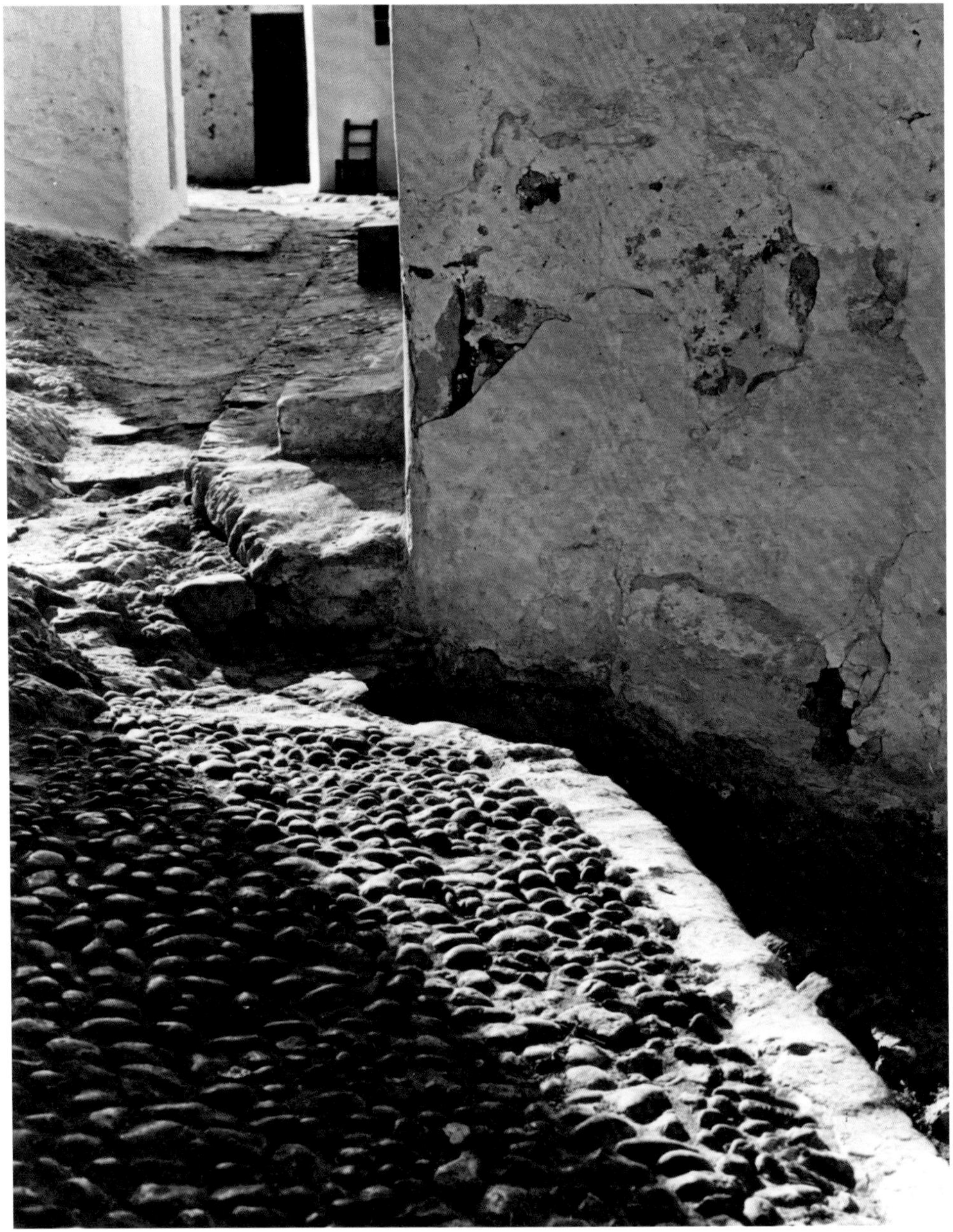

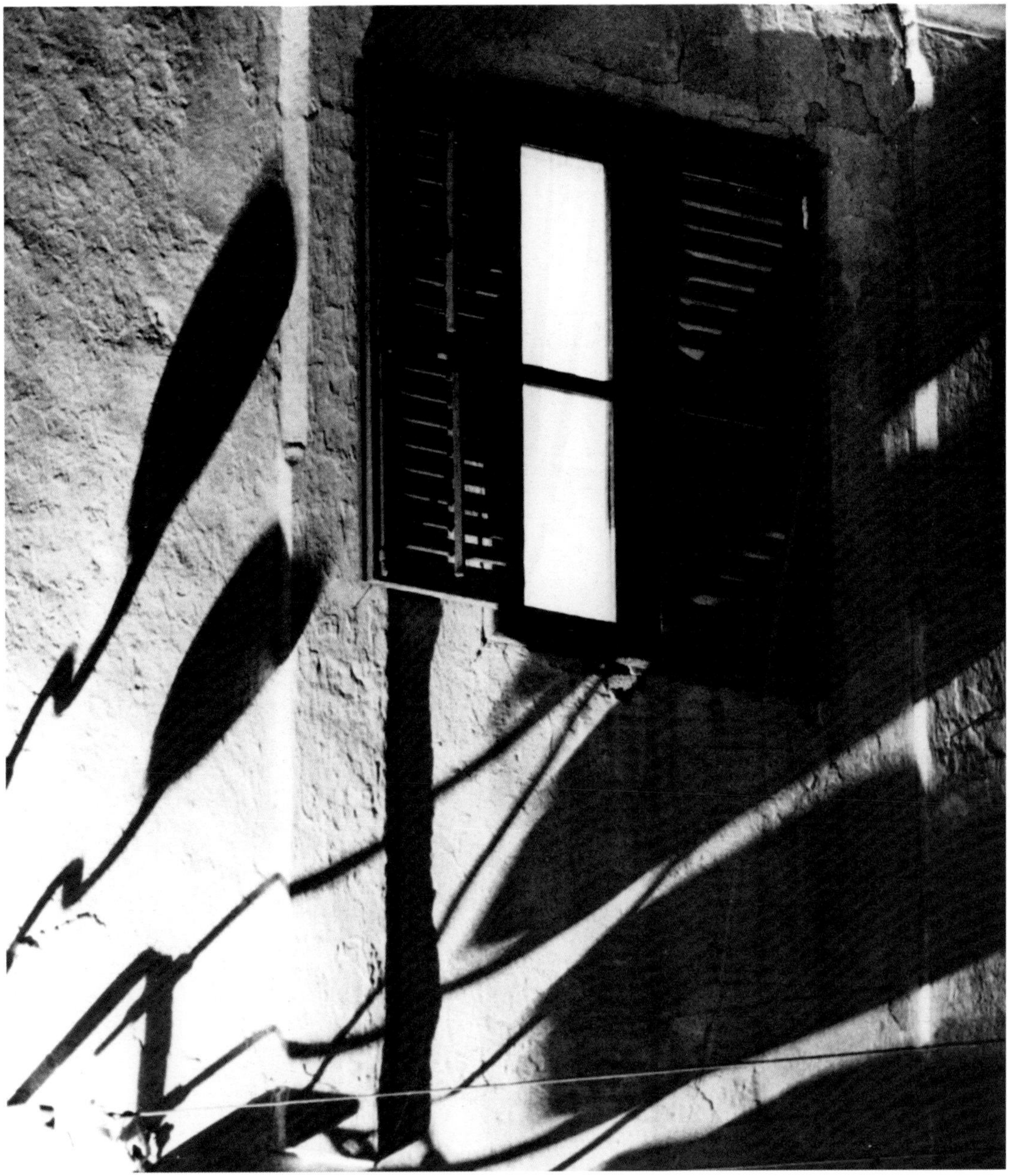

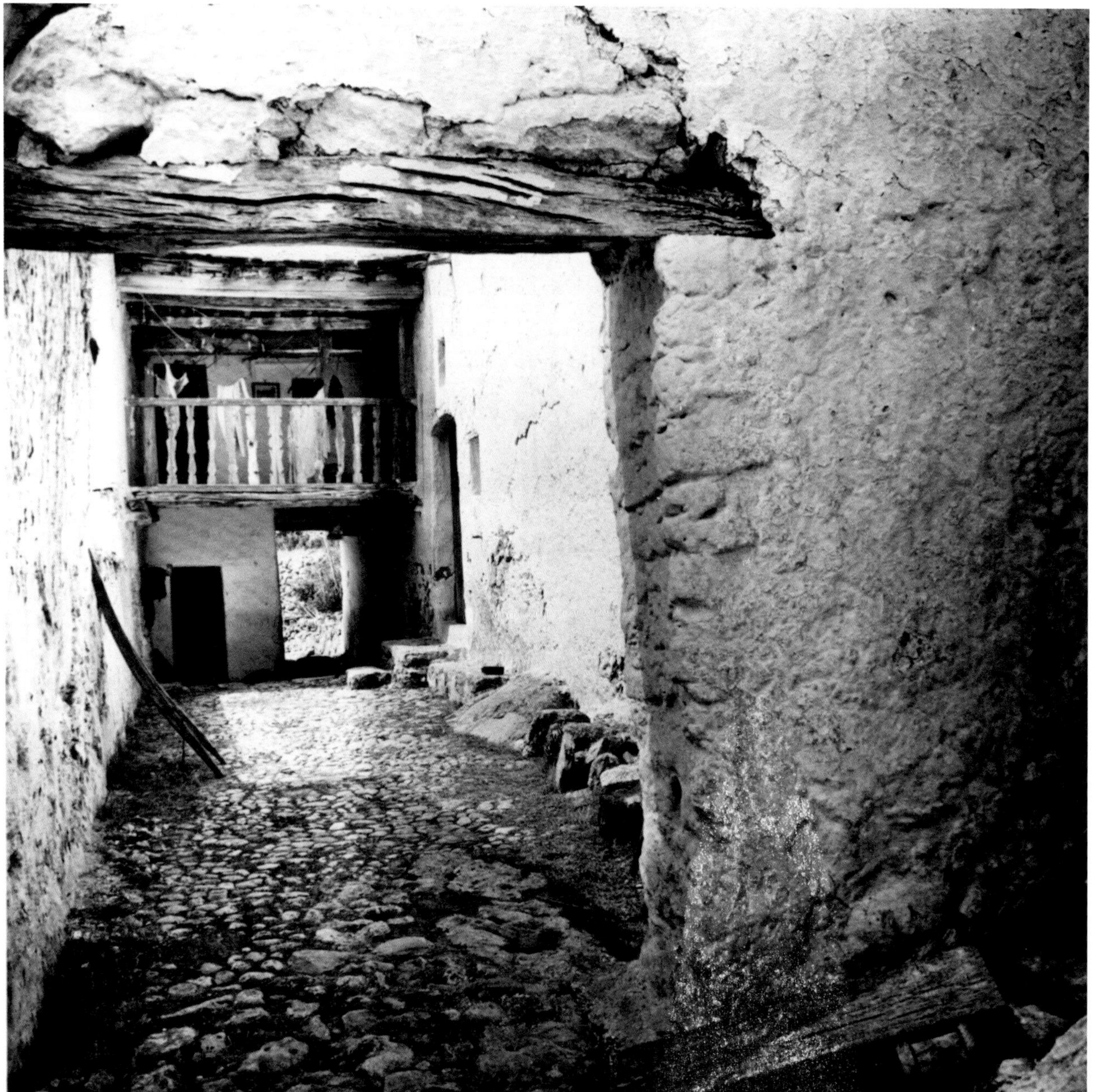

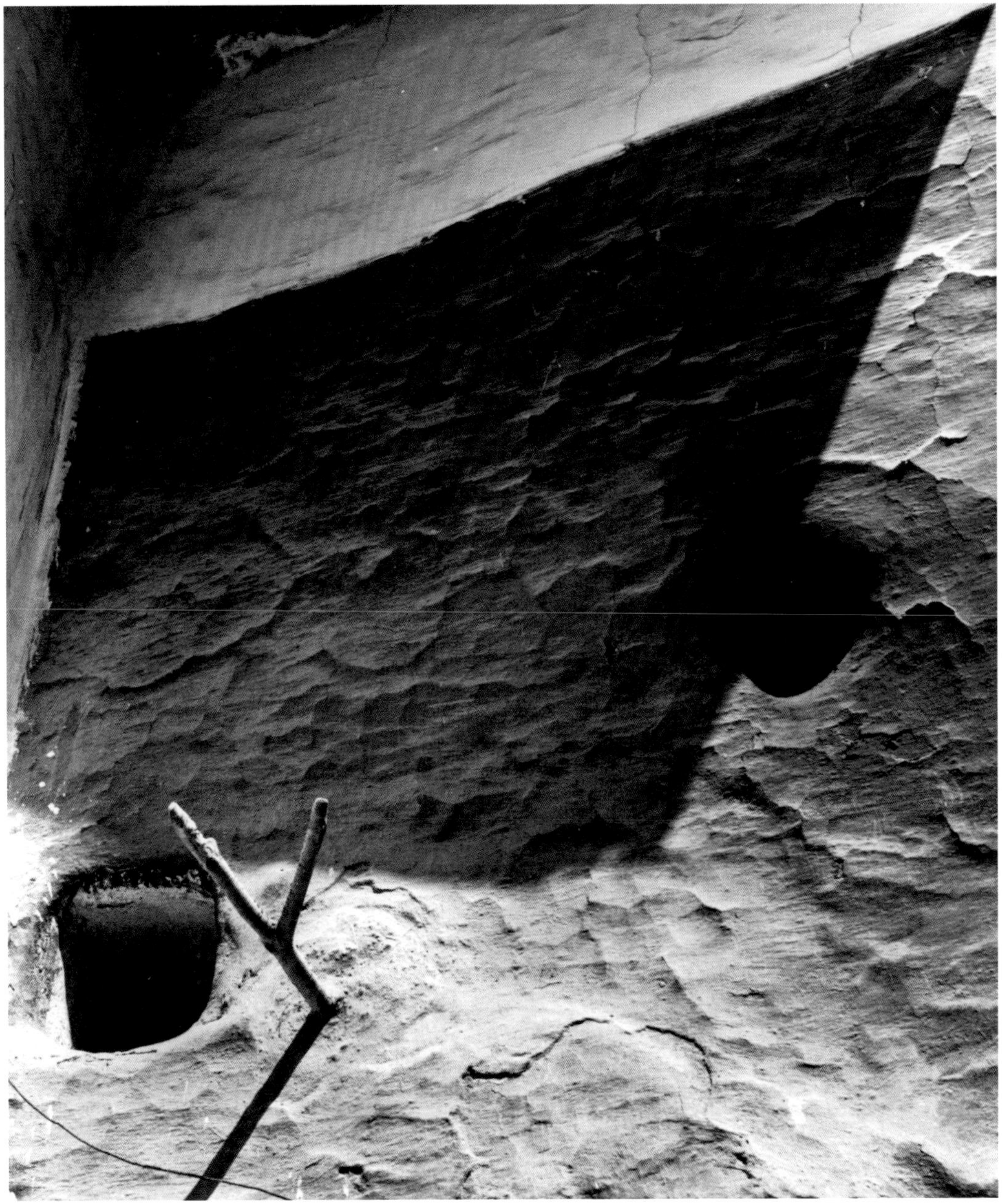

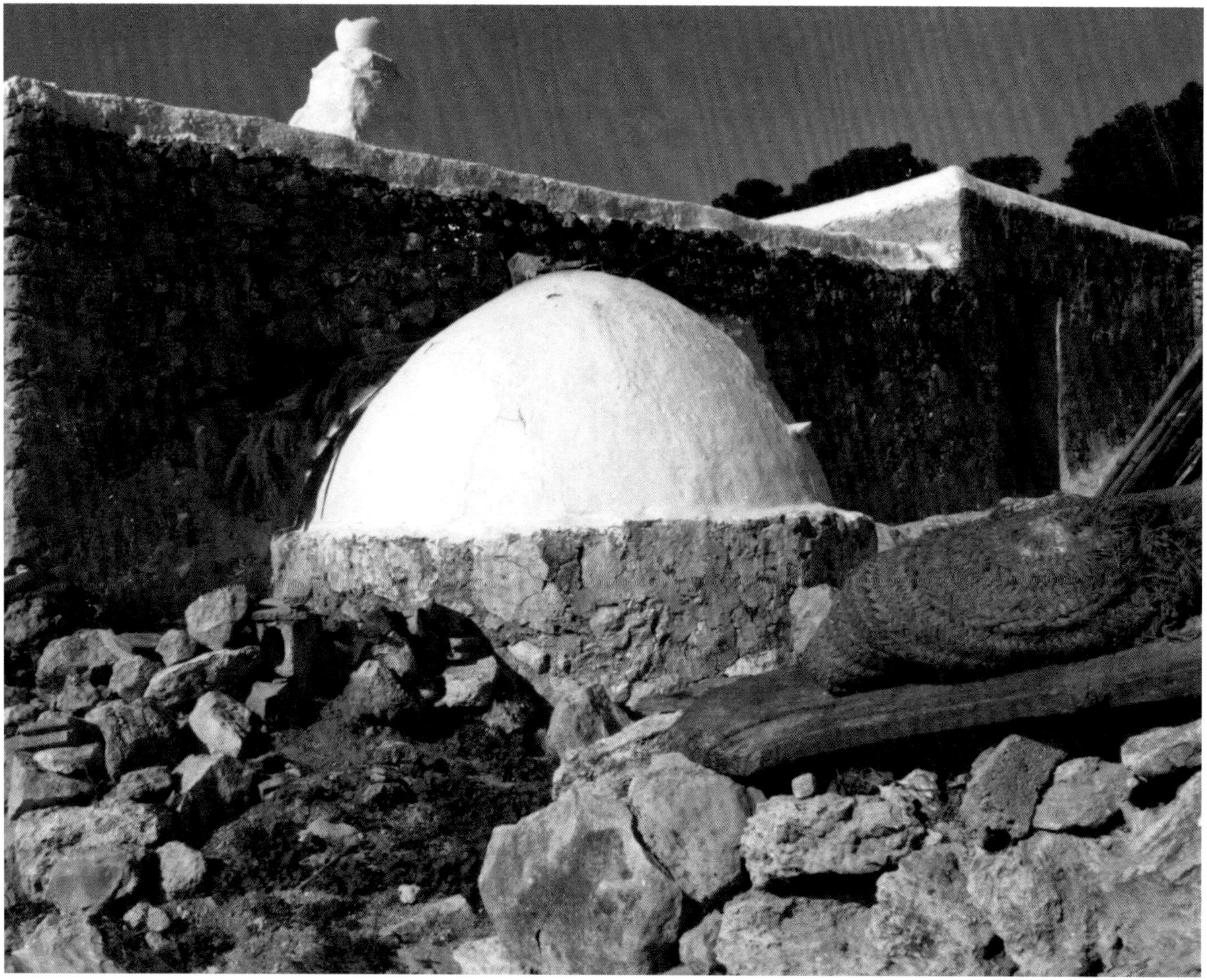

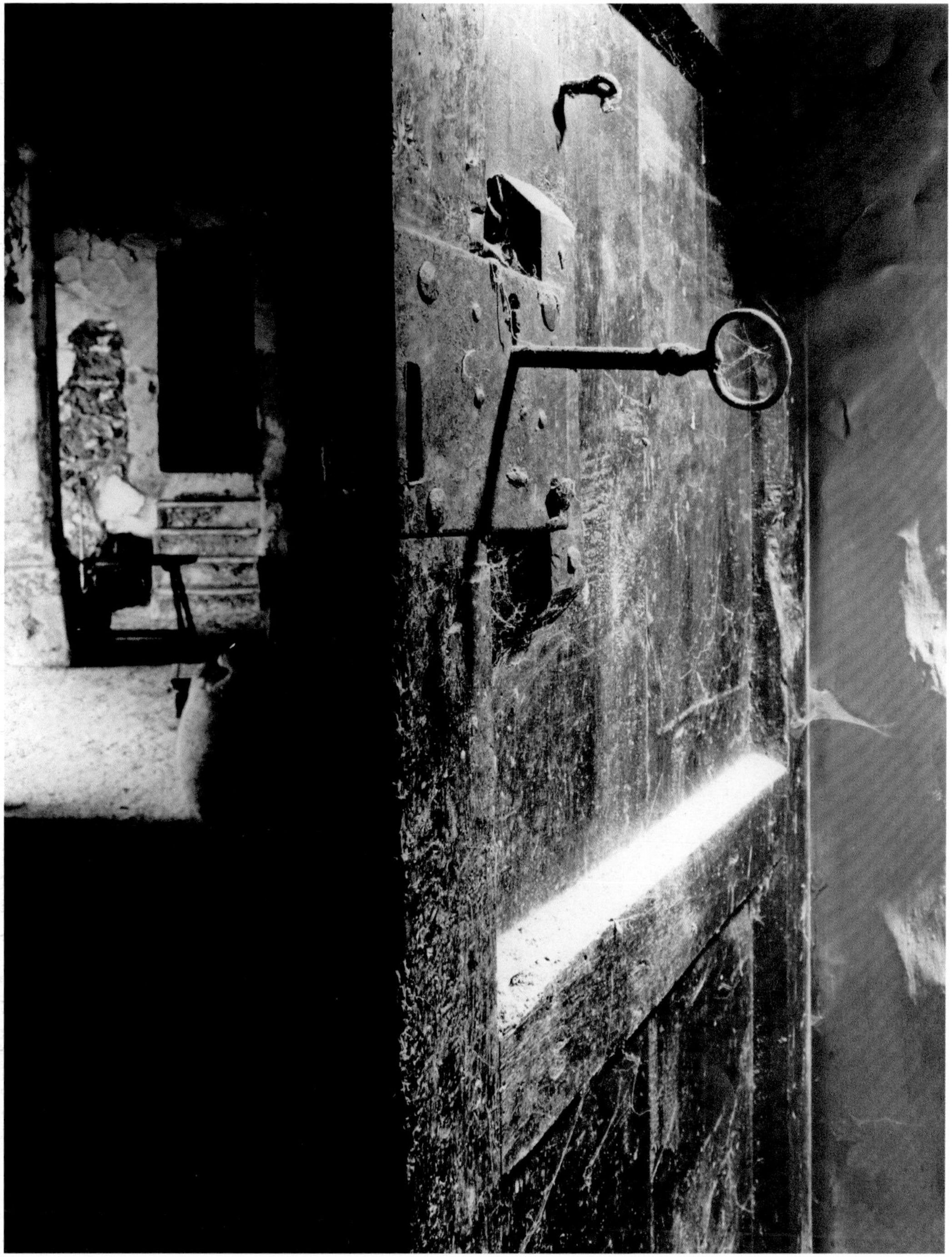

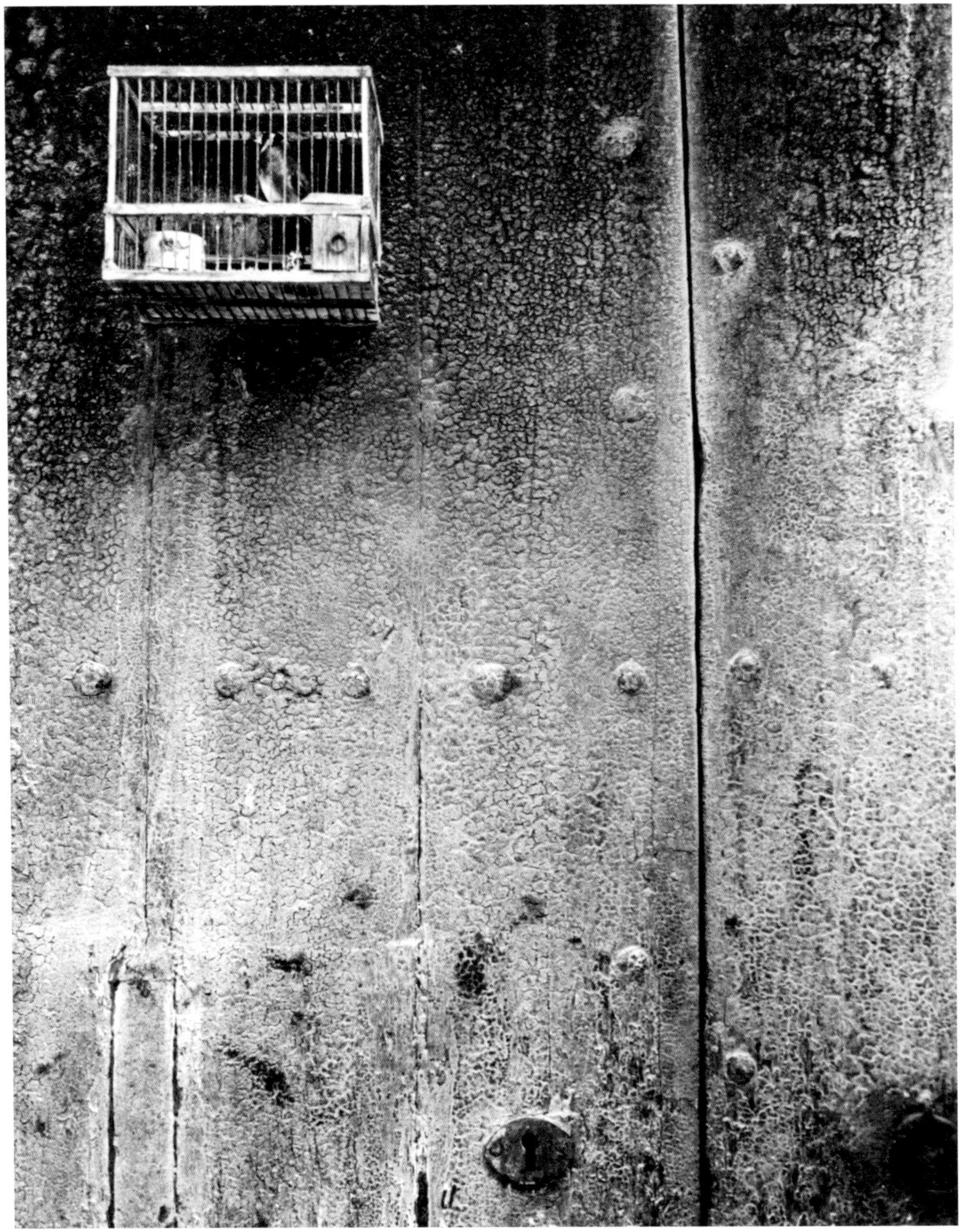

Reproducció de les fotografies originals
d'August Vallmitjana gràcies a la col·laboració de

ARXIU D'IMATGE I SO MUNICIPAL D'EIVISSA

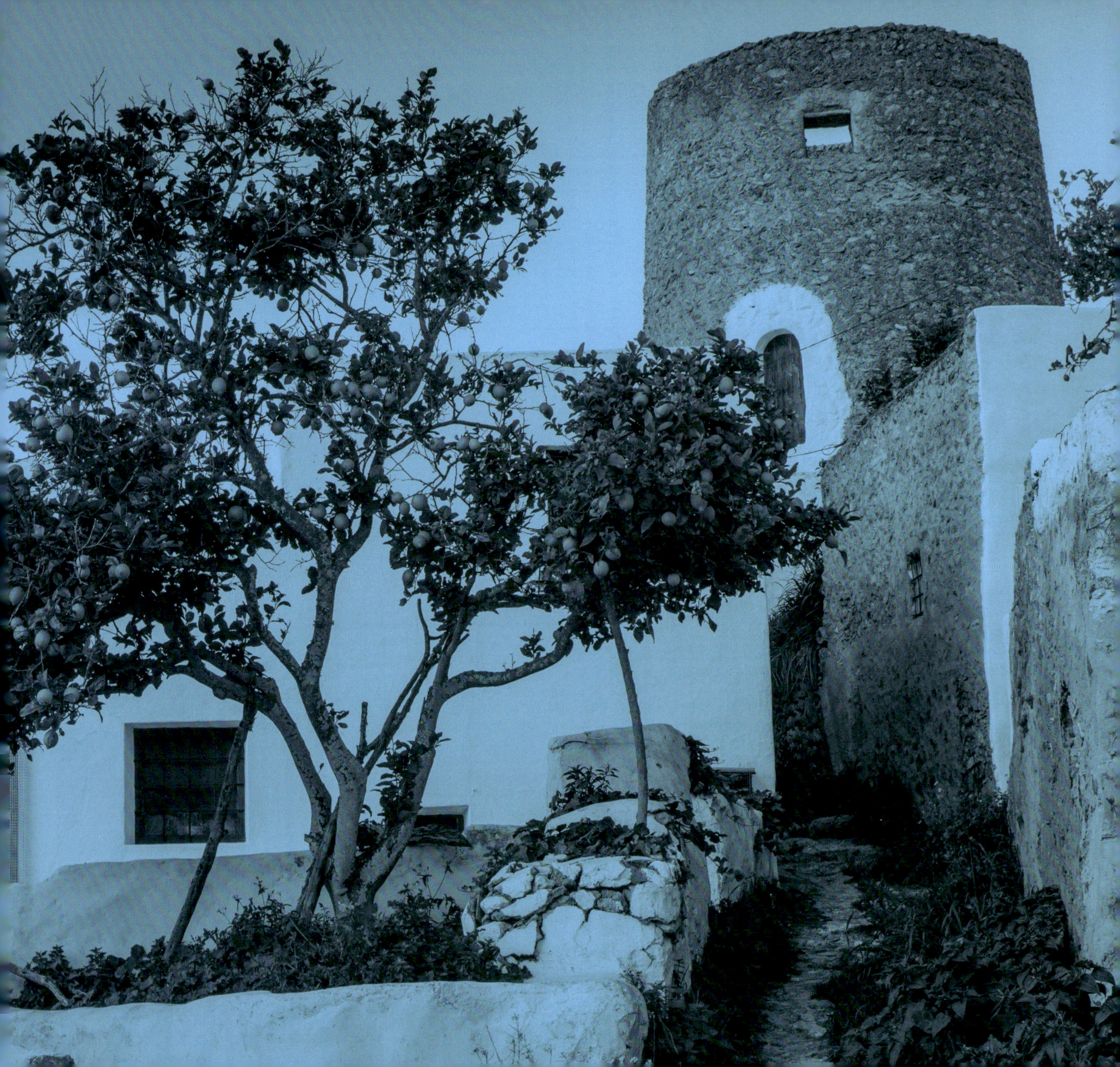

Jaume Balanyà

Fotografies / Photography / Fotografías / Photographies

Eivissa i Formentera

Ibiza & Formentera
Ibiza y Formentera
Ibiza et Formentera

Eivissa Ibiza

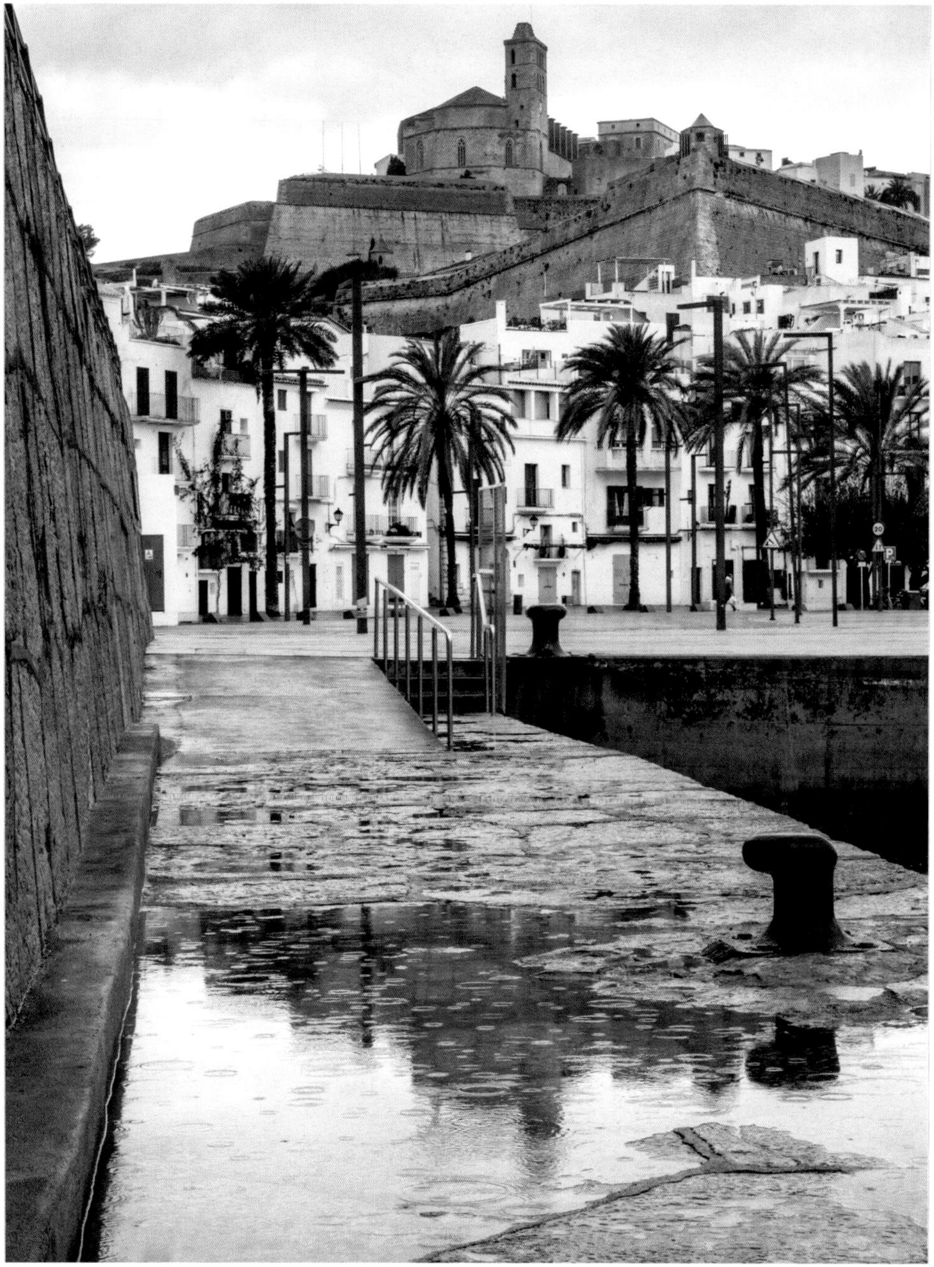

La Marina

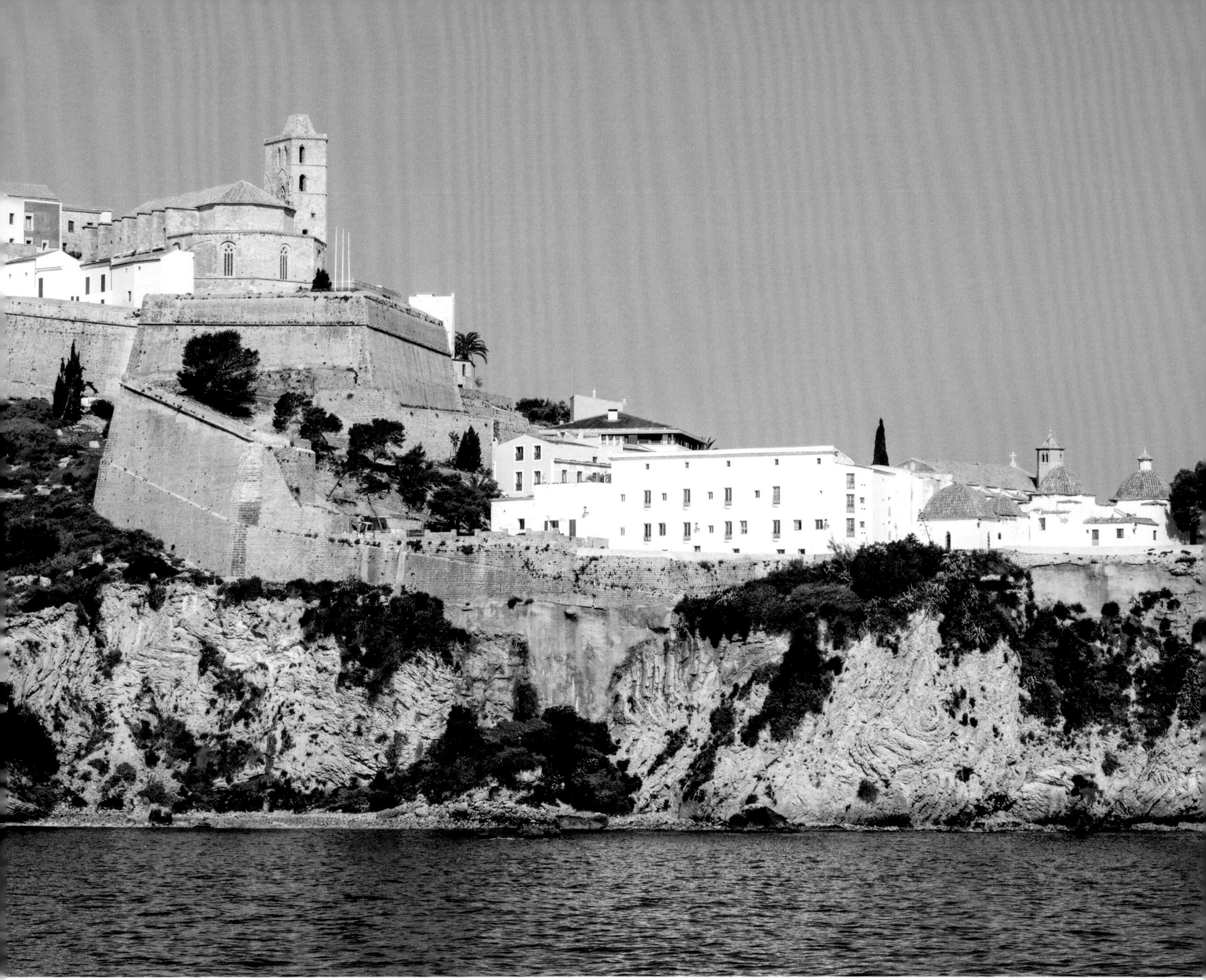

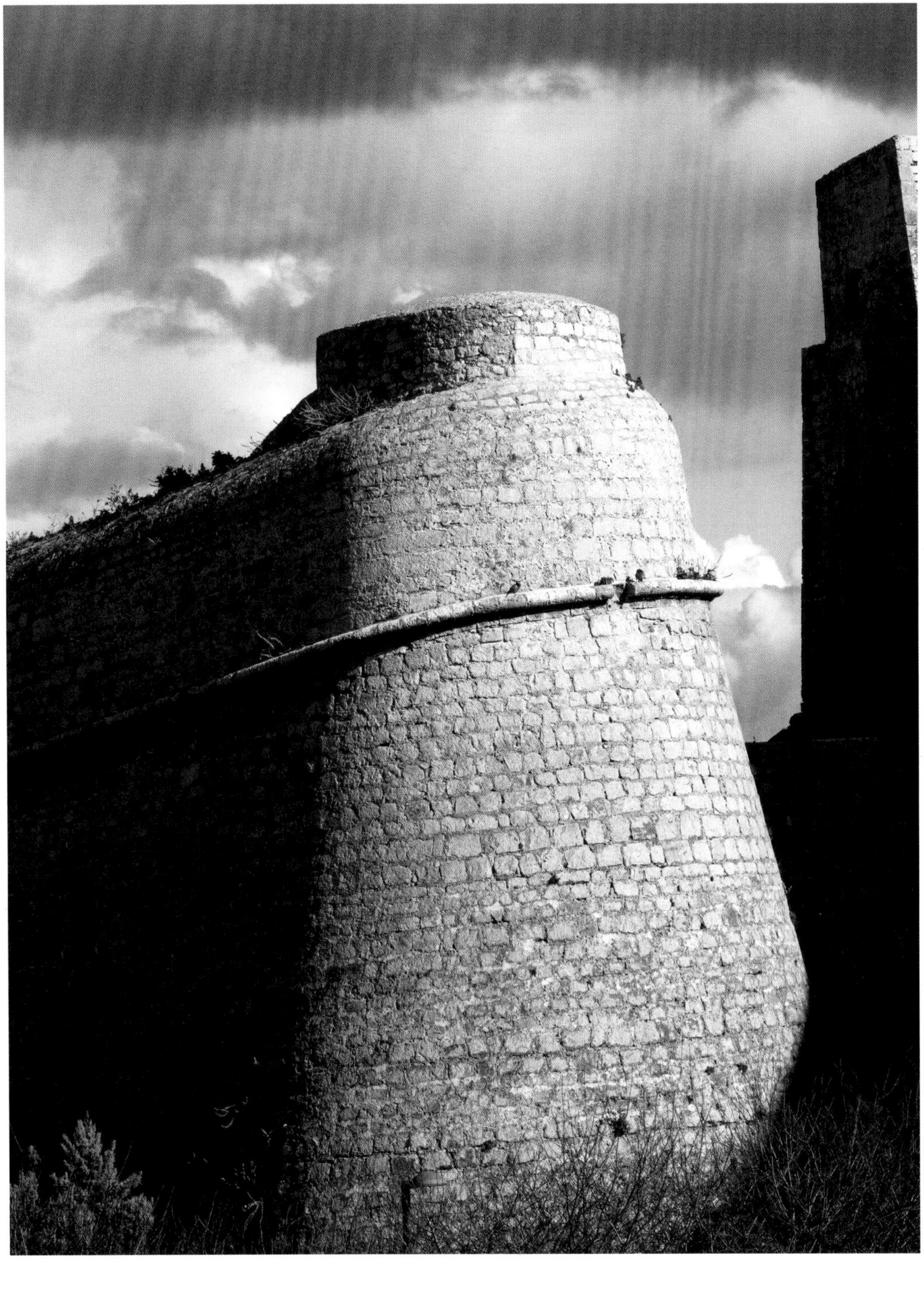

Baluard de Santa Llúcia

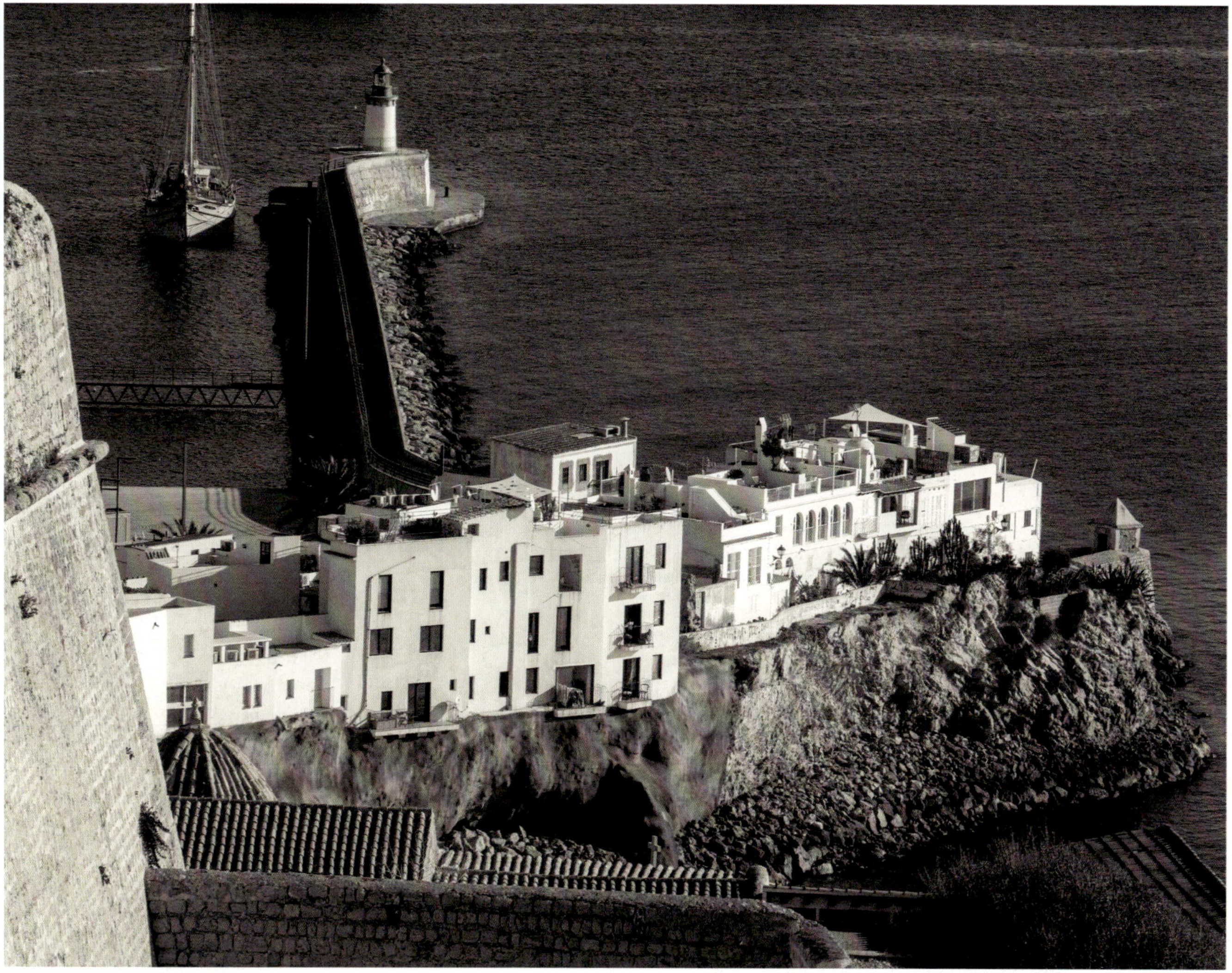

Sa Penya

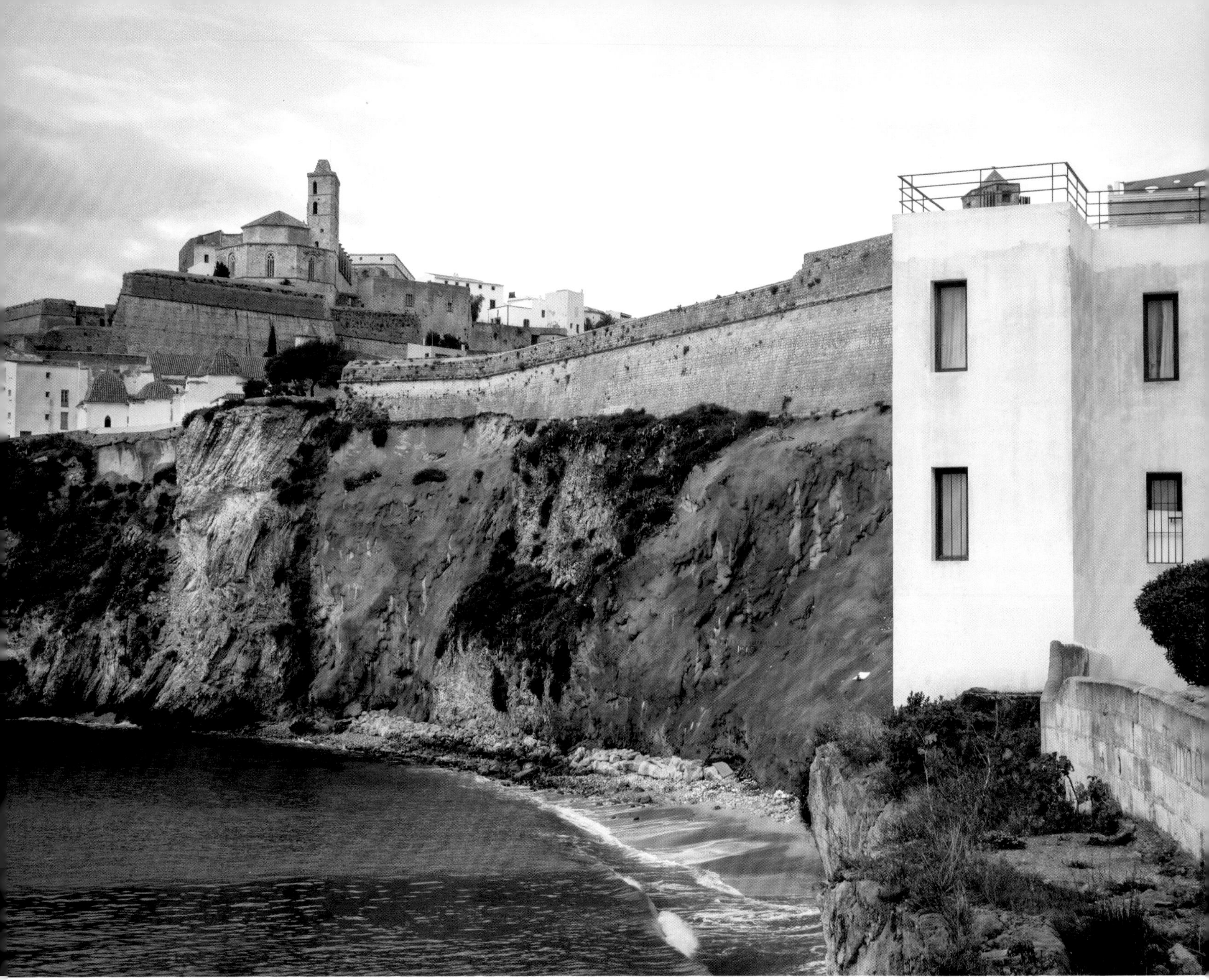

Baix de sa Penya

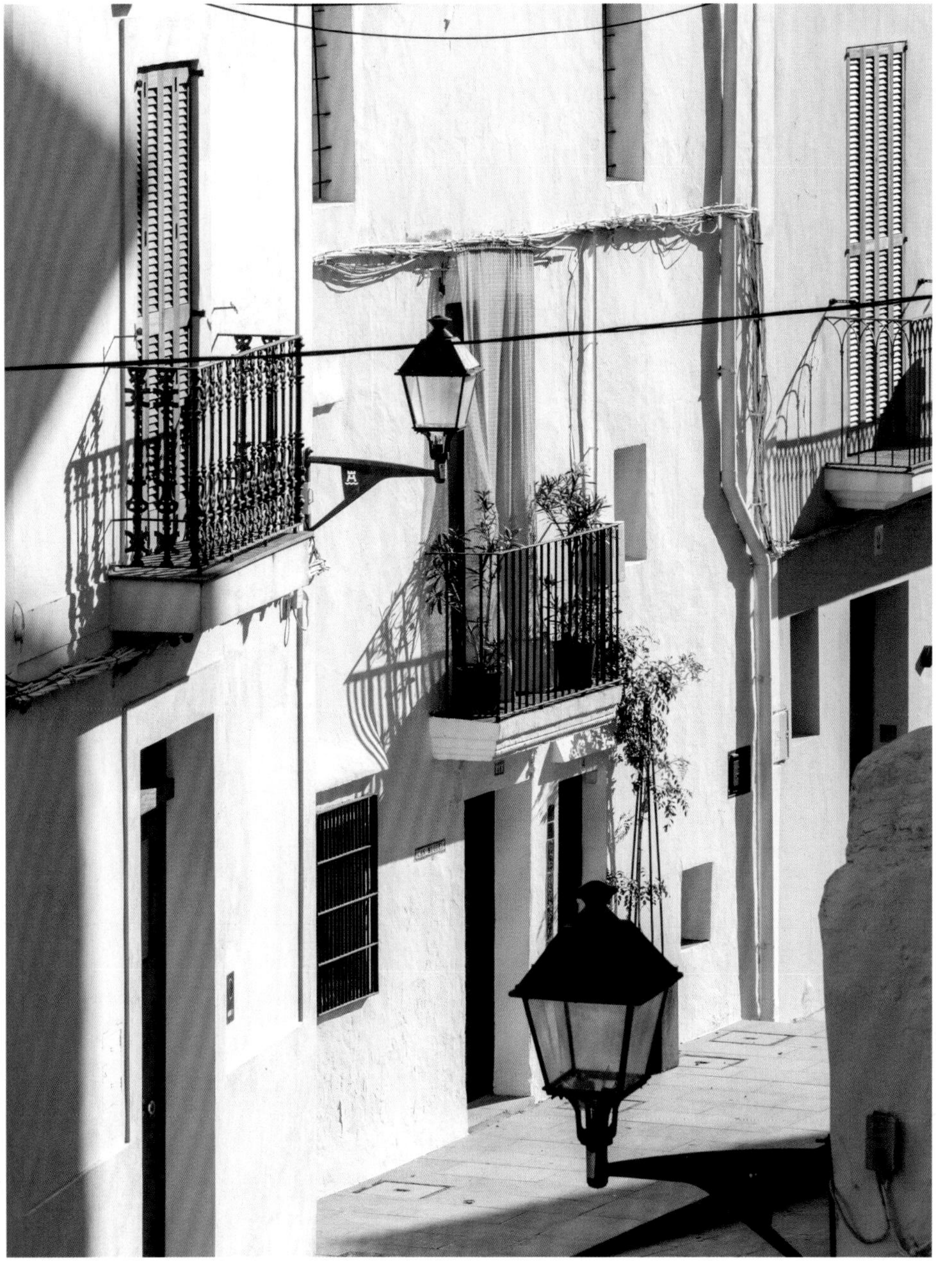

Dalt Vila

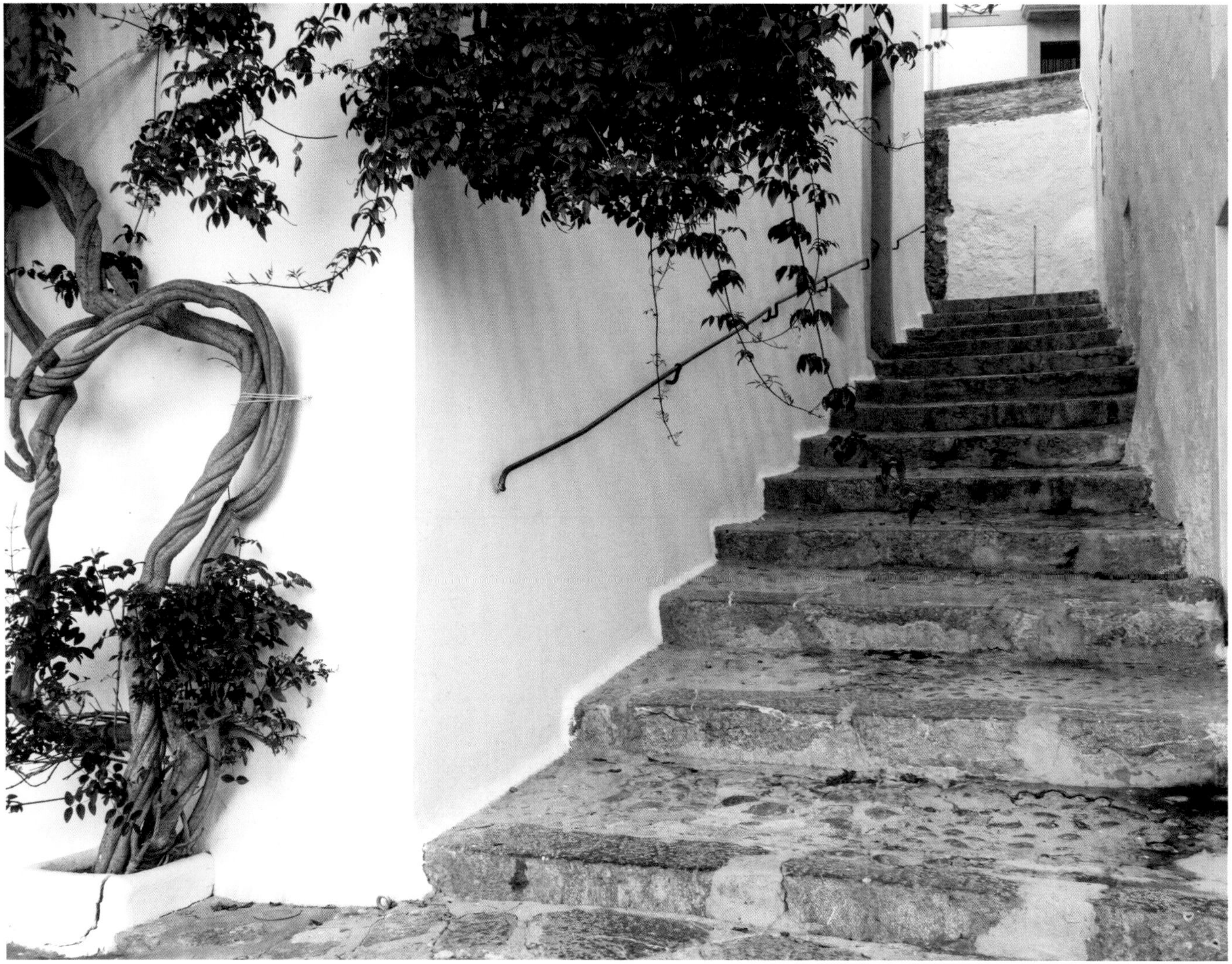

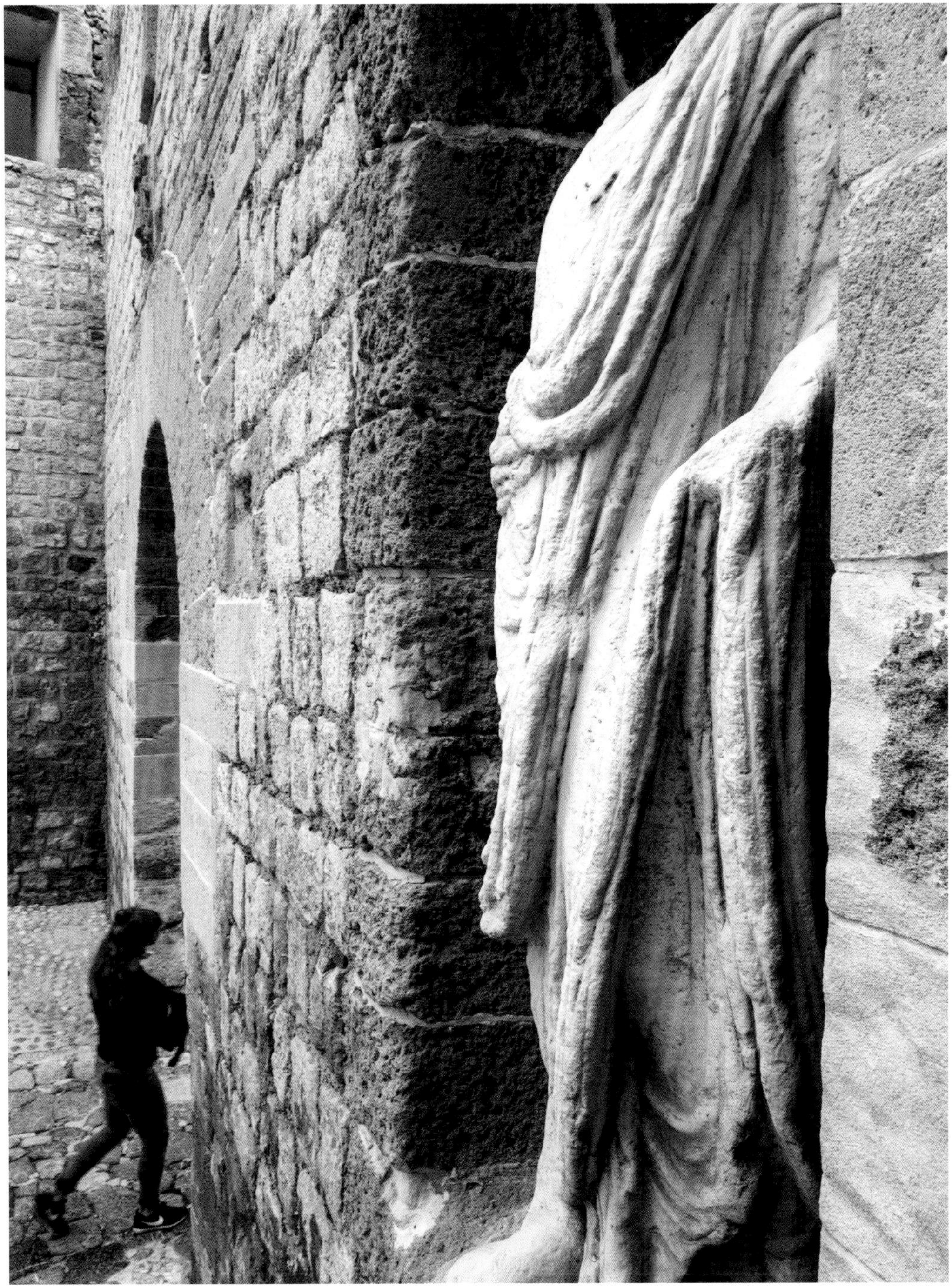

Portal de sa Penya - Plaça de la Vila

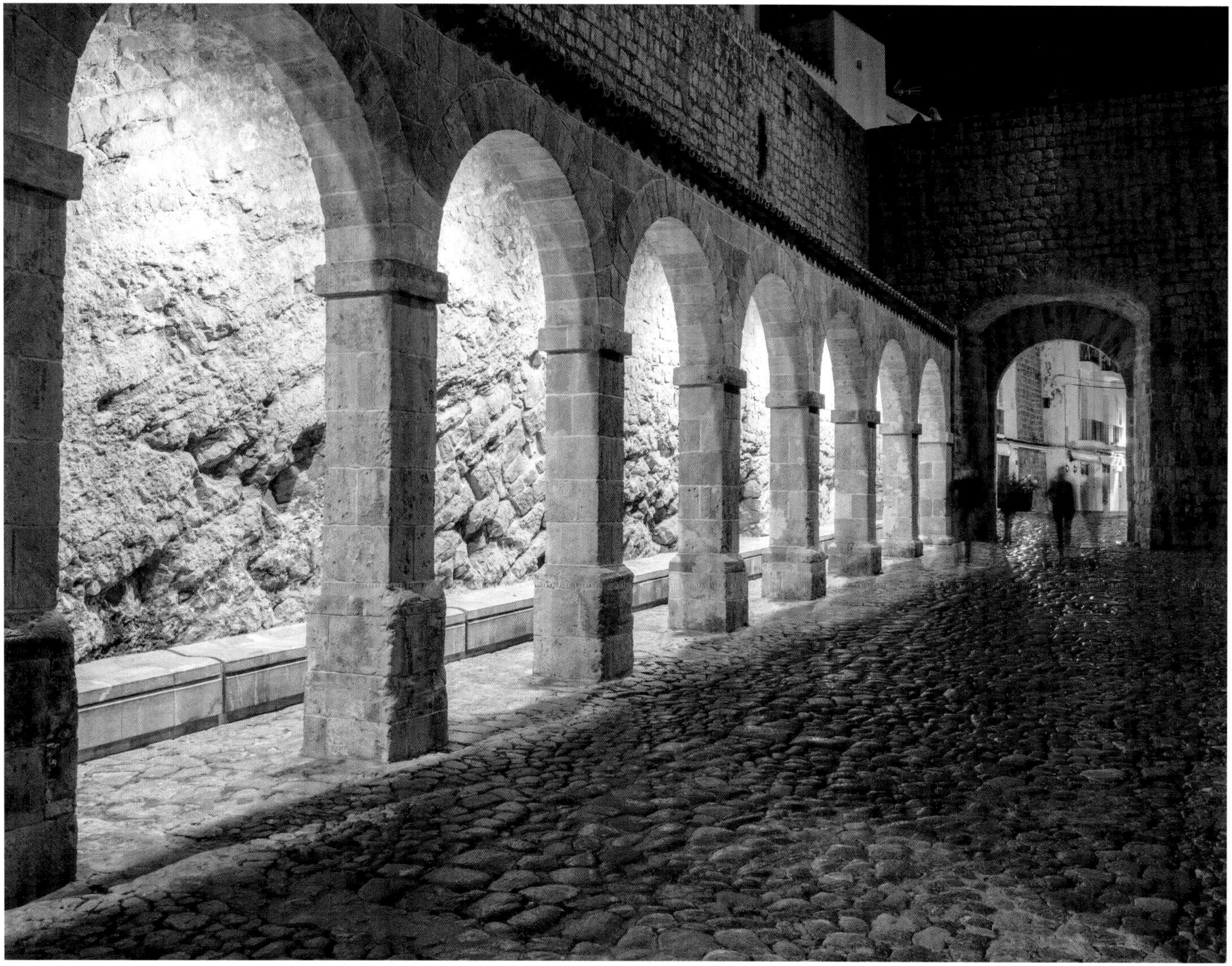

Pati d'Armes

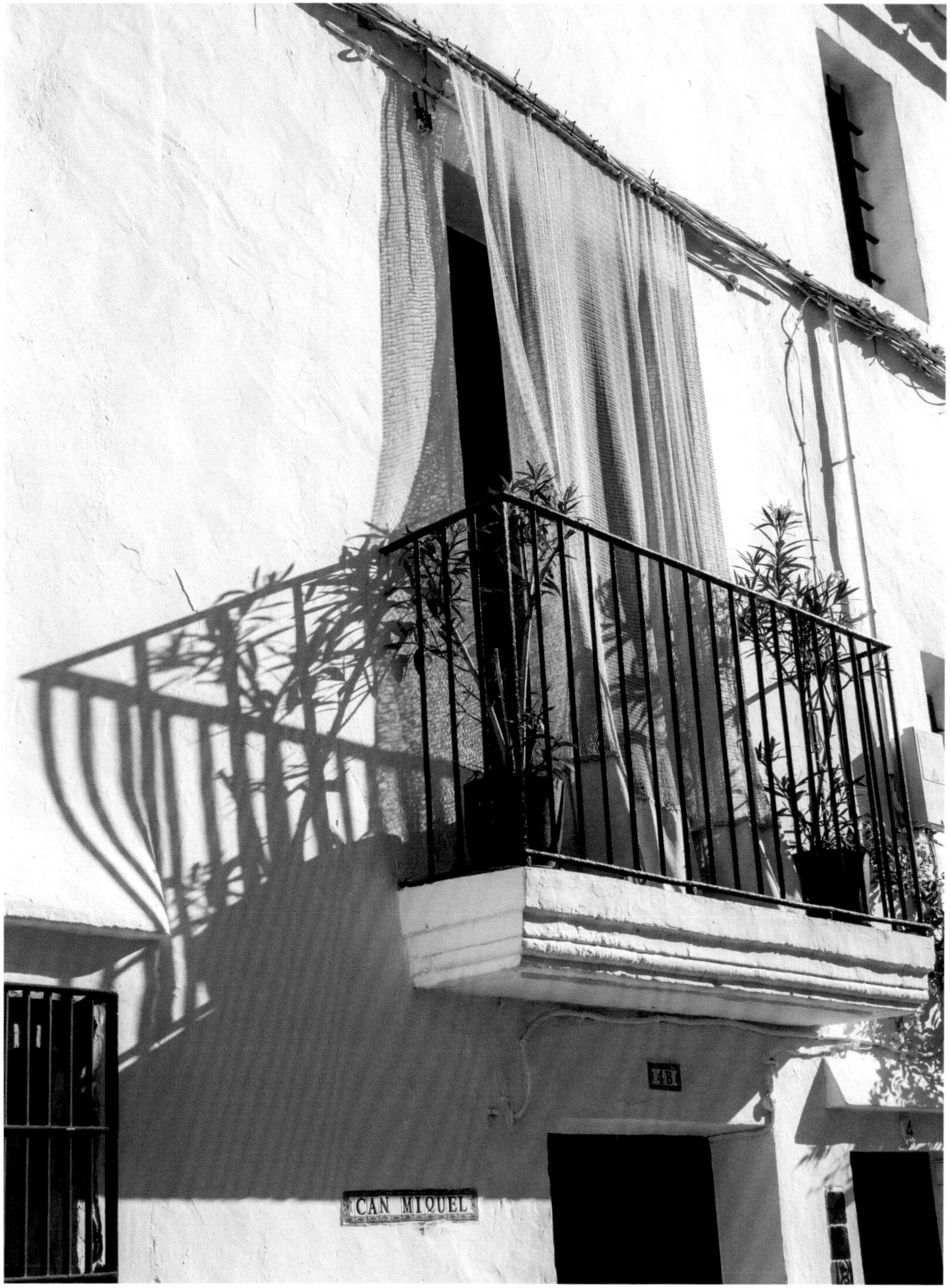

Dalt Vila

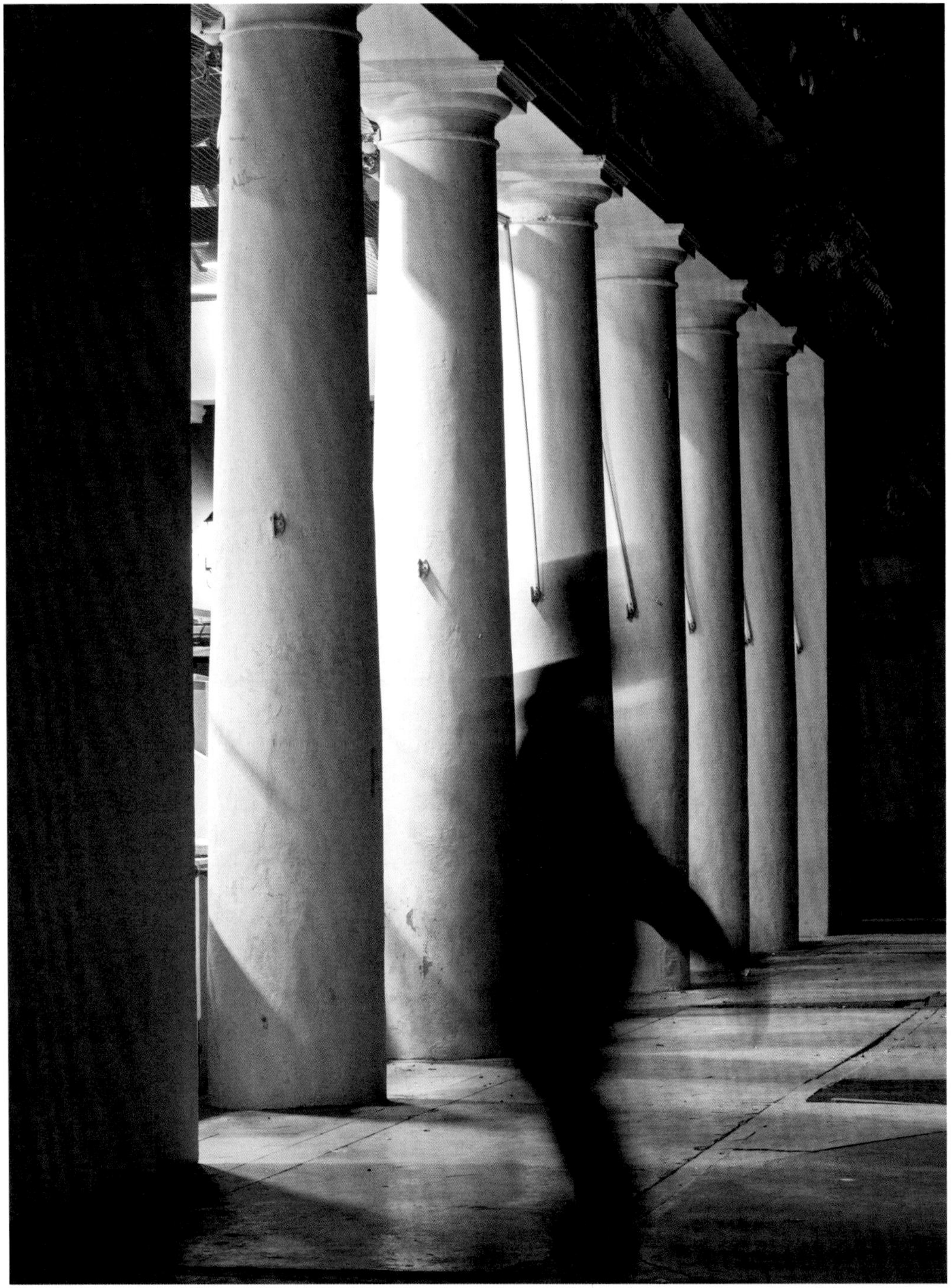

Mercat Vell

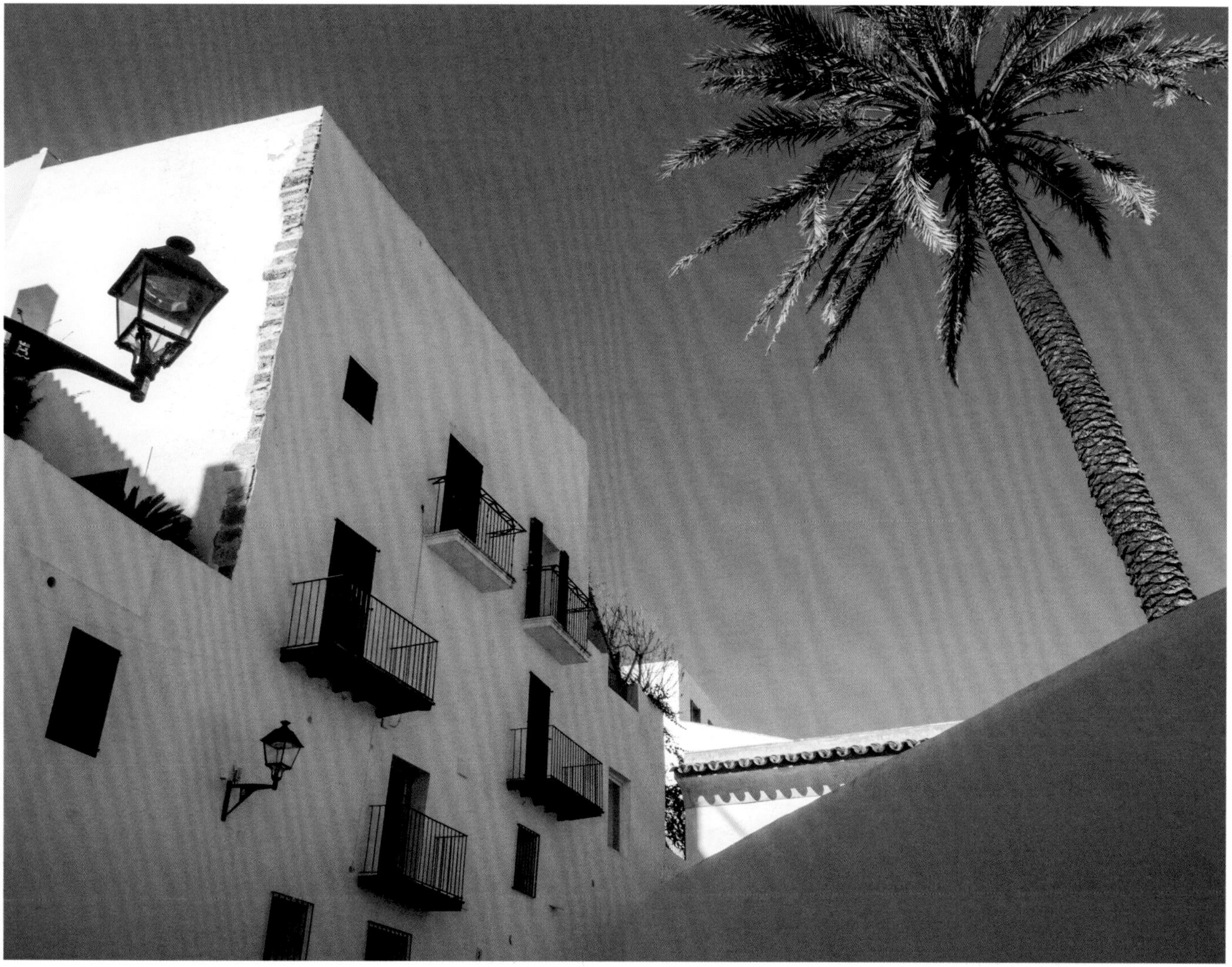

Dalt Vila

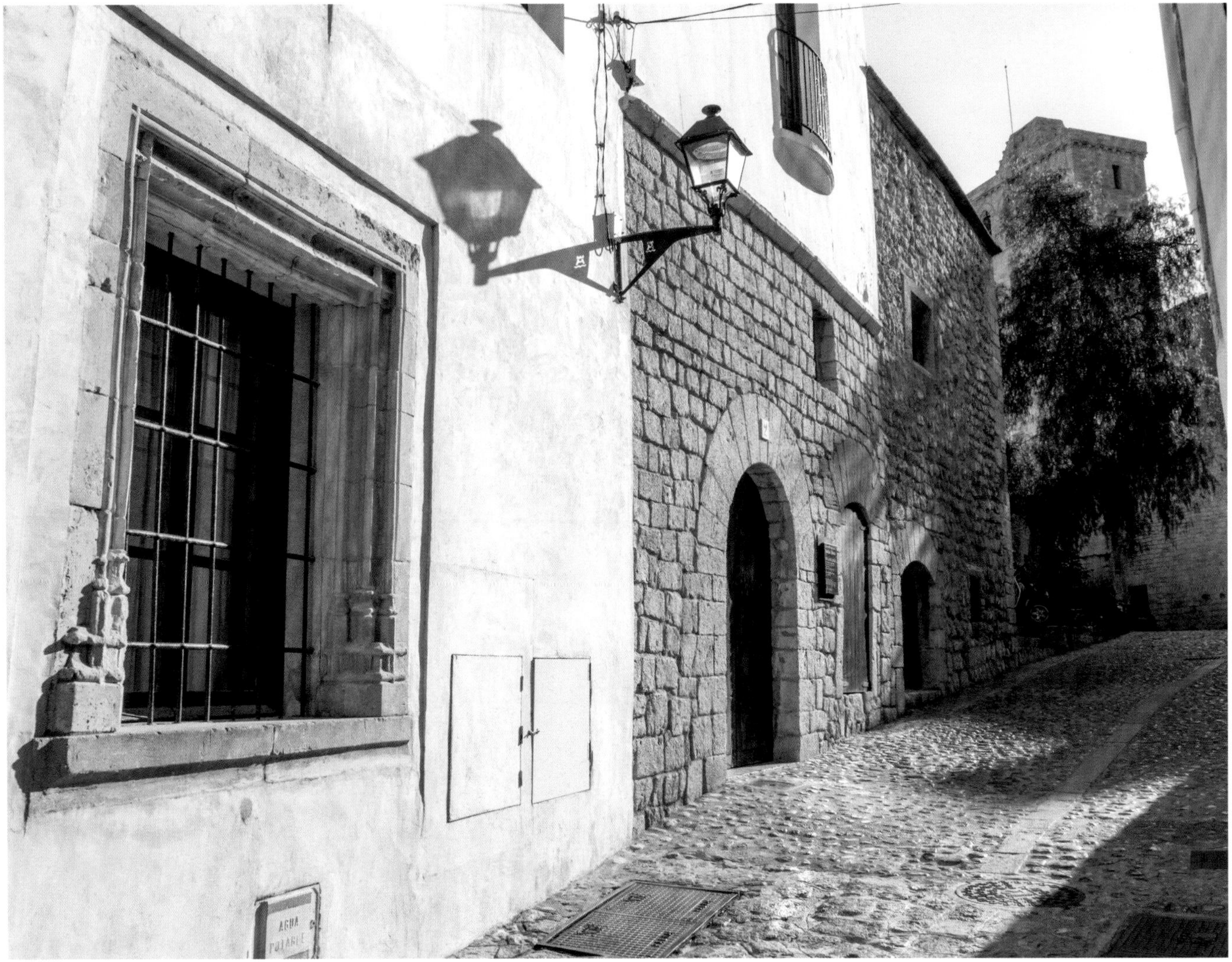
AGUA

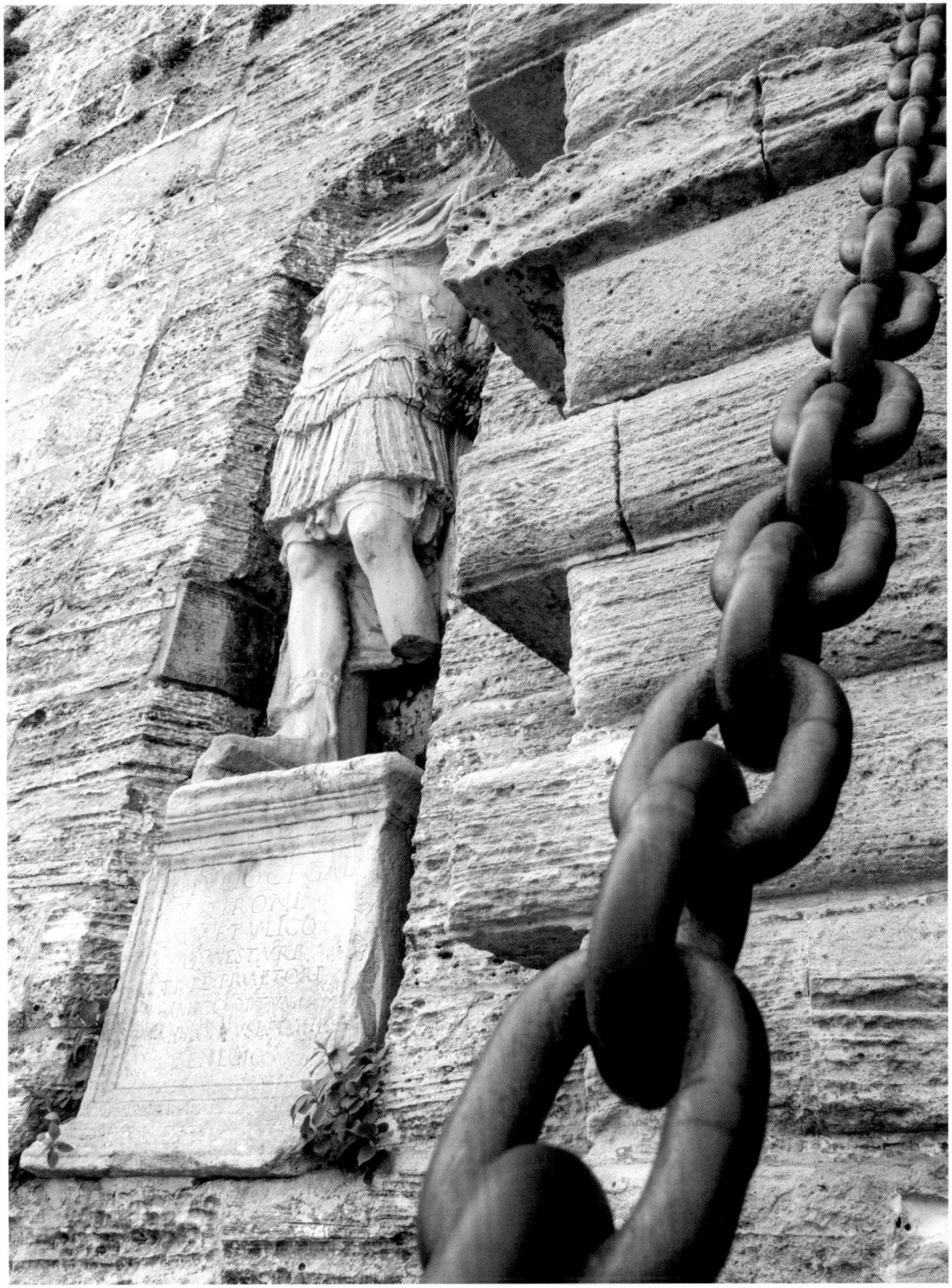

Portal de ses Taules

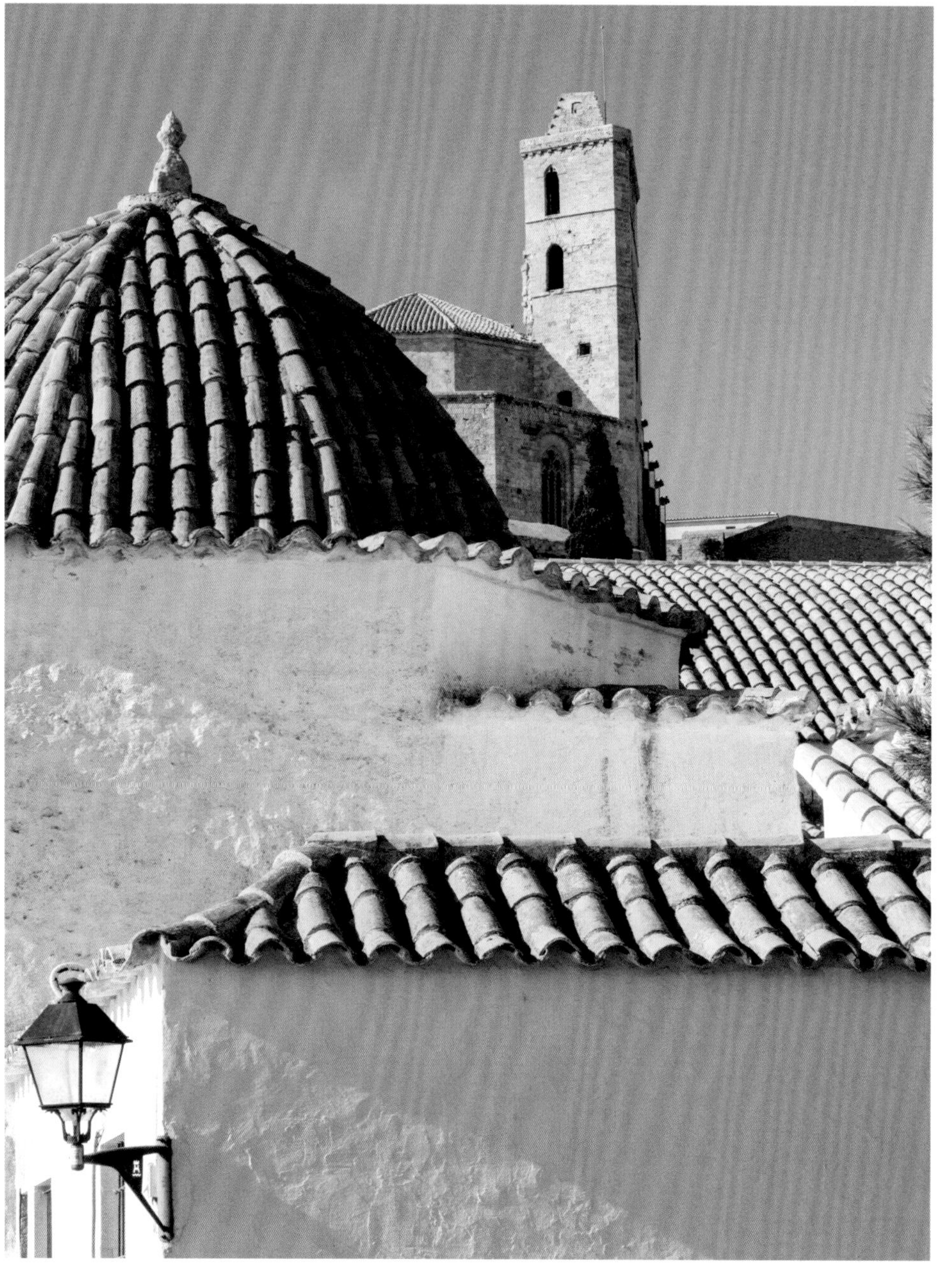

Església de Sant Cristòfol / Catedral

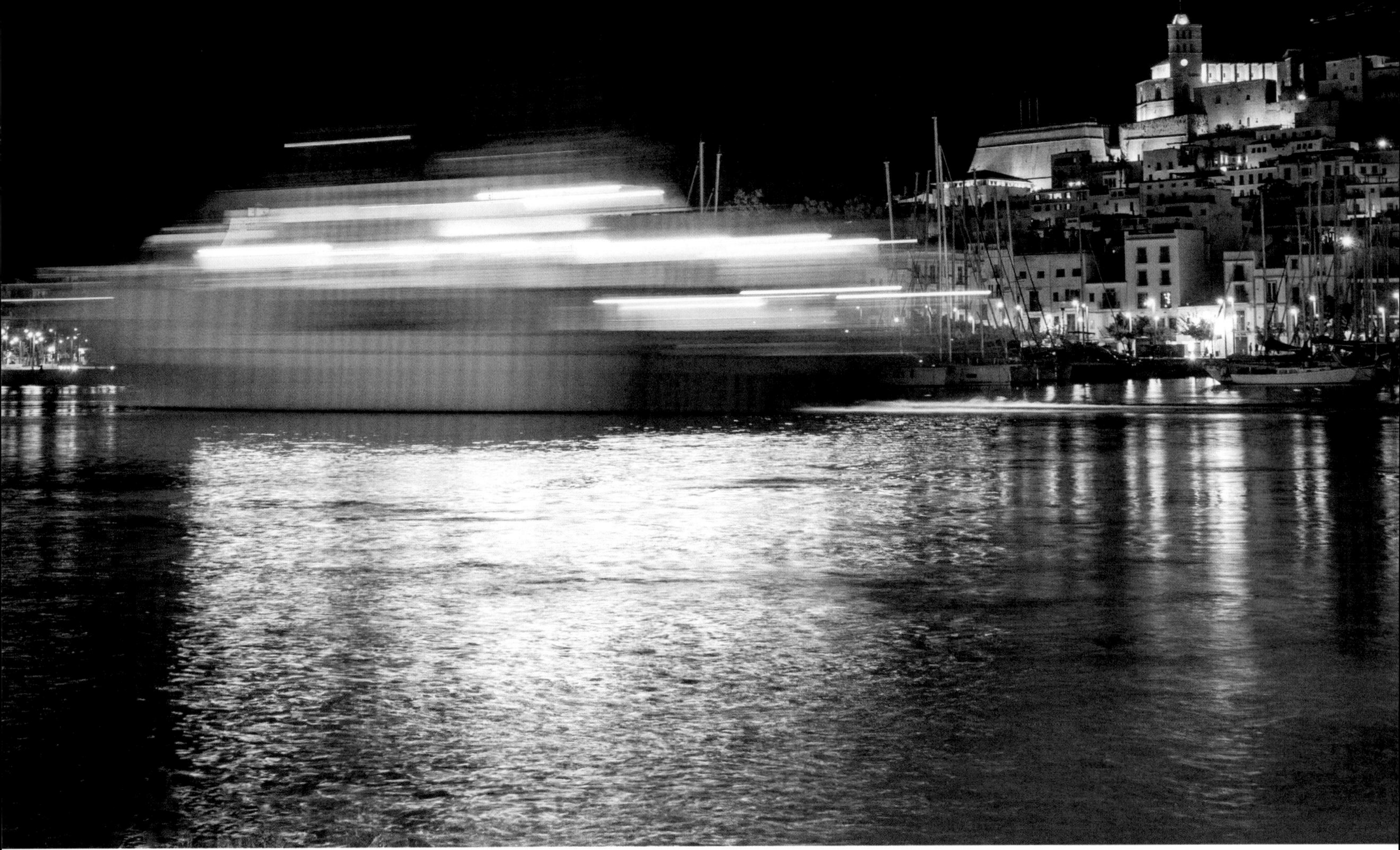

Port d'Eivissa

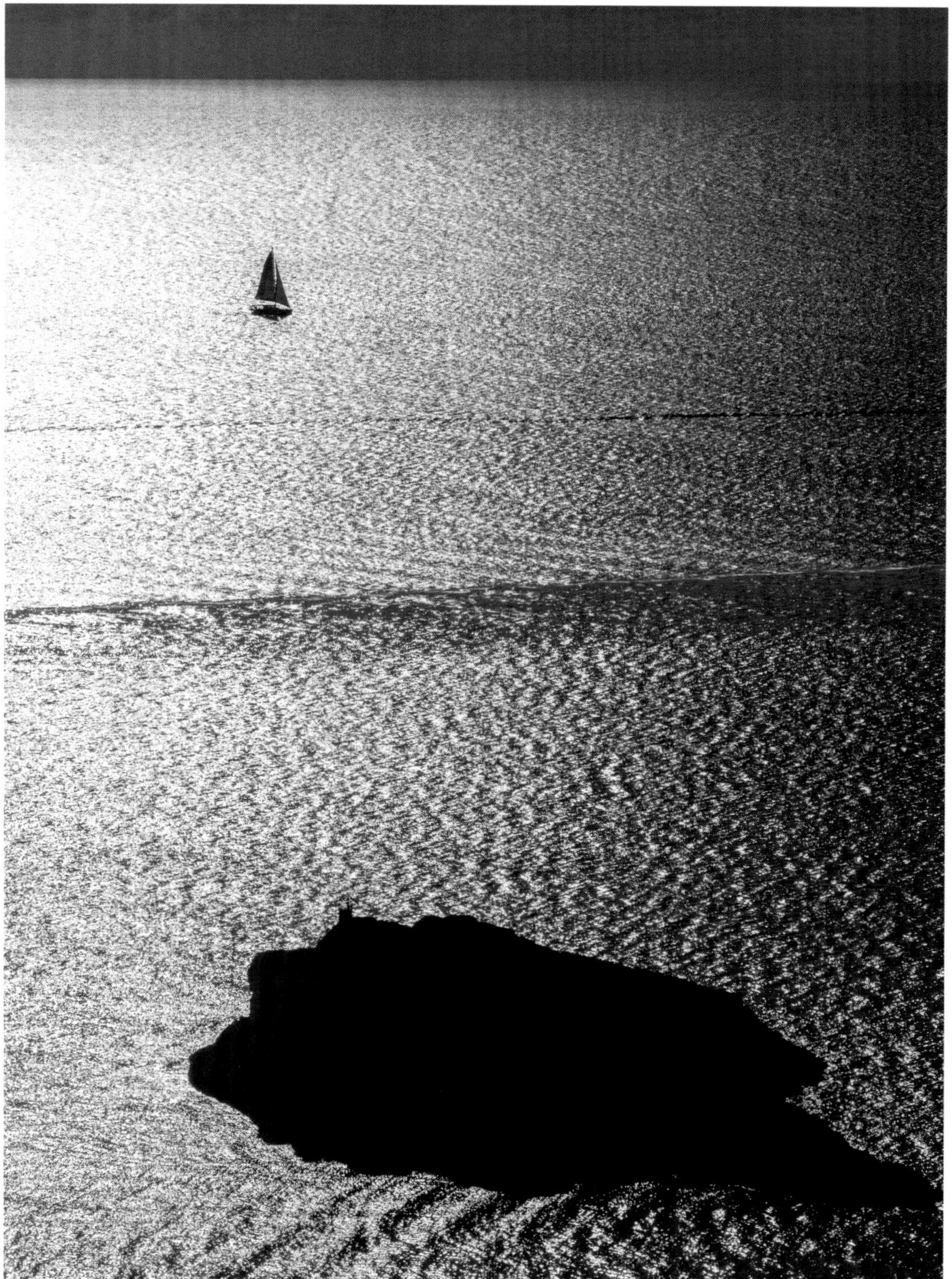

Illa Negra

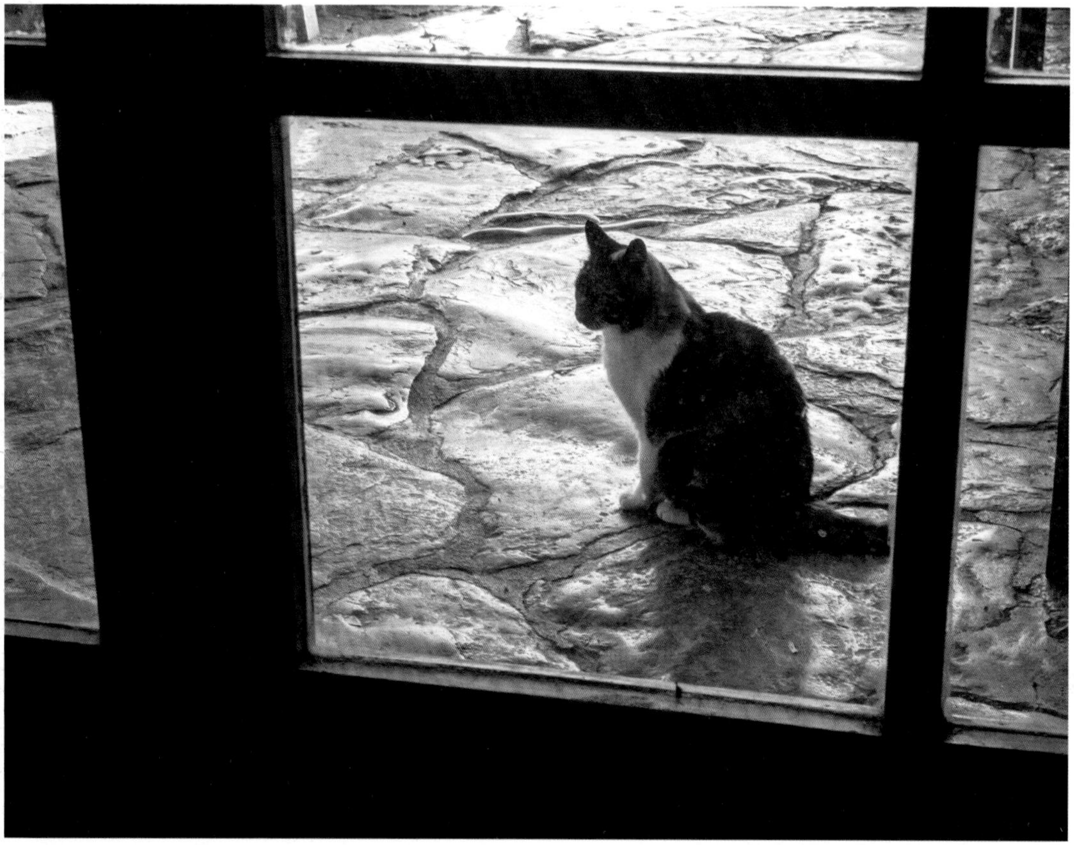

Ca n'Annetta

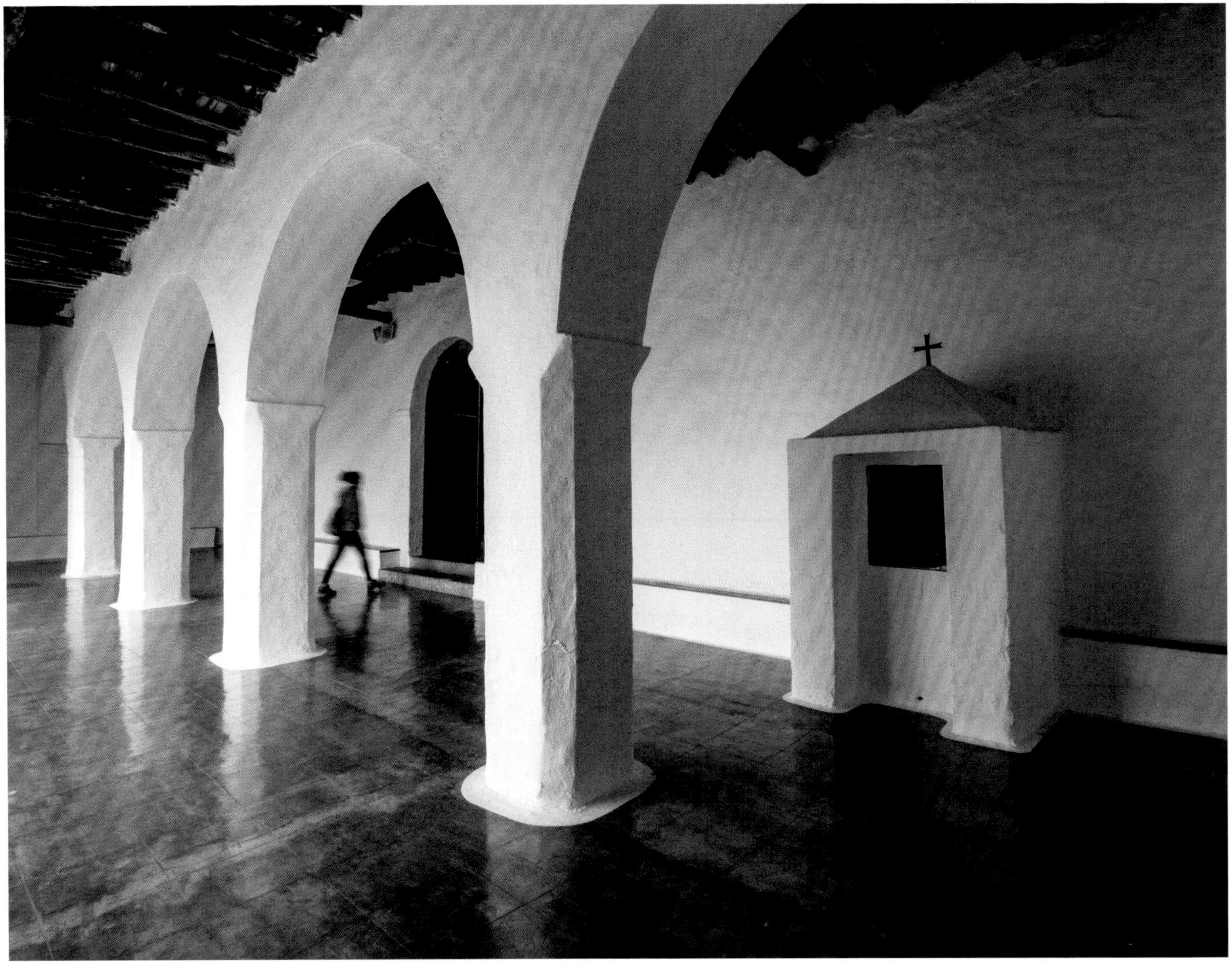

Sant Carles de Peralta

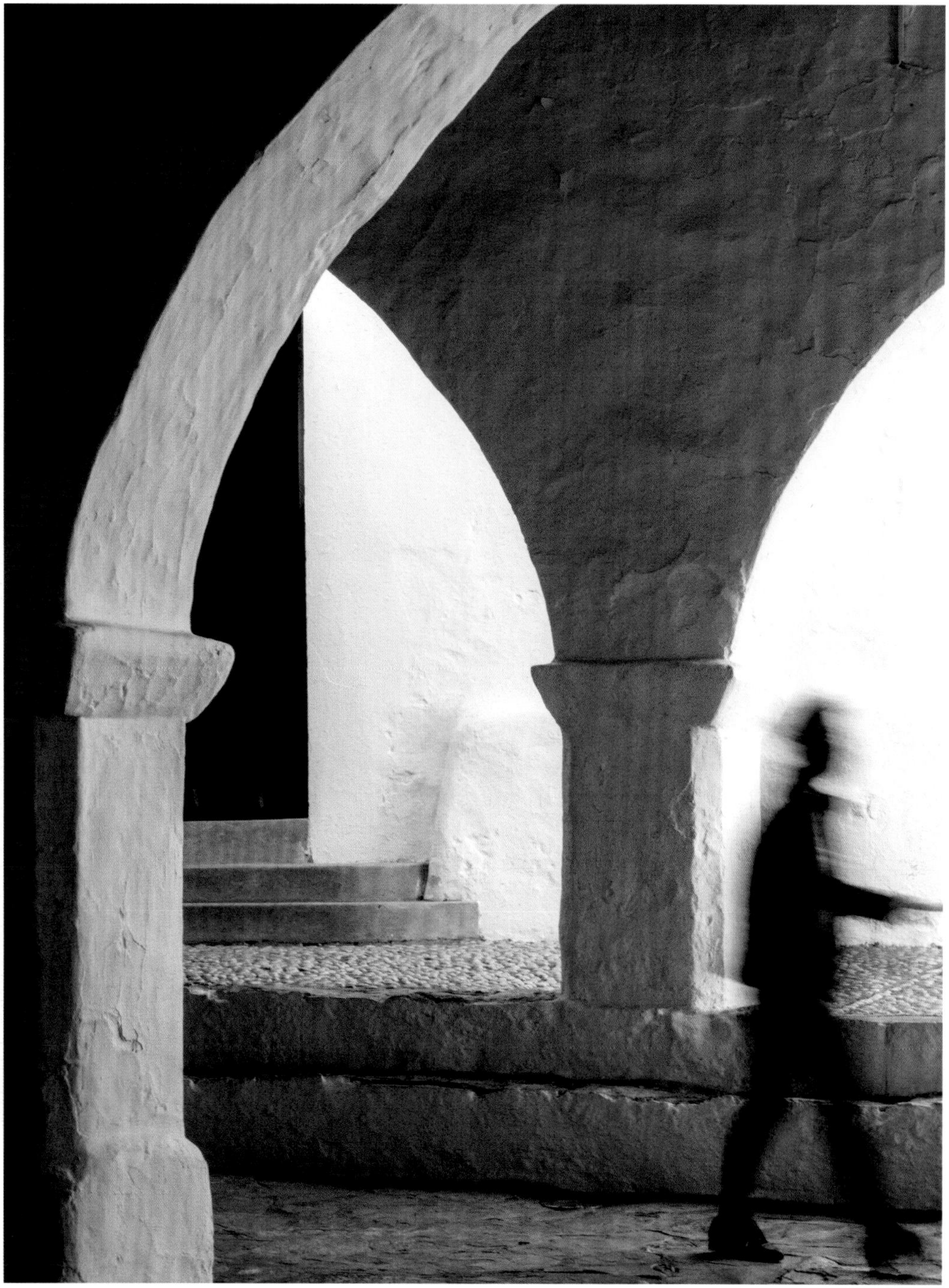

Puig de Missa

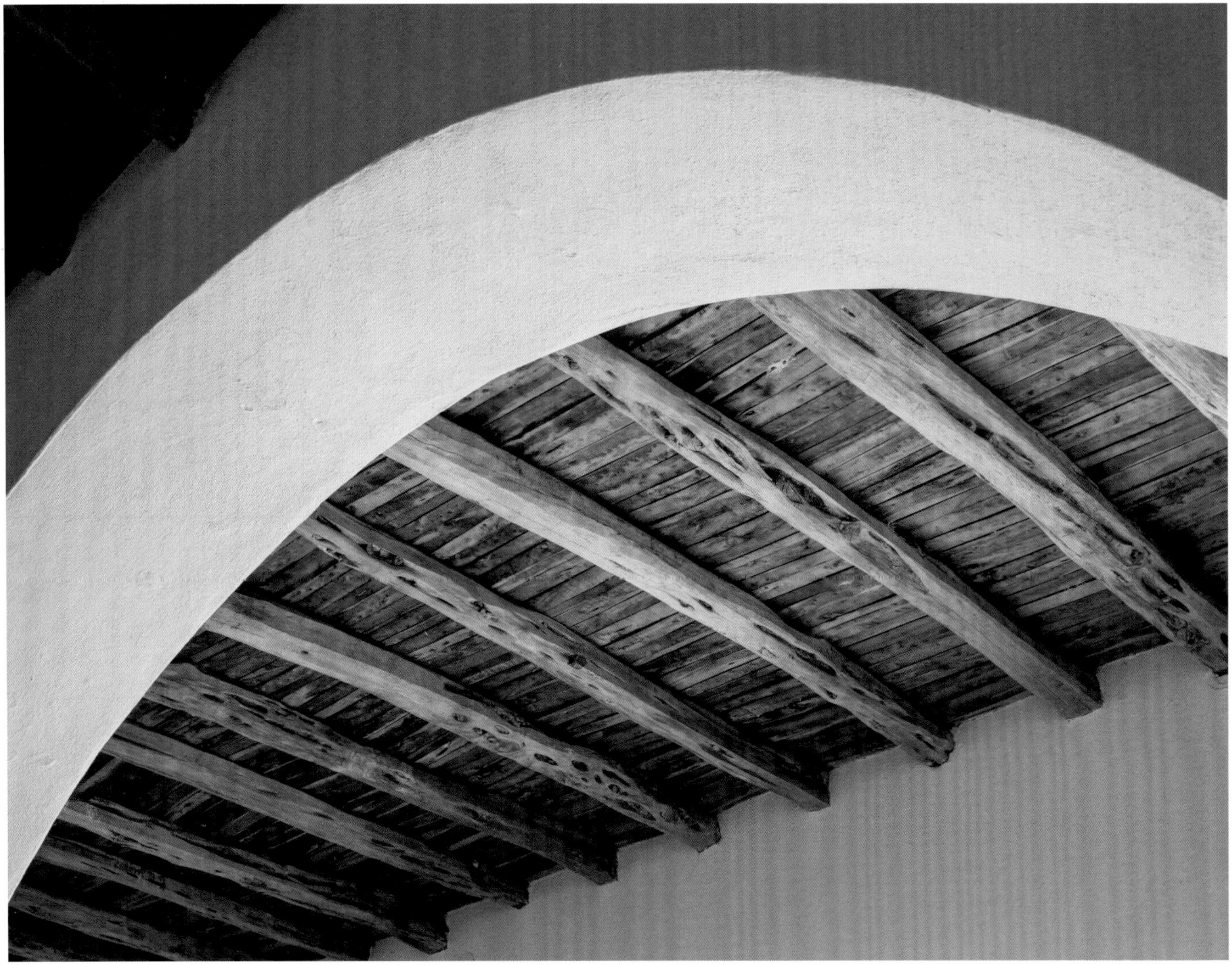

Sant Joan de Labritja

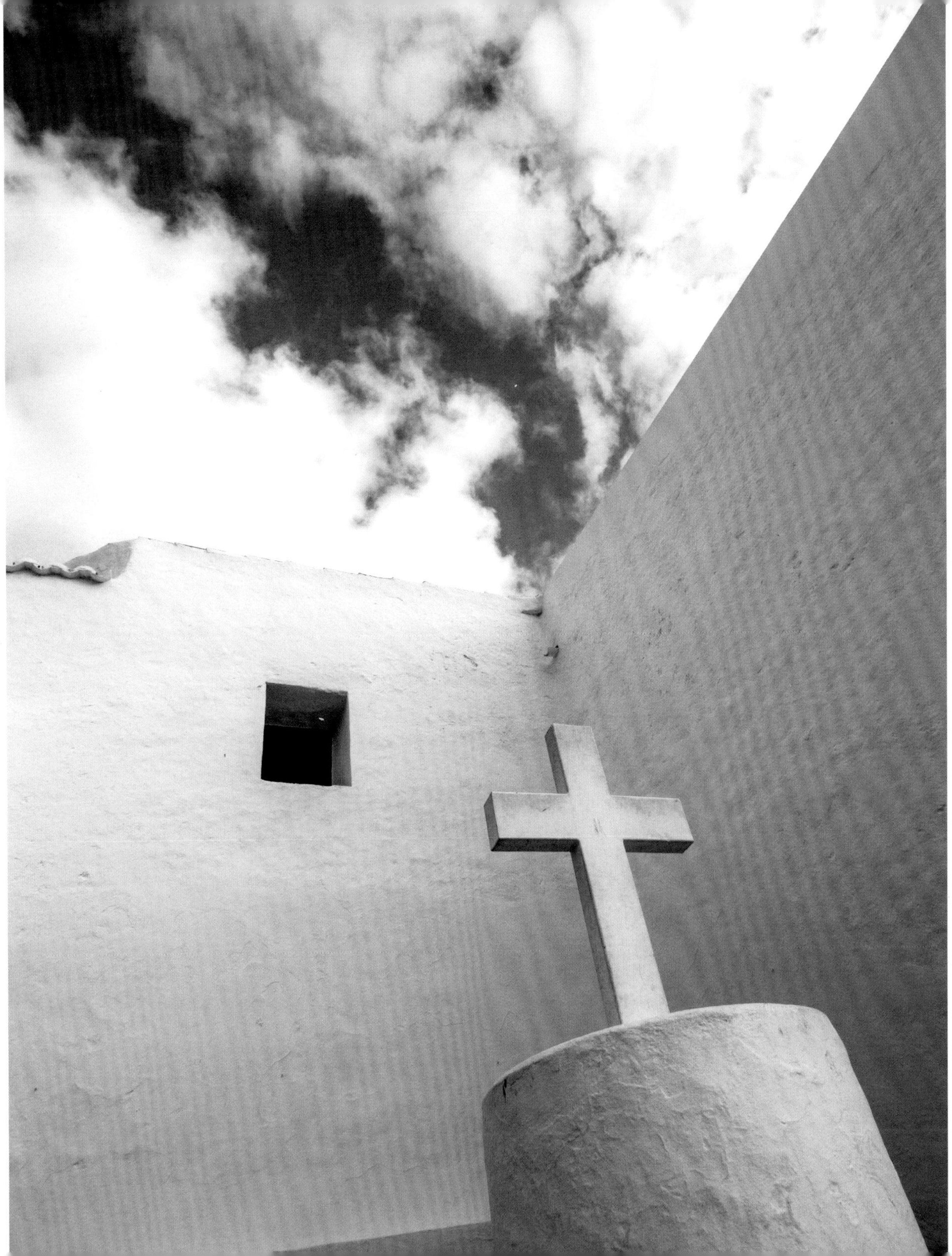

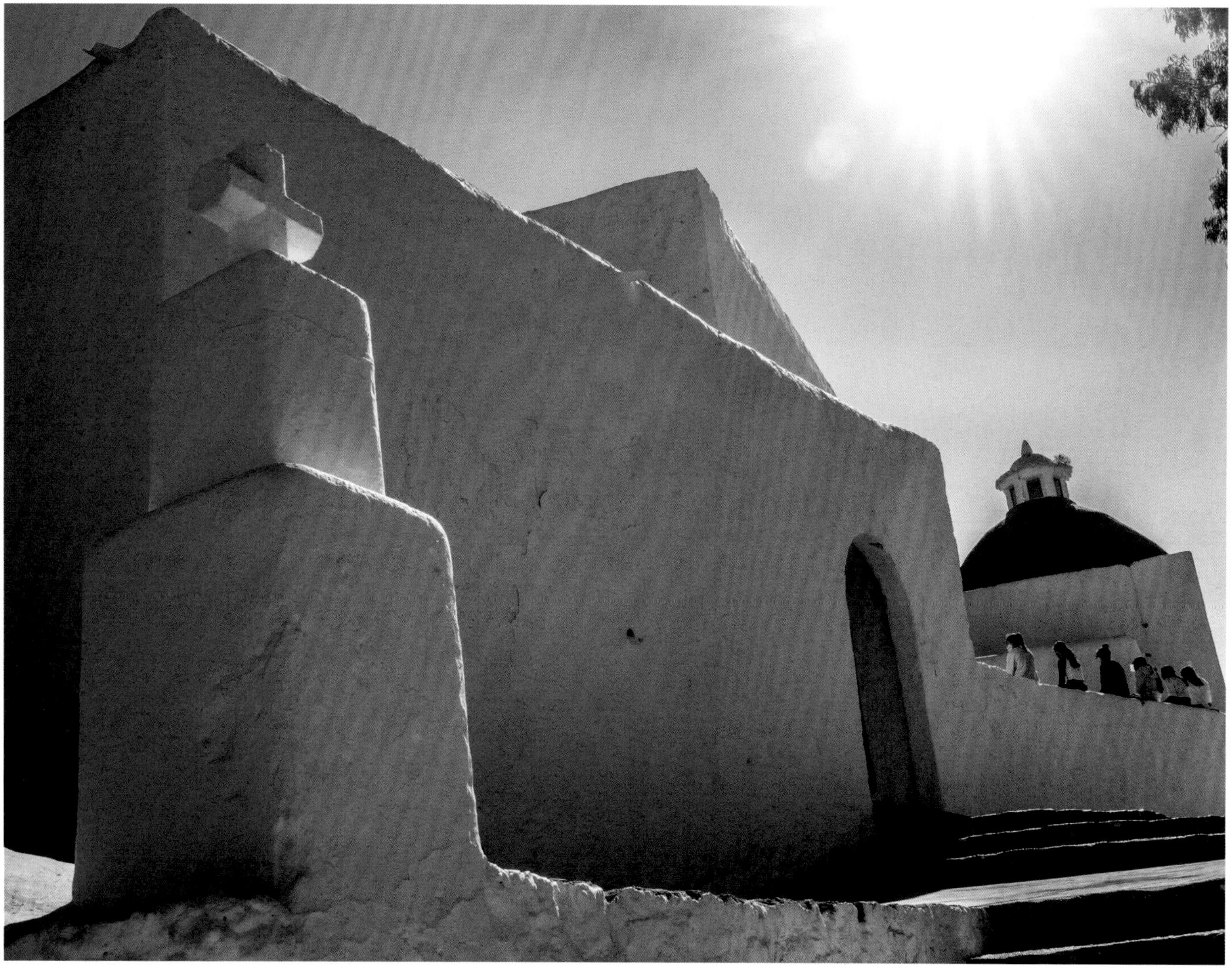

Puig de Missa

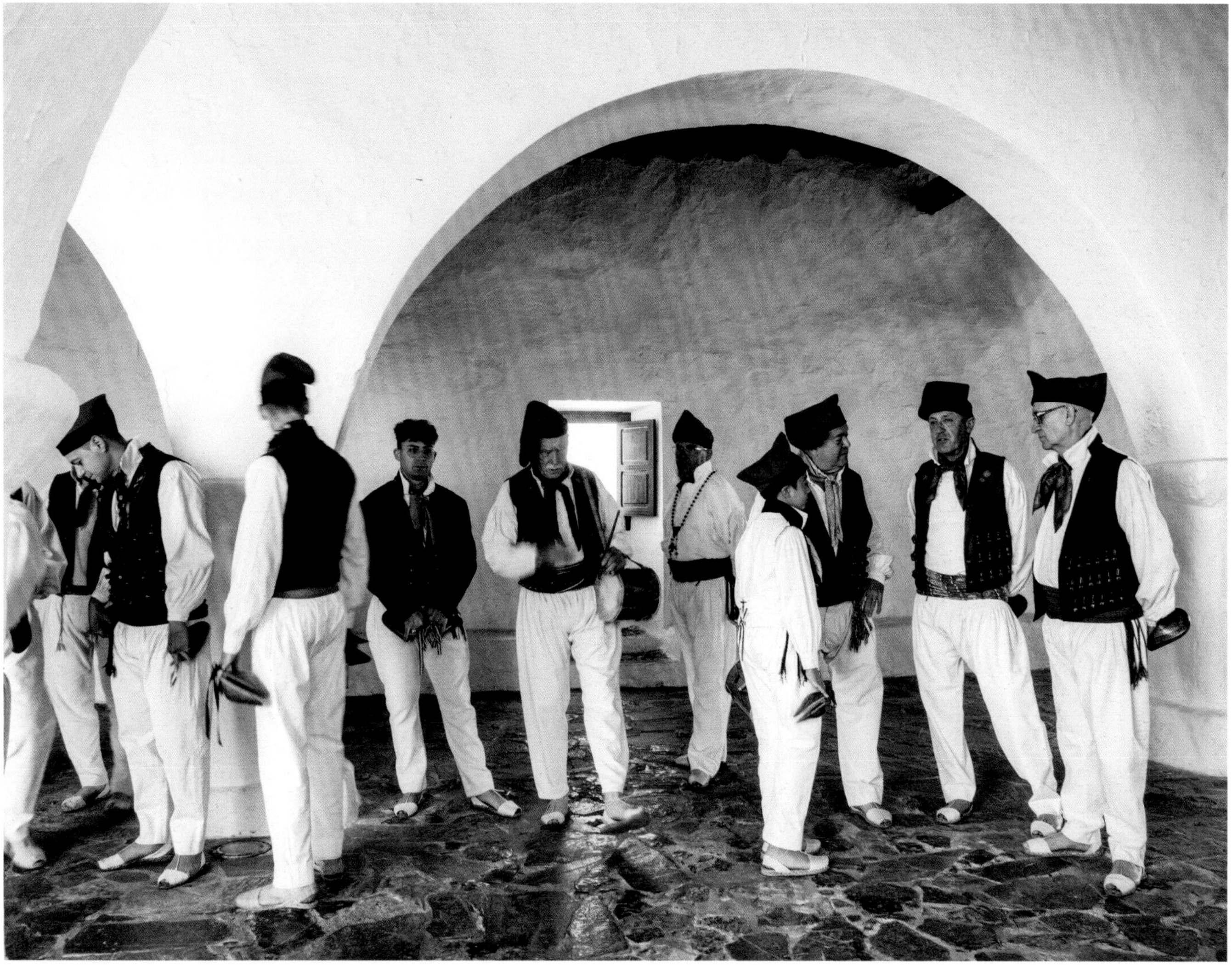

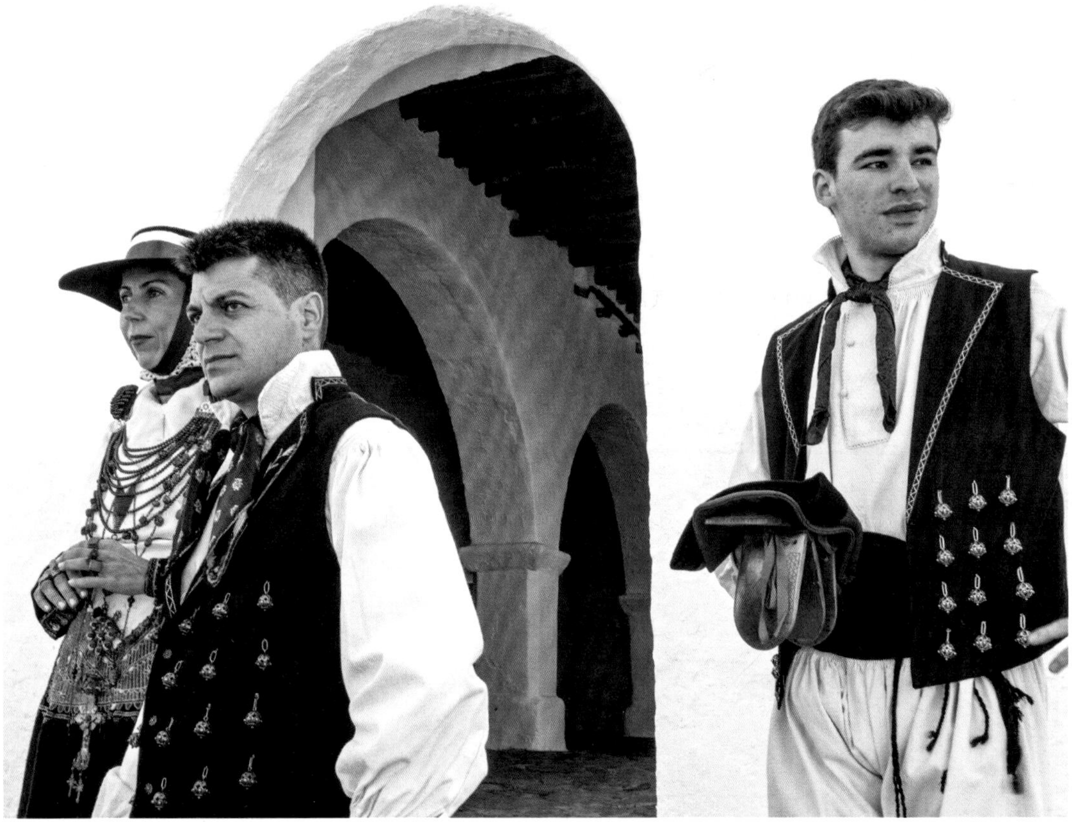

Puig de Missa

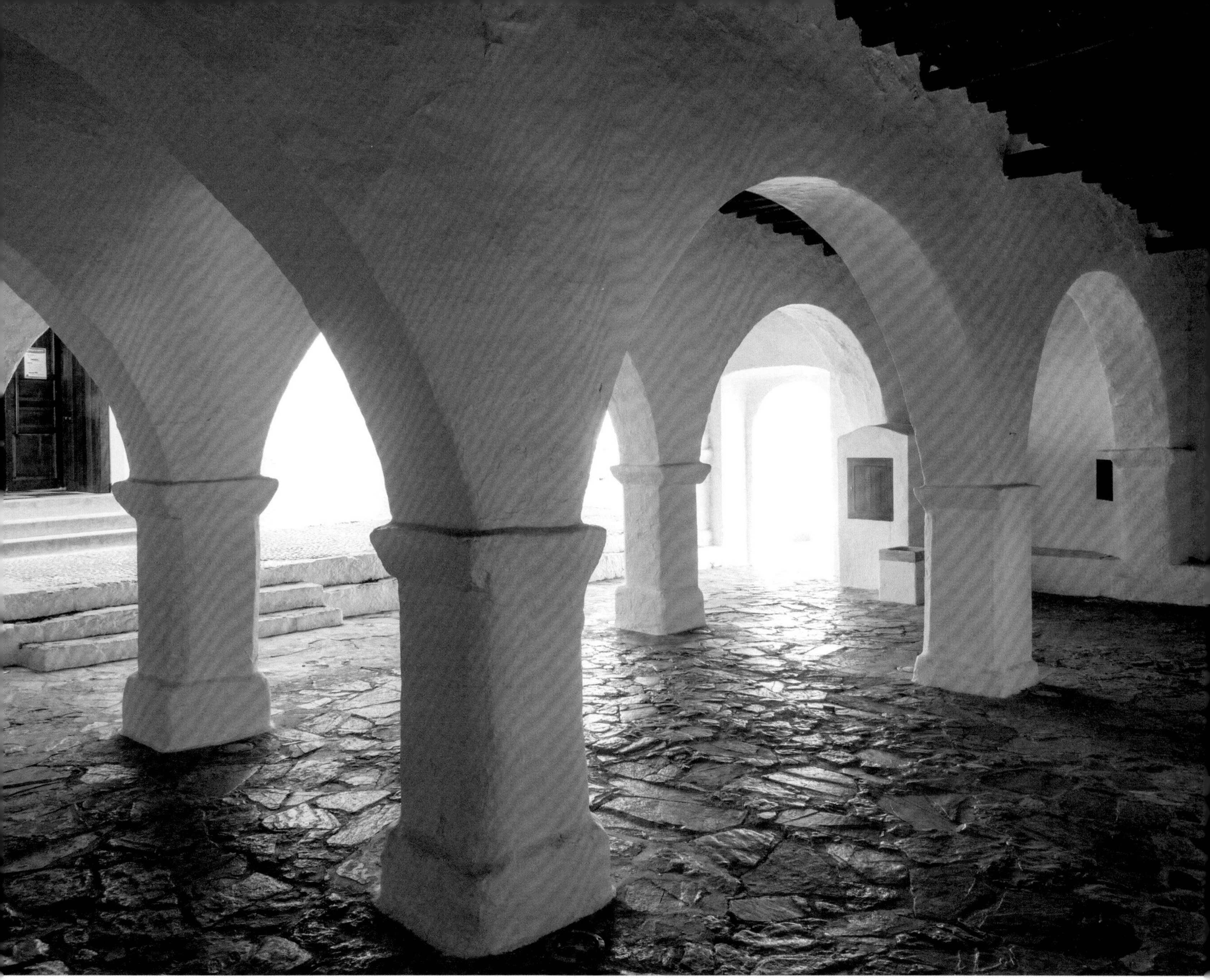

Puig de Missa

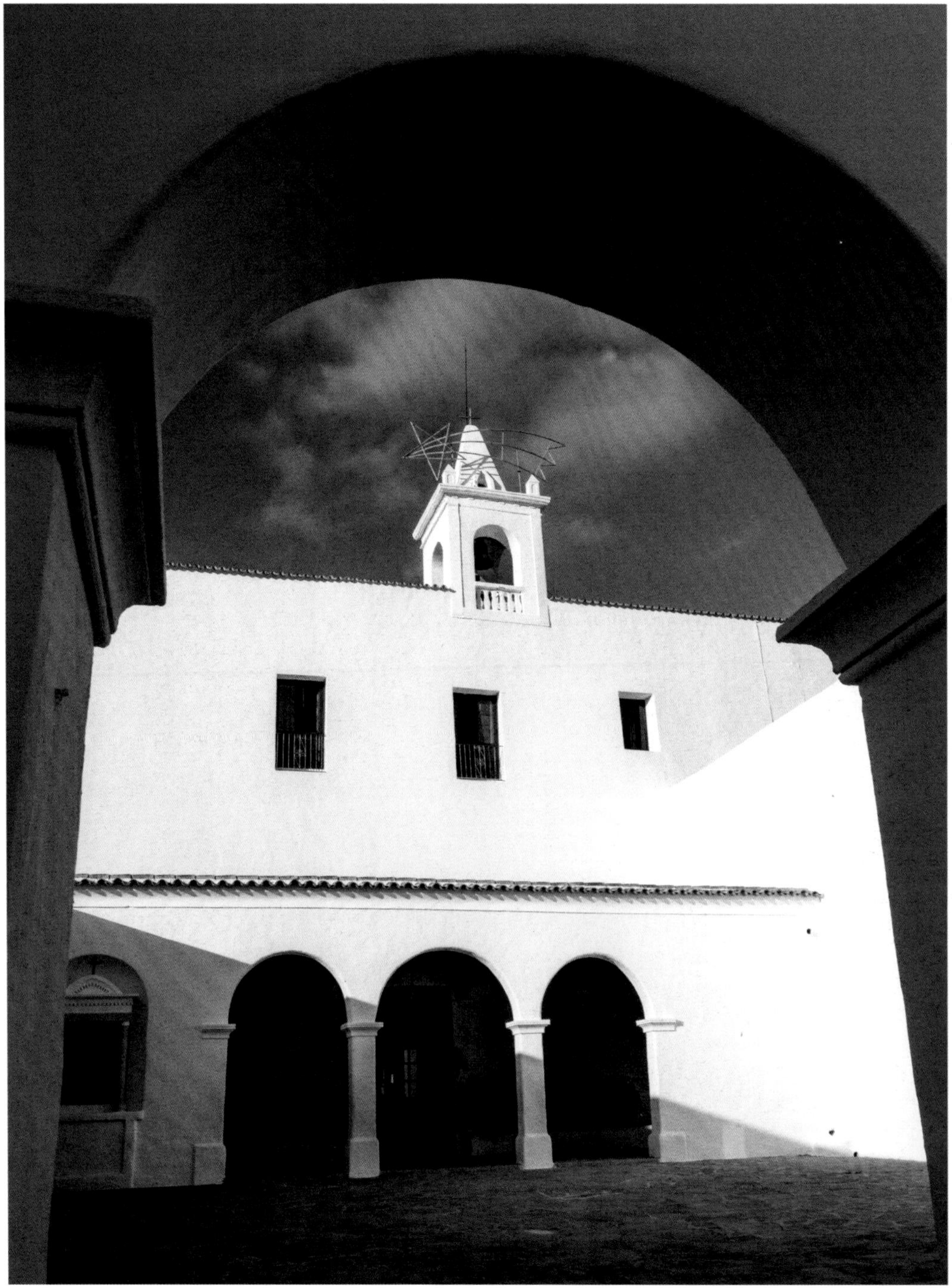

Sant Miquel de Balansat

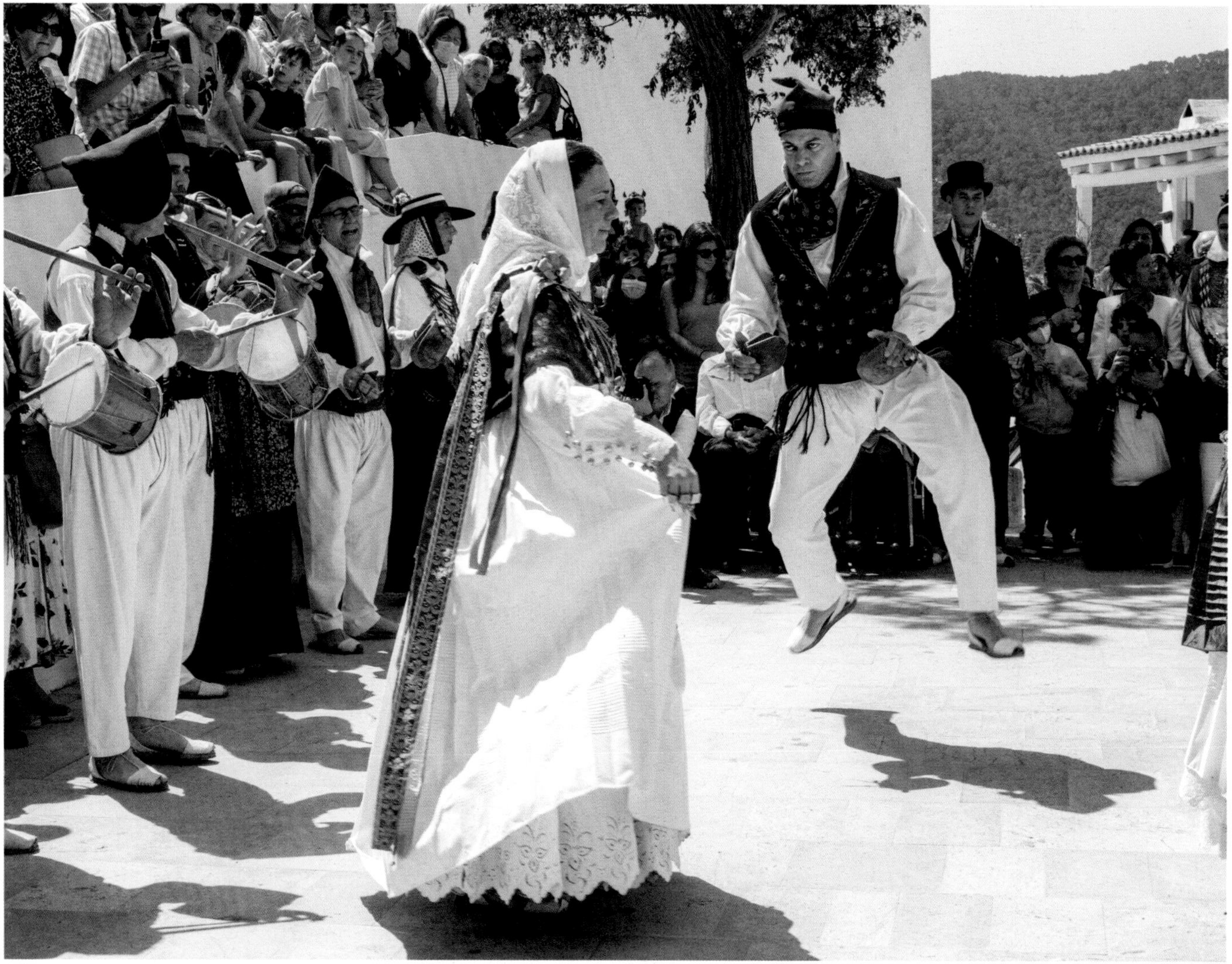

Ball pagès

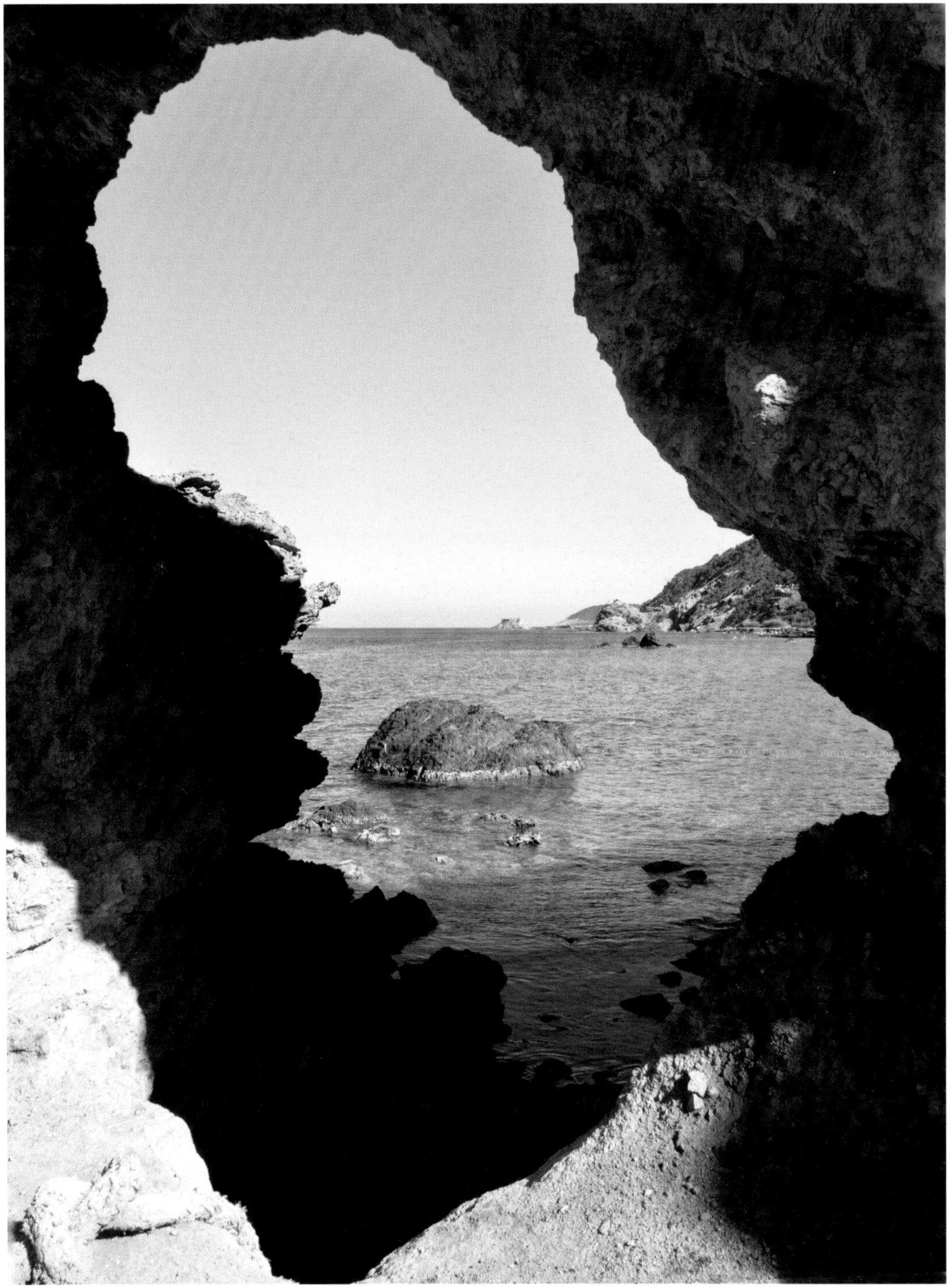

S'Aigua Blanca

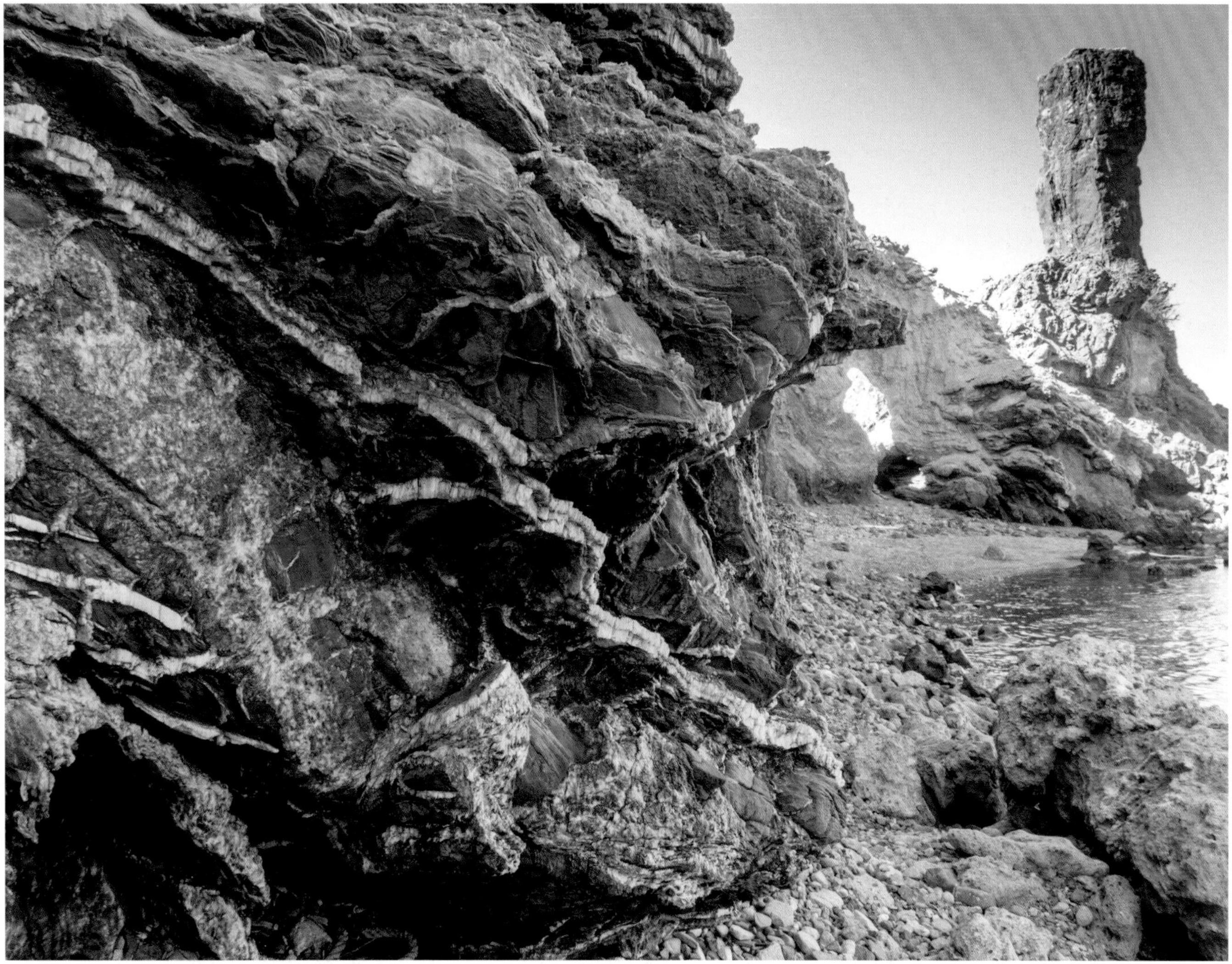

Es Figueral

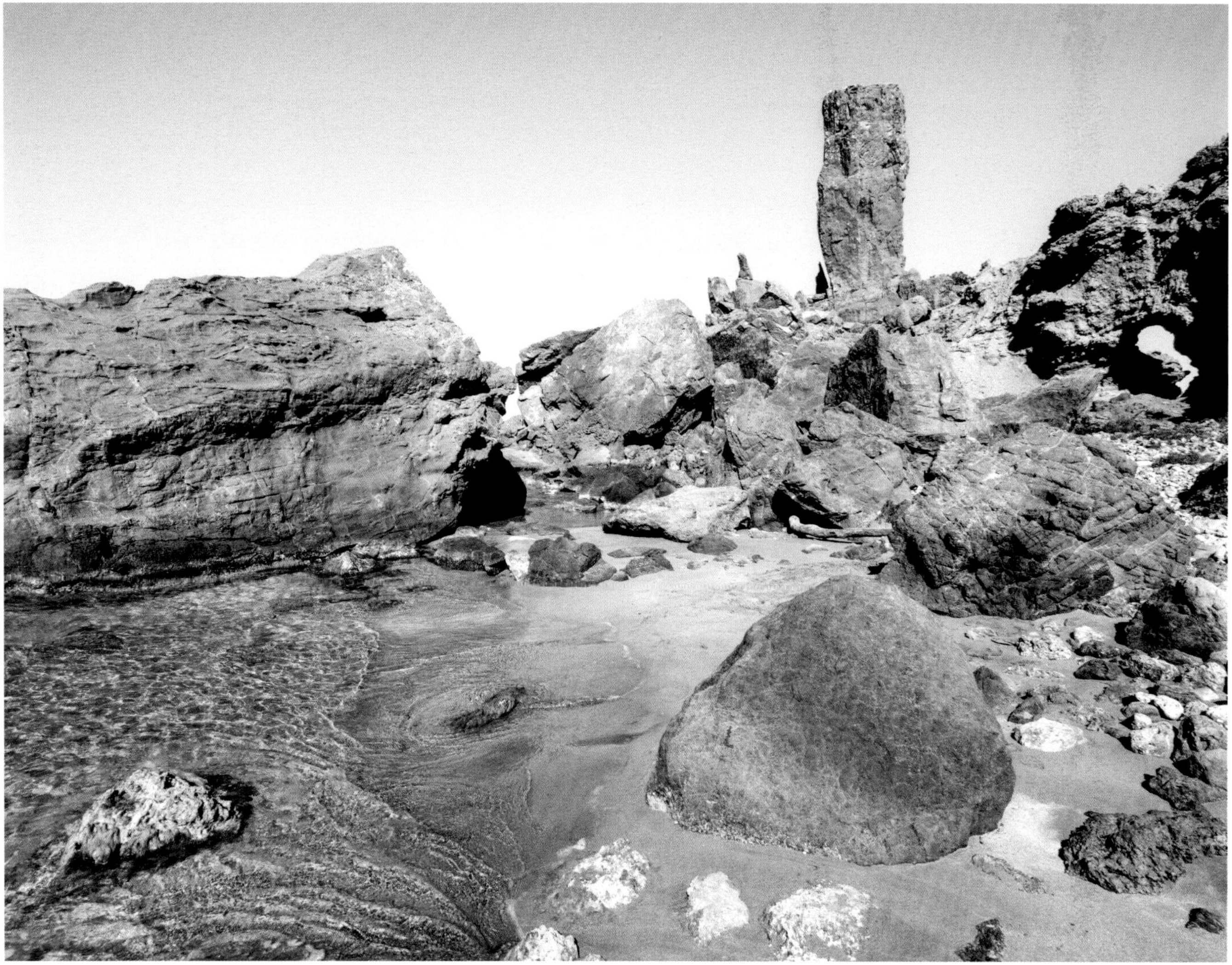

Es Paller des Camp

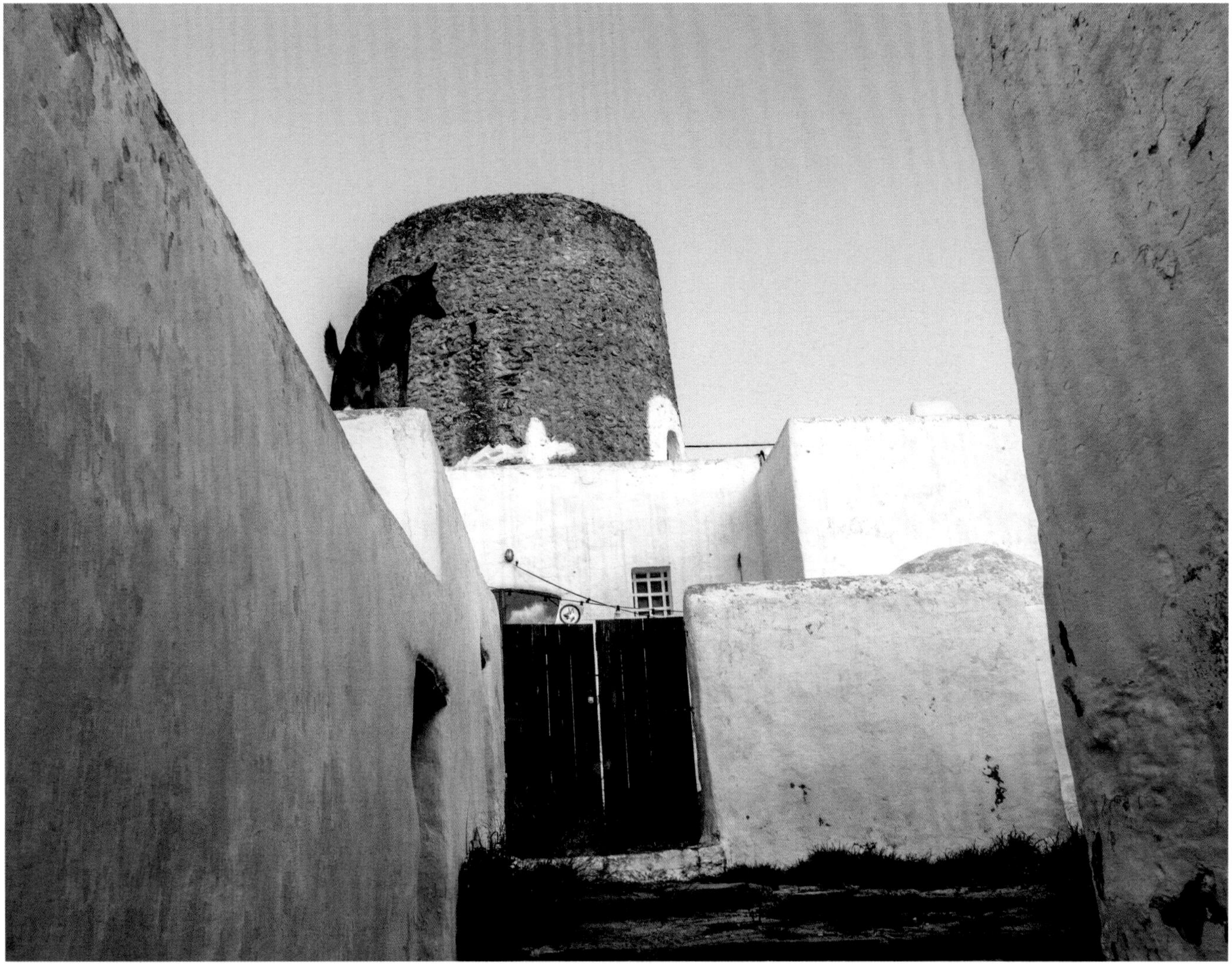

Balàfia

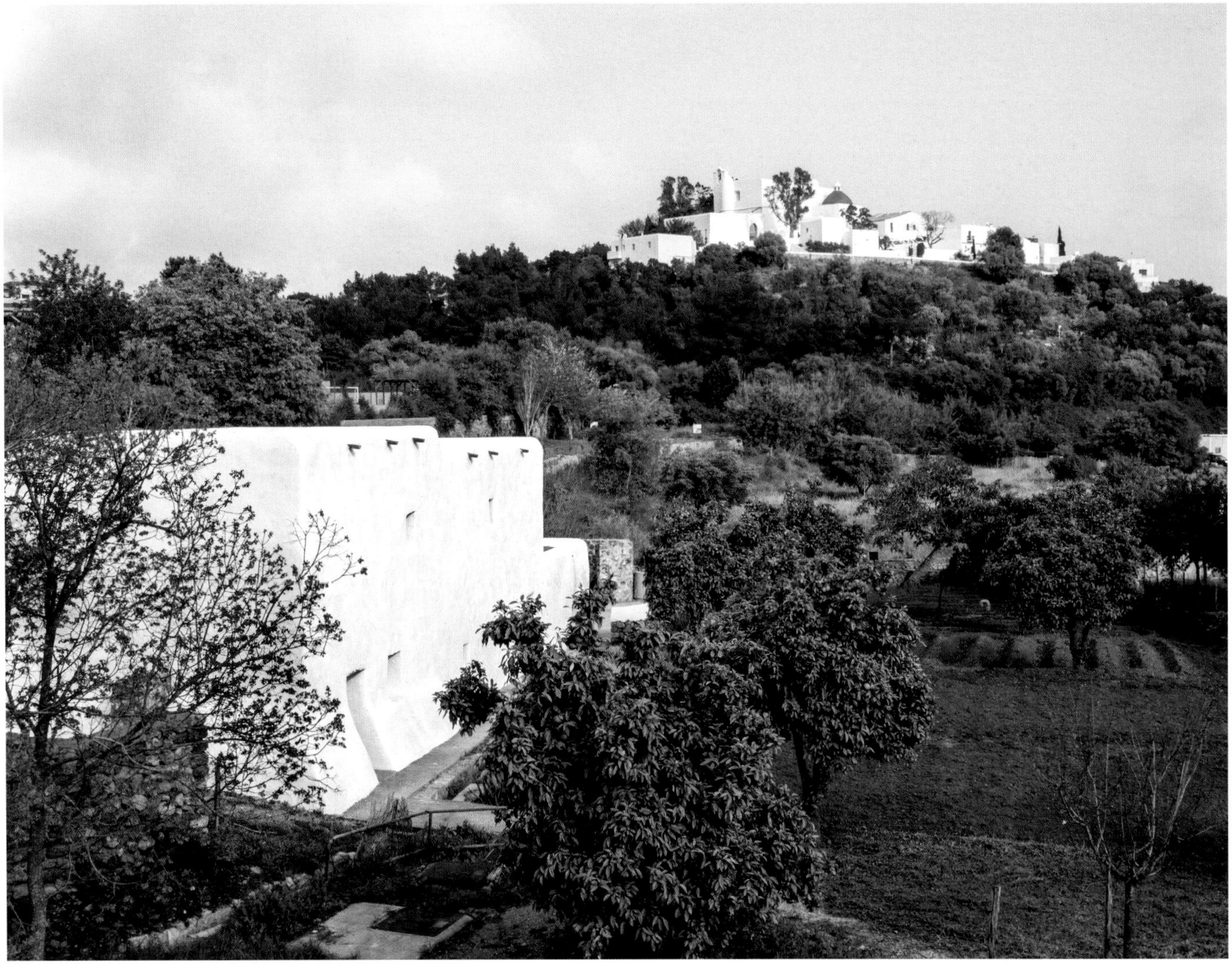

Santa Eulària des Riu

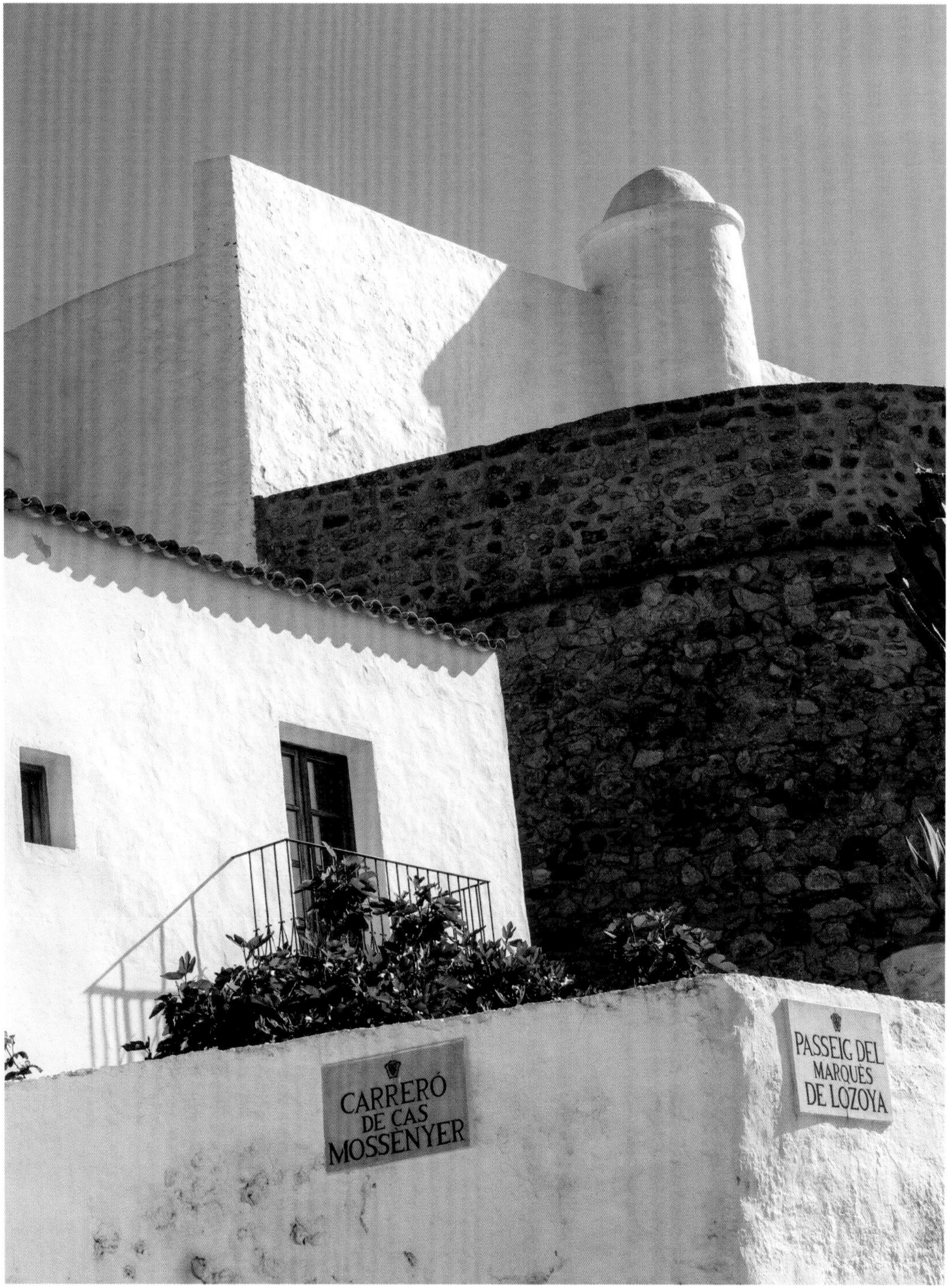

Puig de Missa

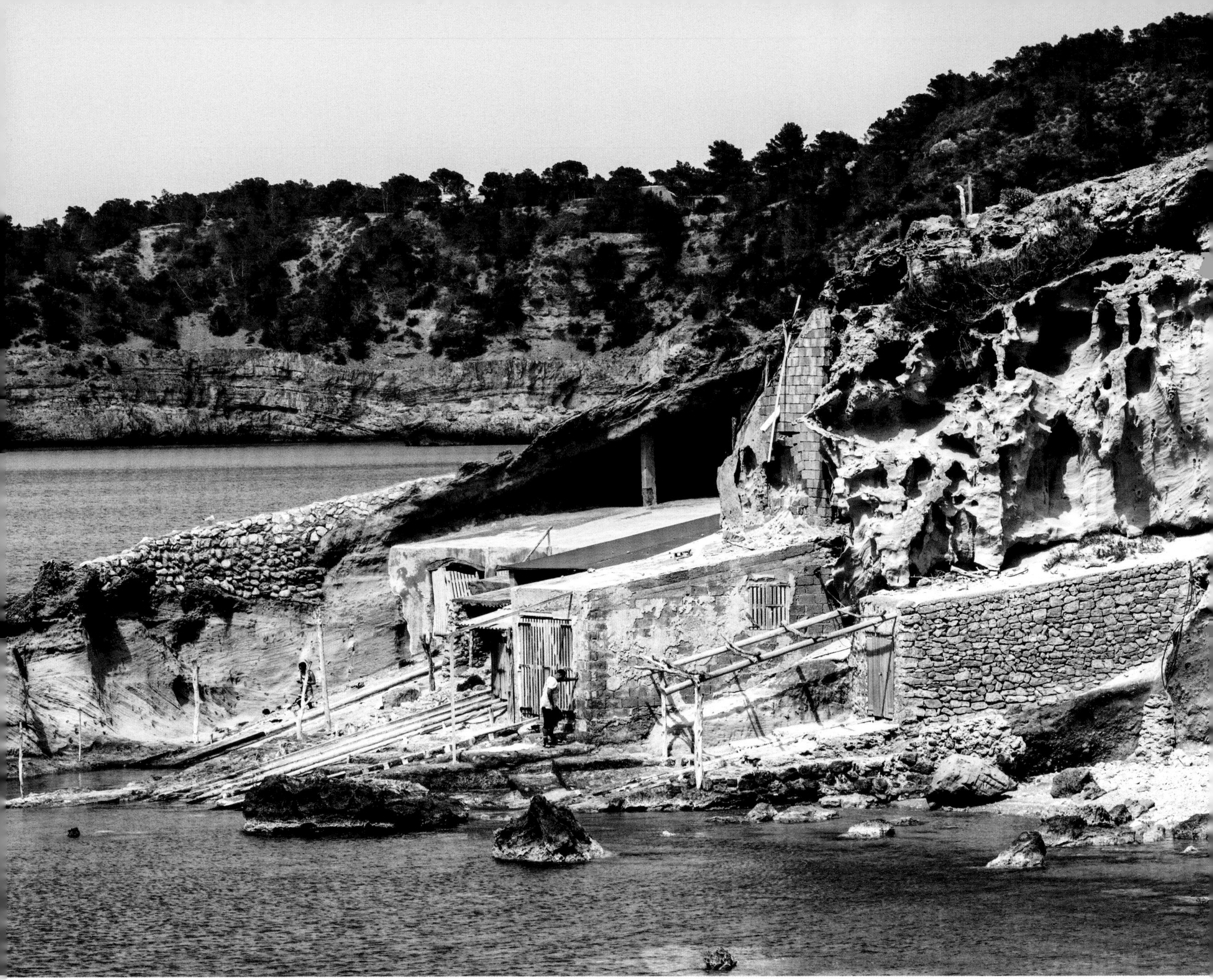

Cala Xarraca

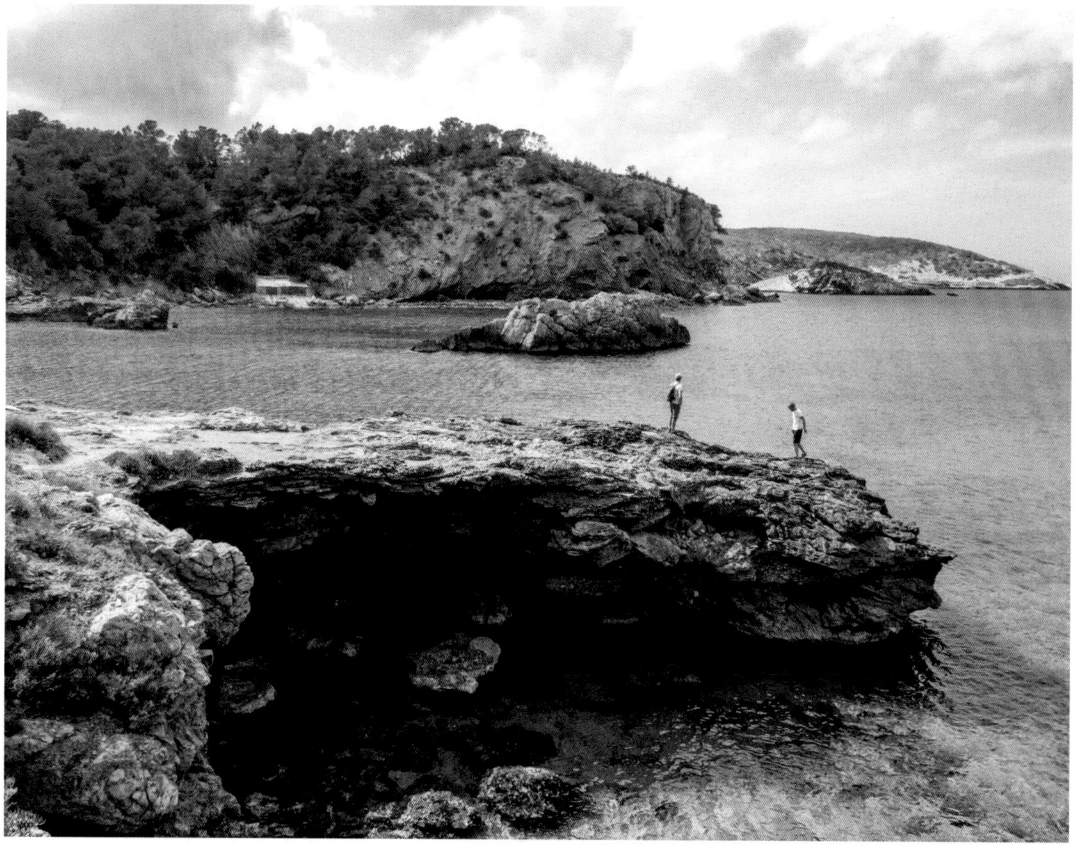

Cala Xarraca

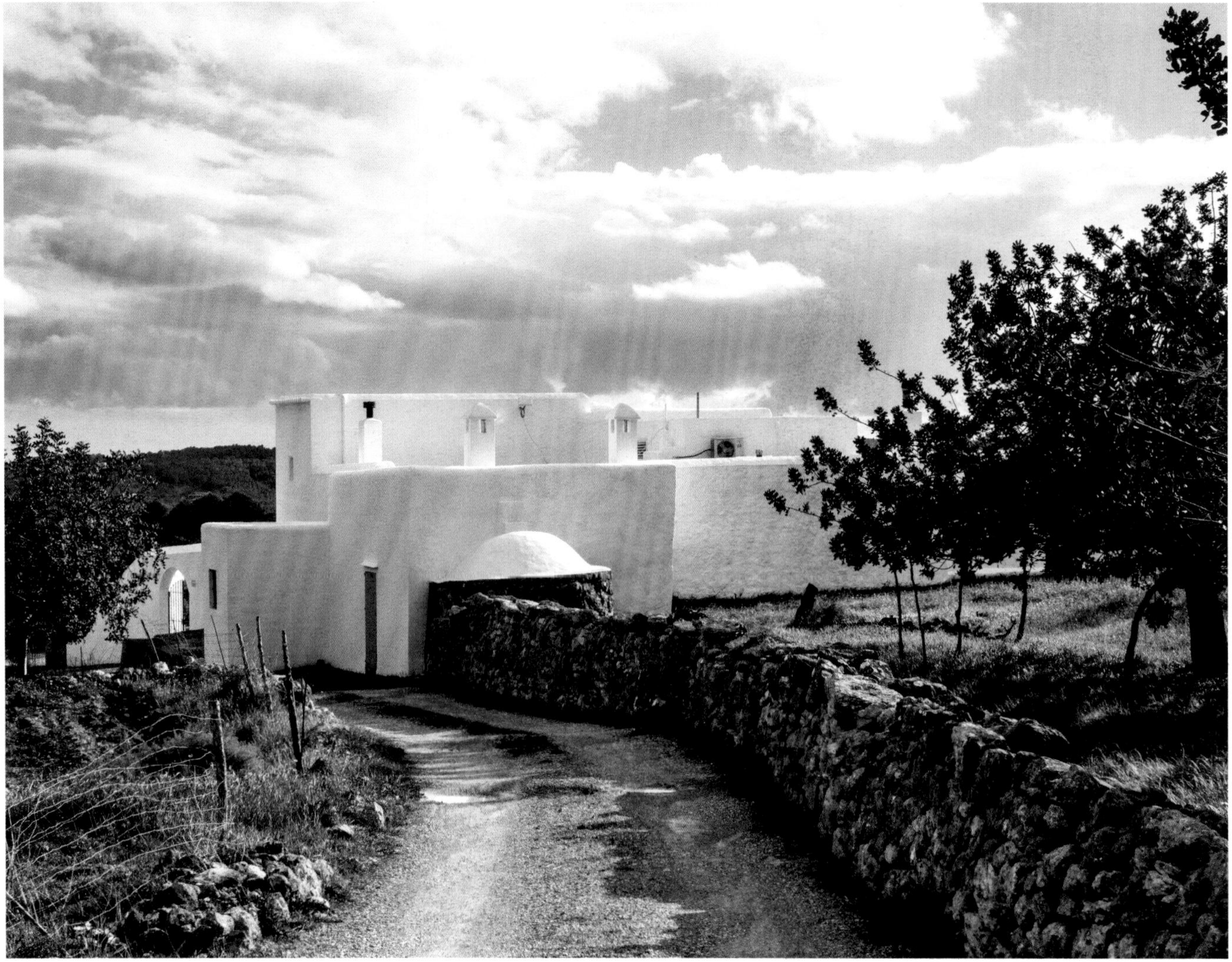

Casa pagesa

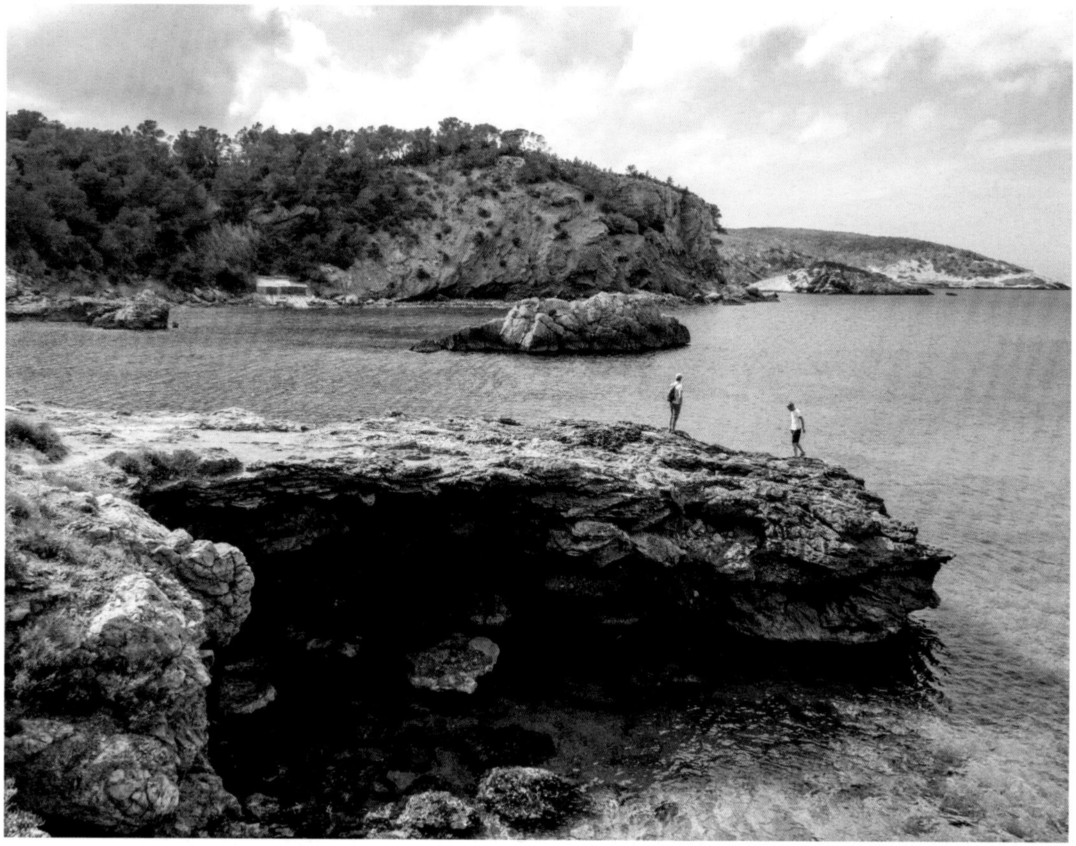

Cala Xarraca

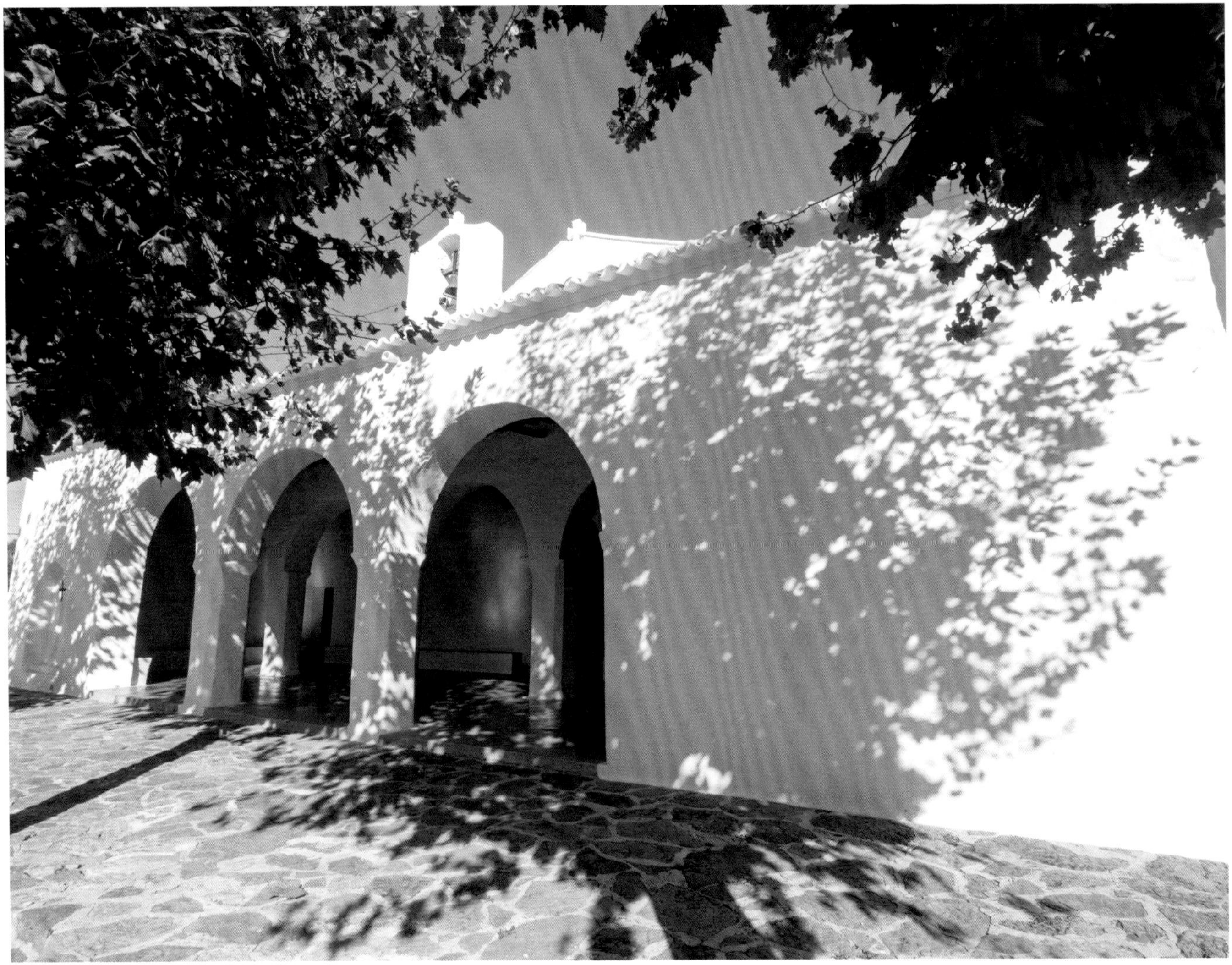

Sant Joan de Labritja

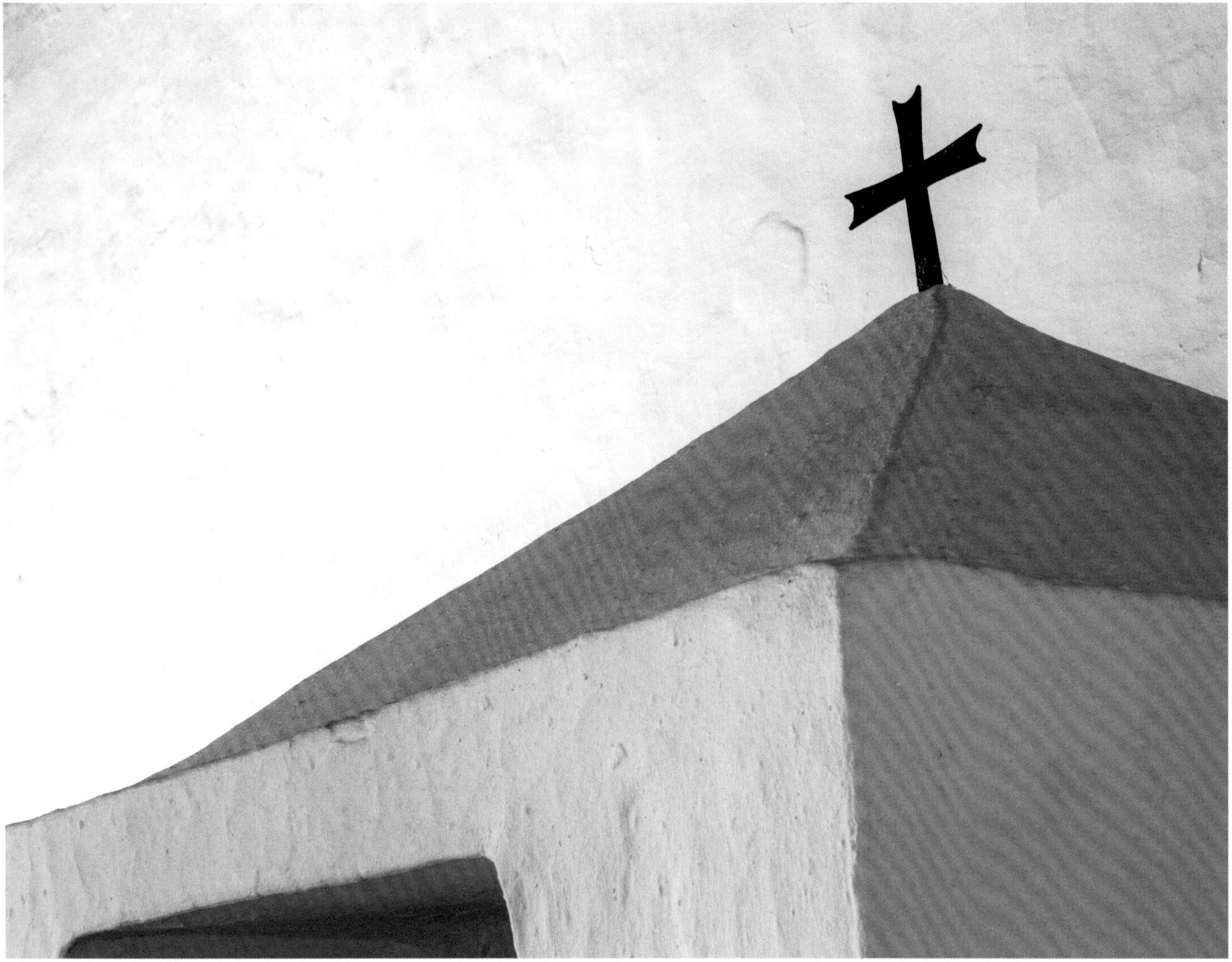

Sant Joan de Labritja

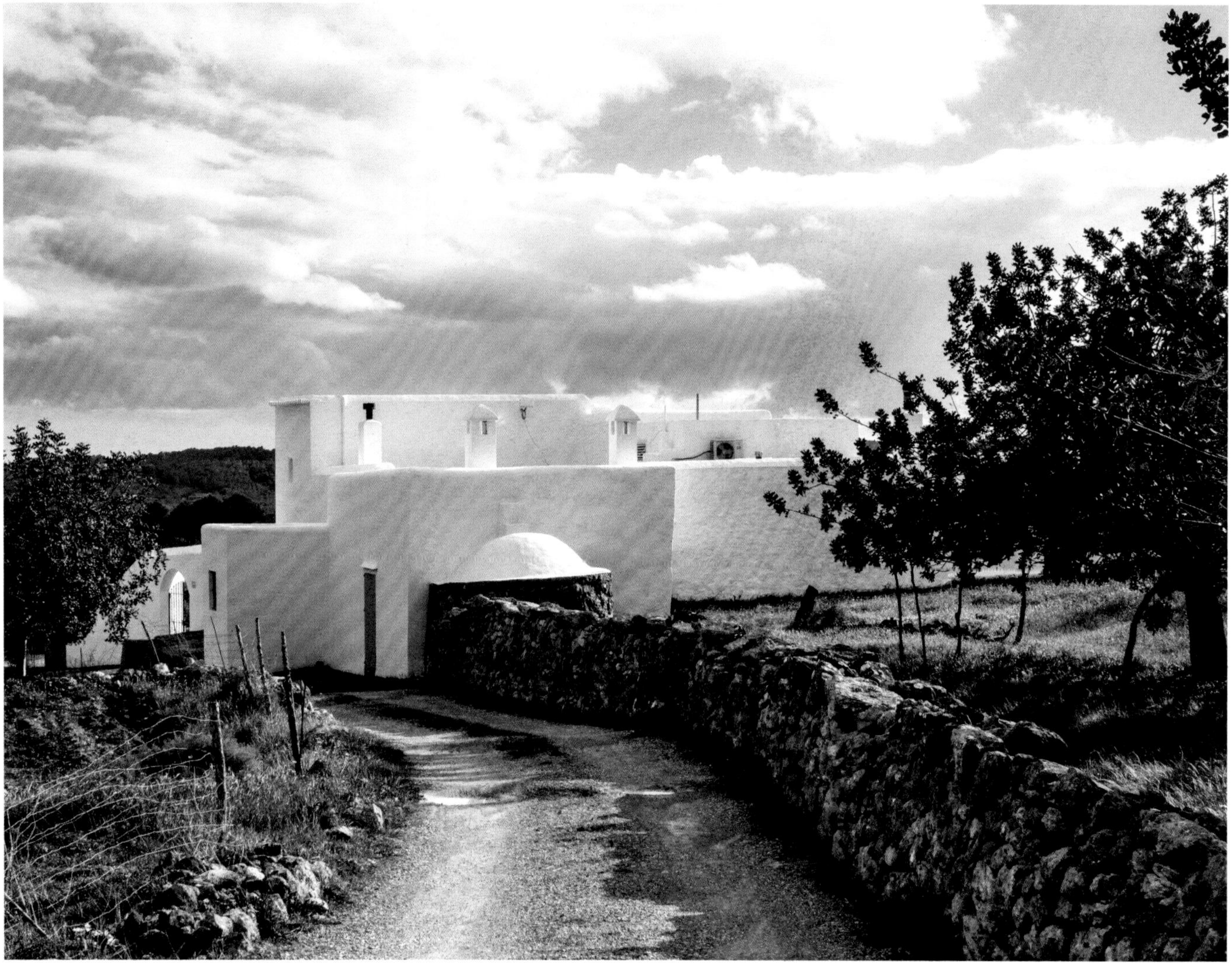

Casa pagesa

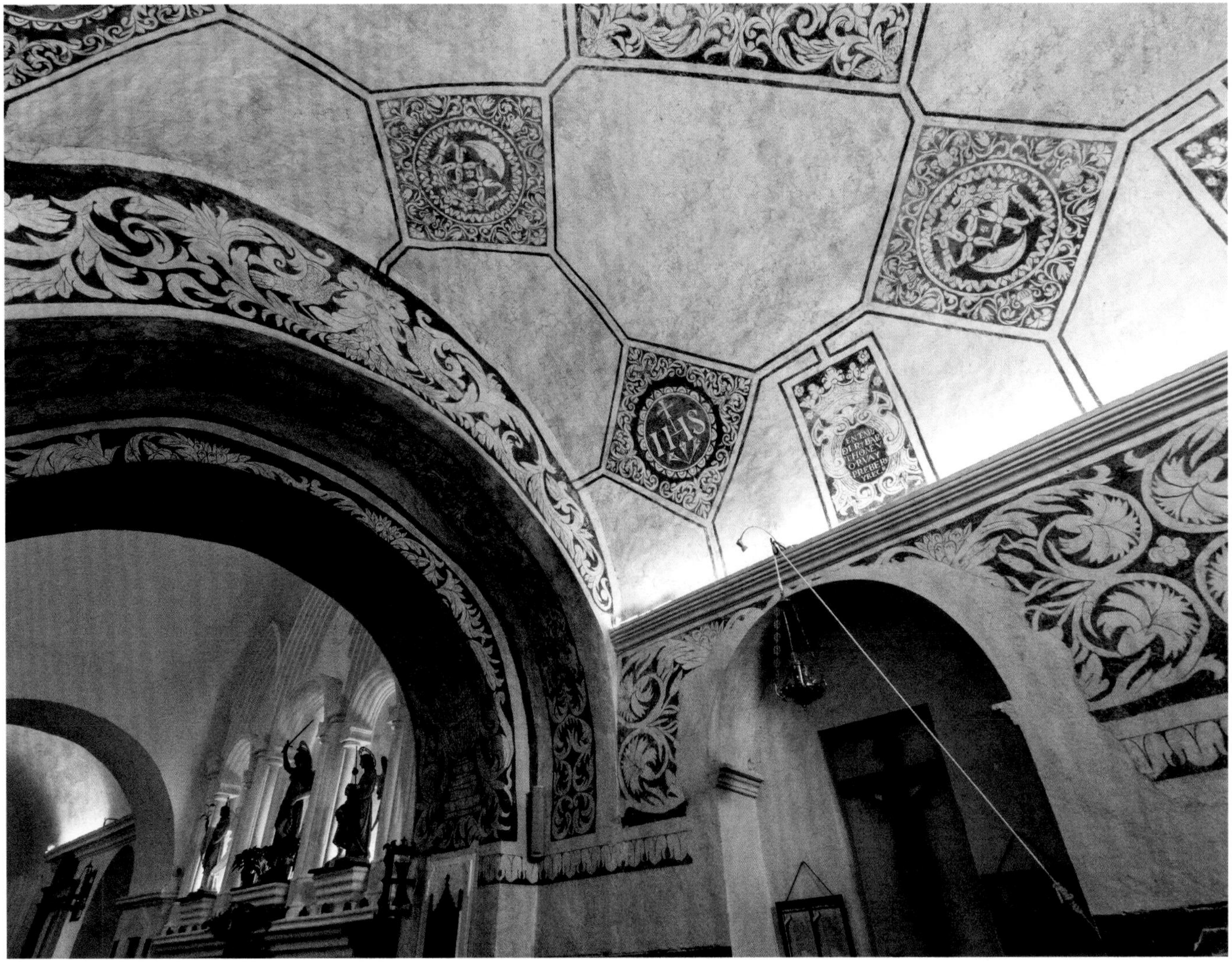

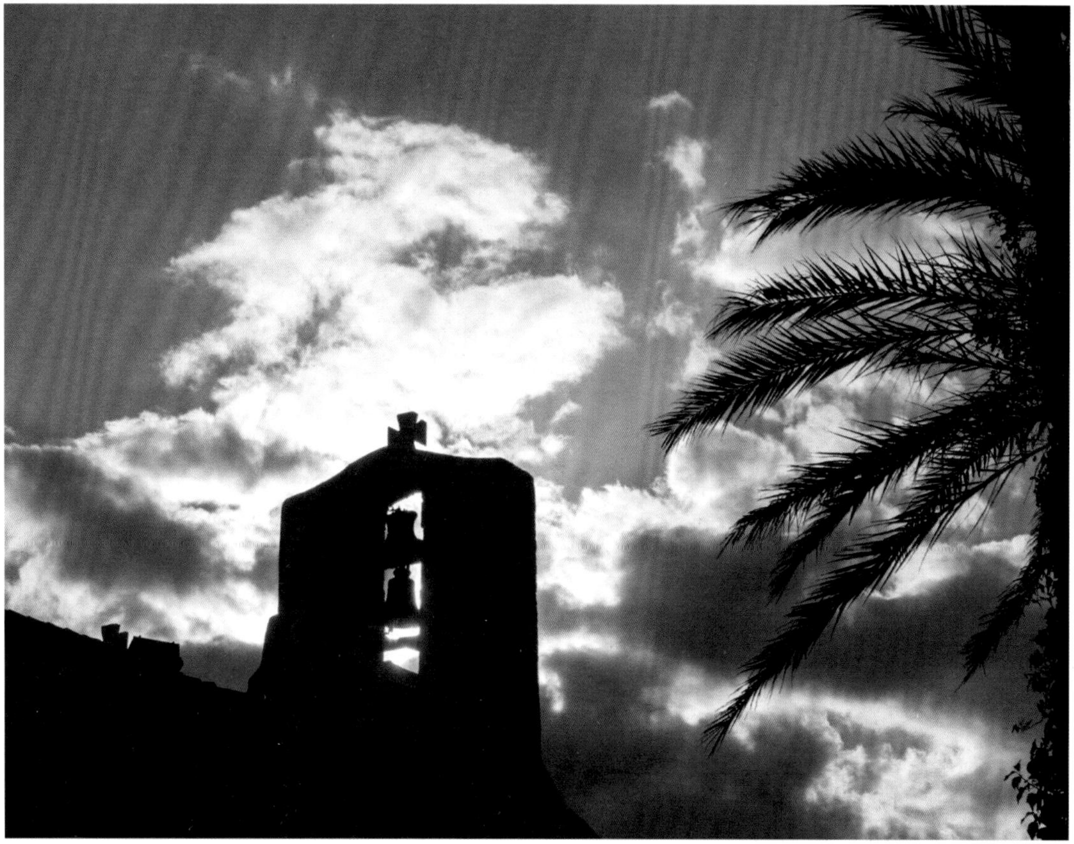

Sant Carles de Peralta

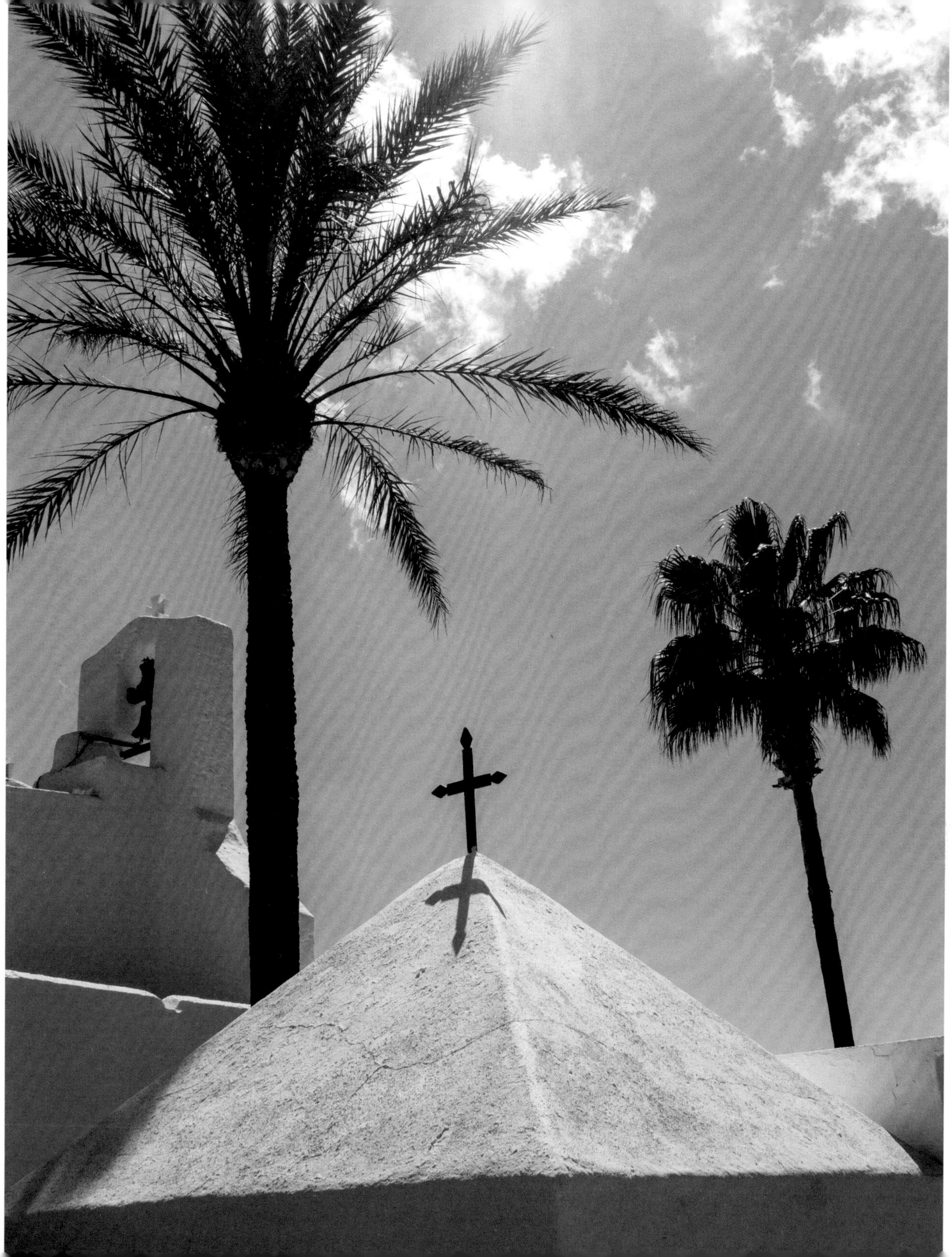

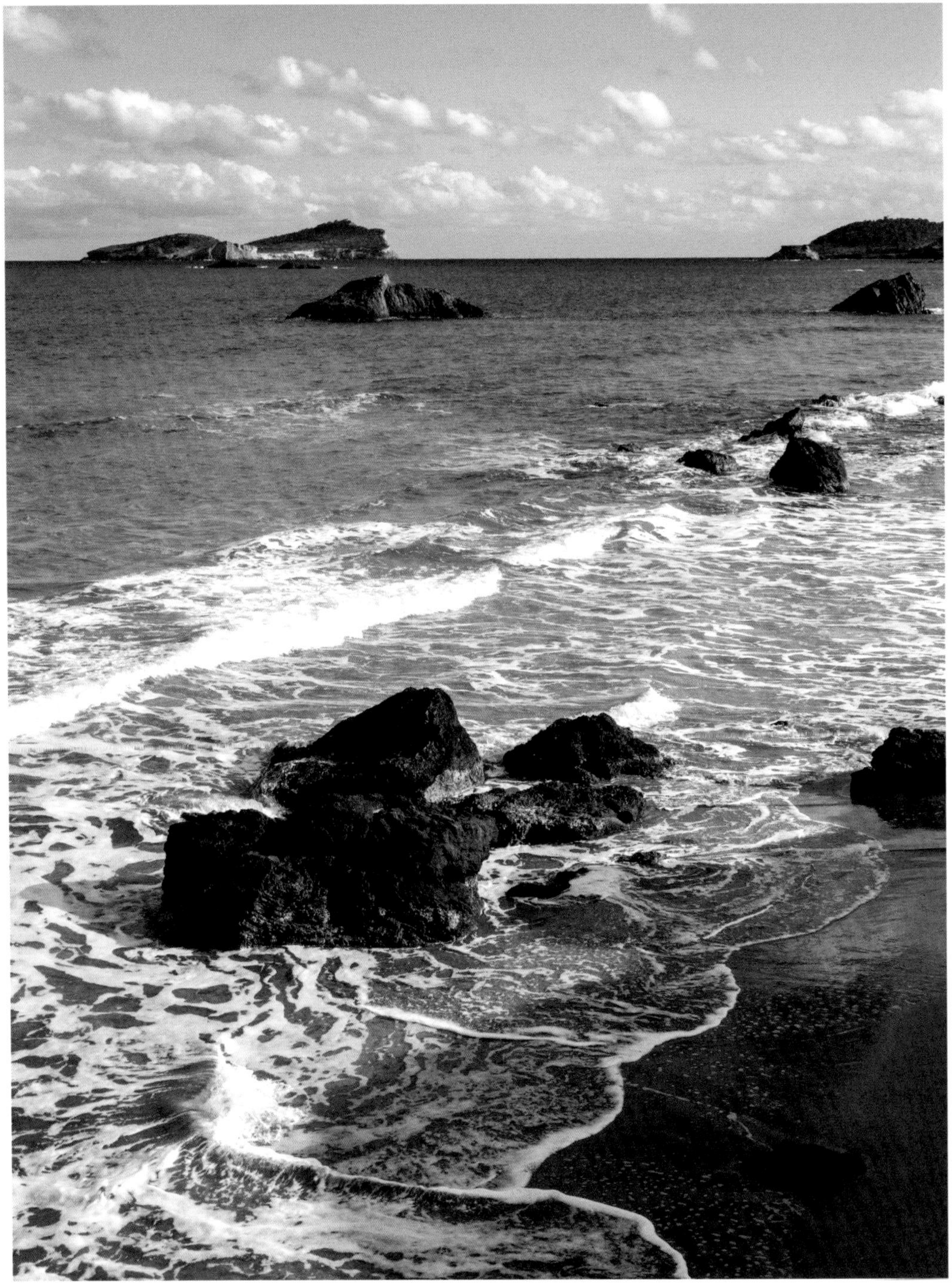

Tagomago. S'Aigua Blanca

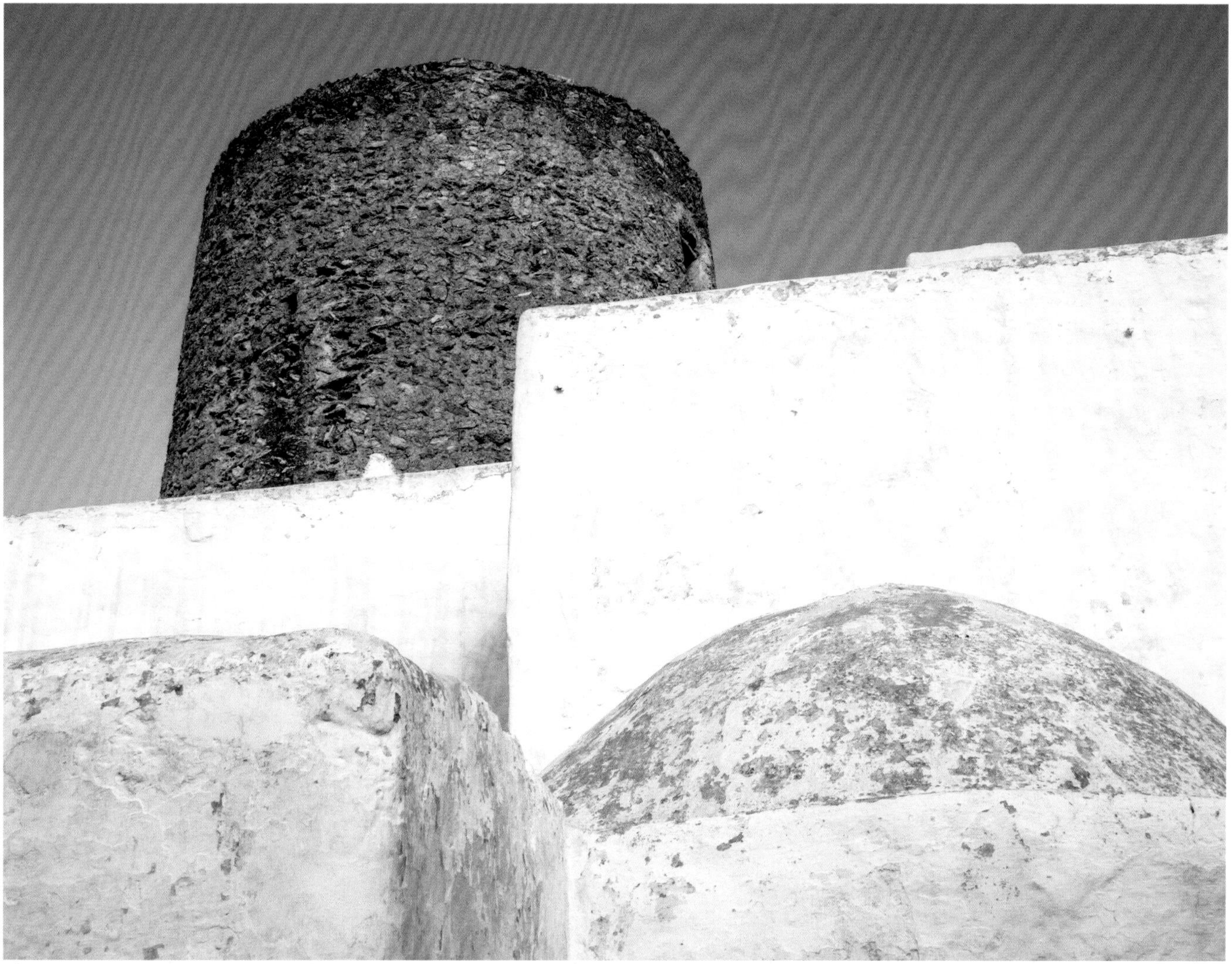

Balàfia

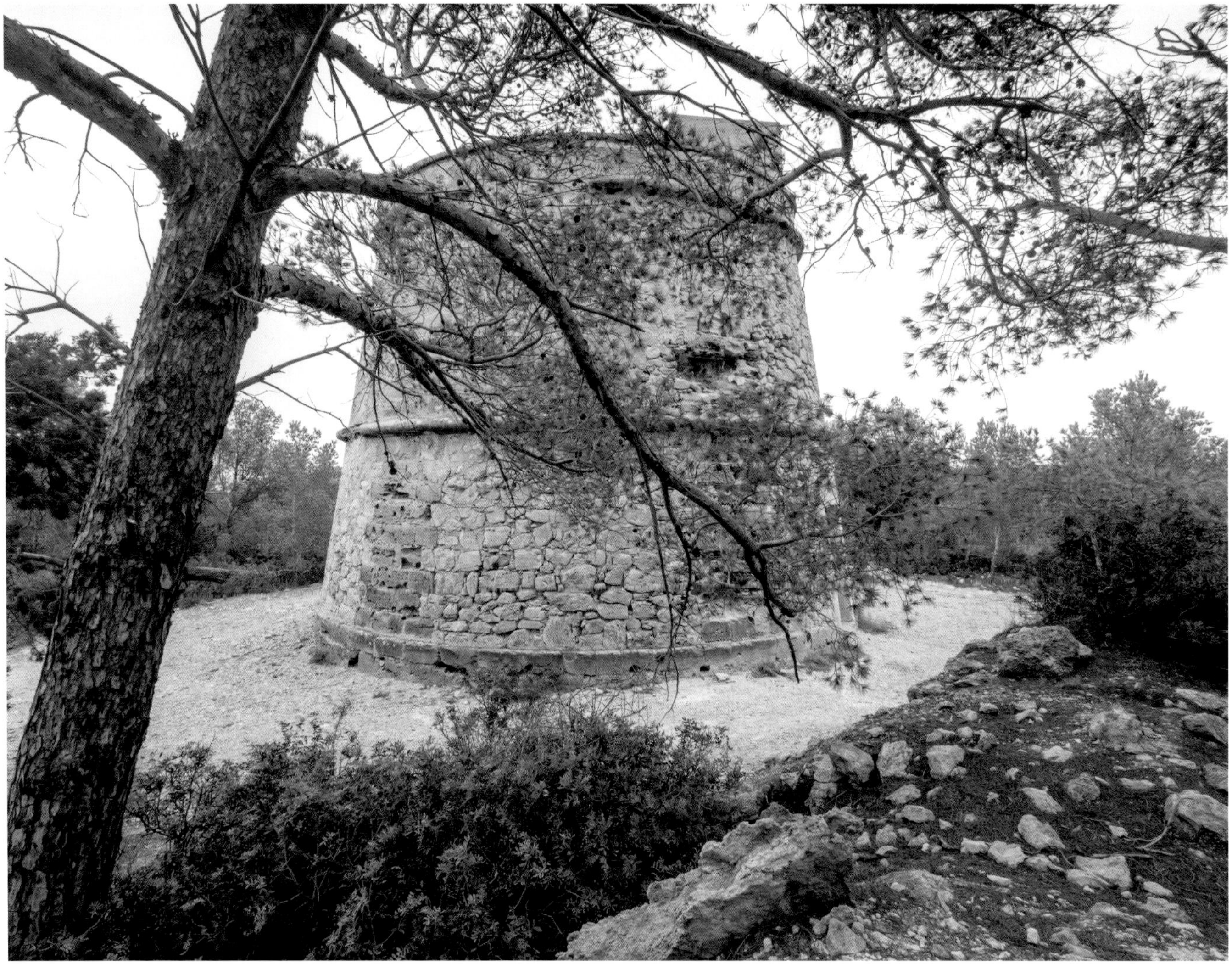

Torre de Portinatx

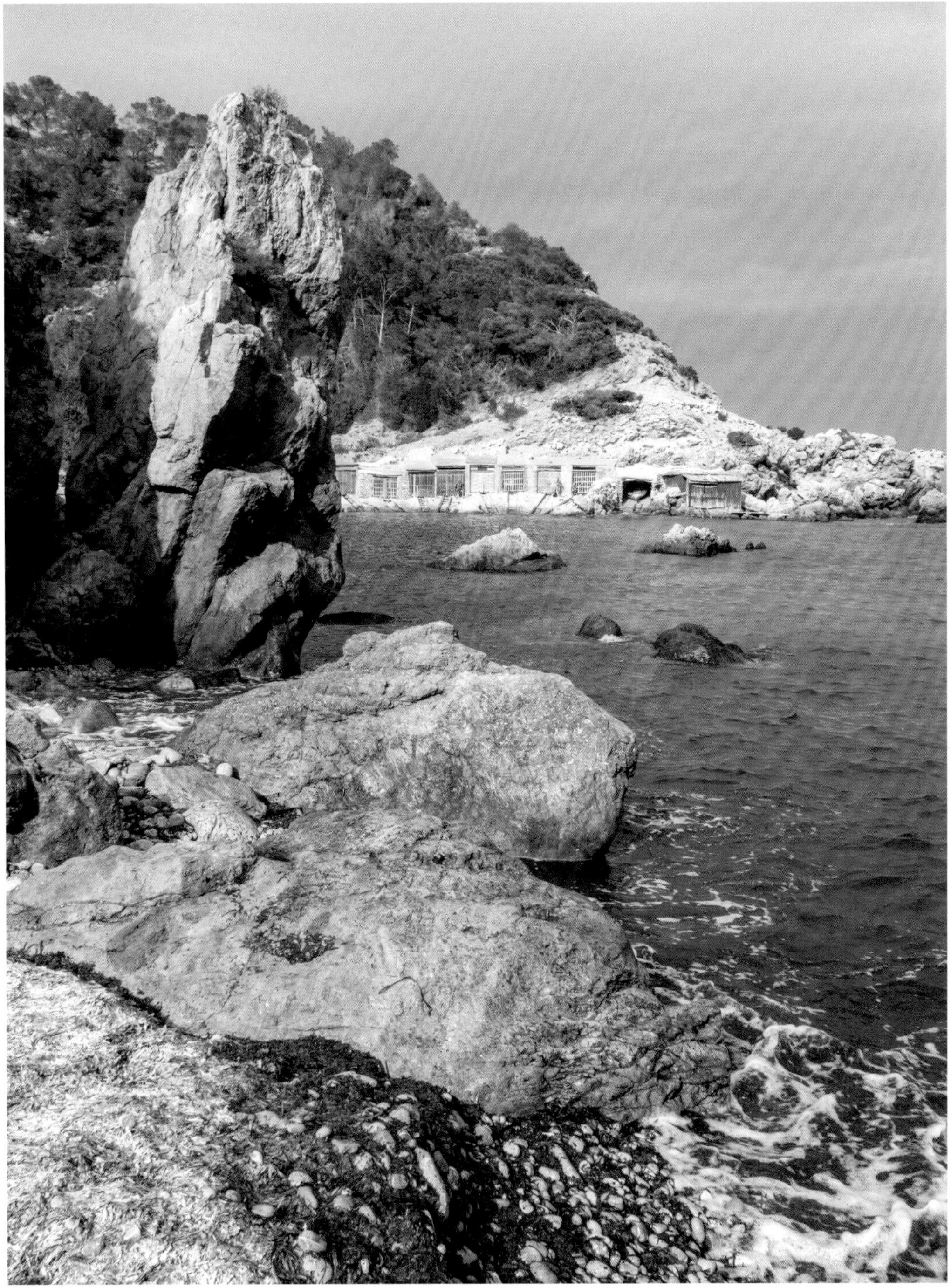

Cala d'en Serra

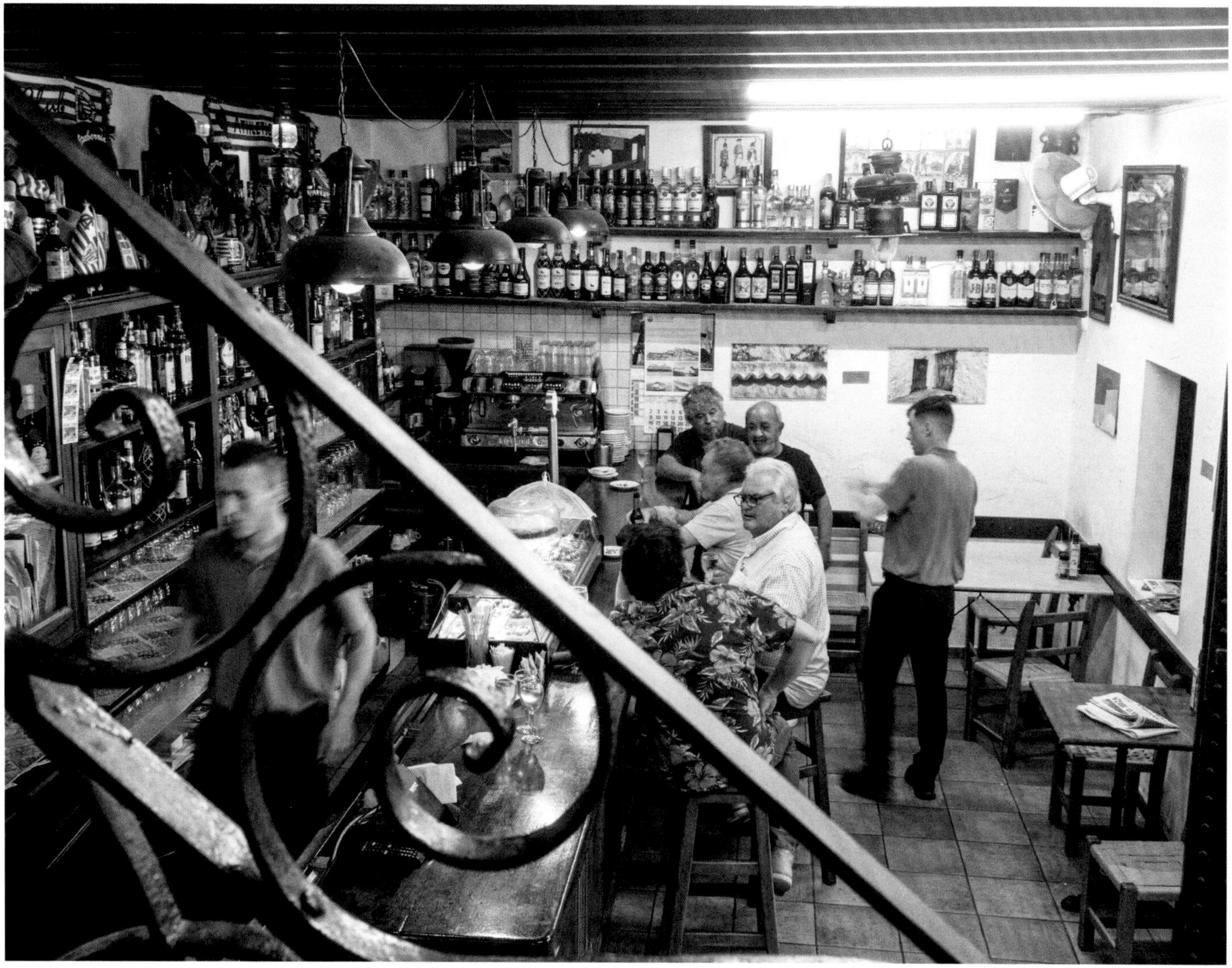

Ca n'Annetta

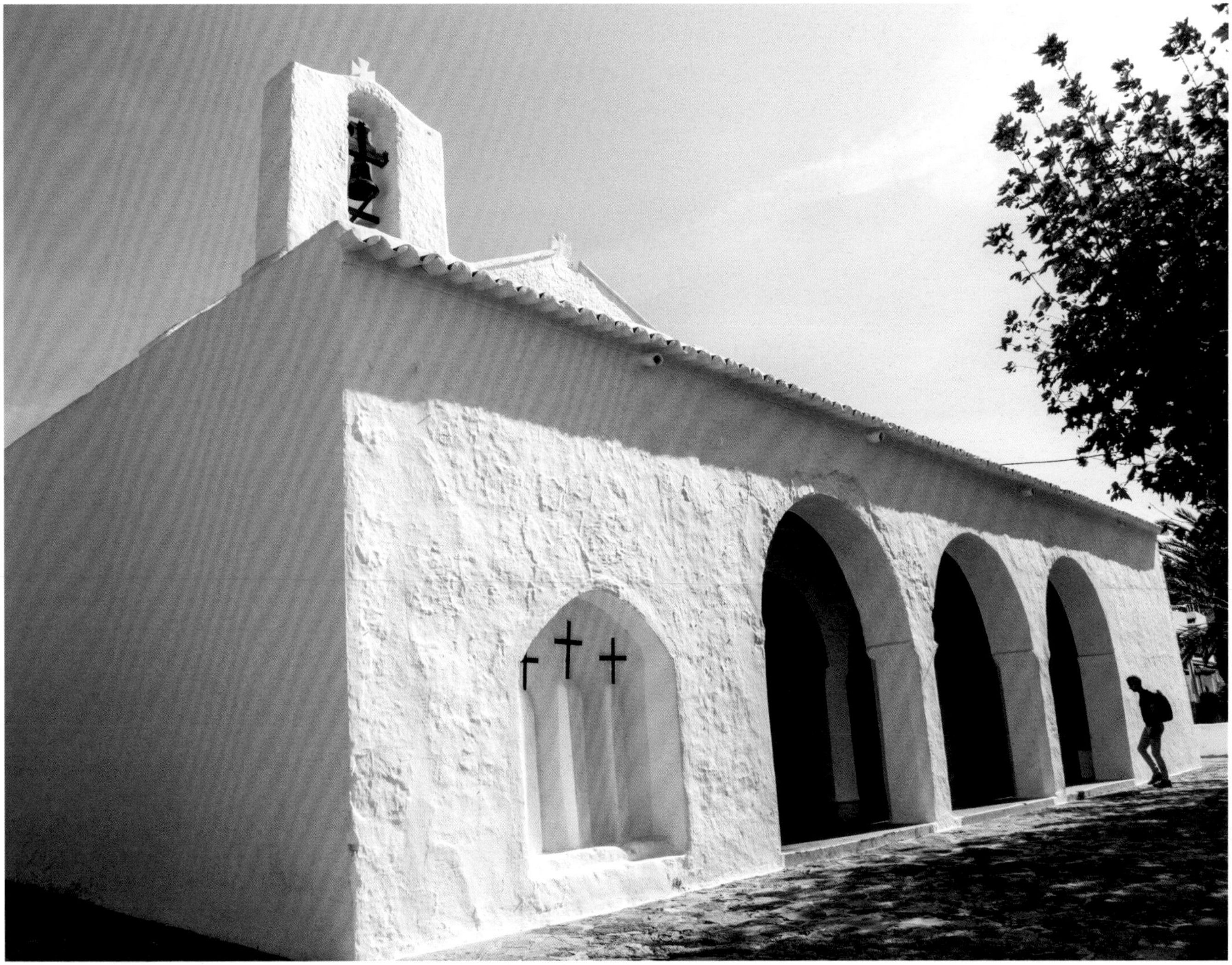

Sant Carles de Peralta

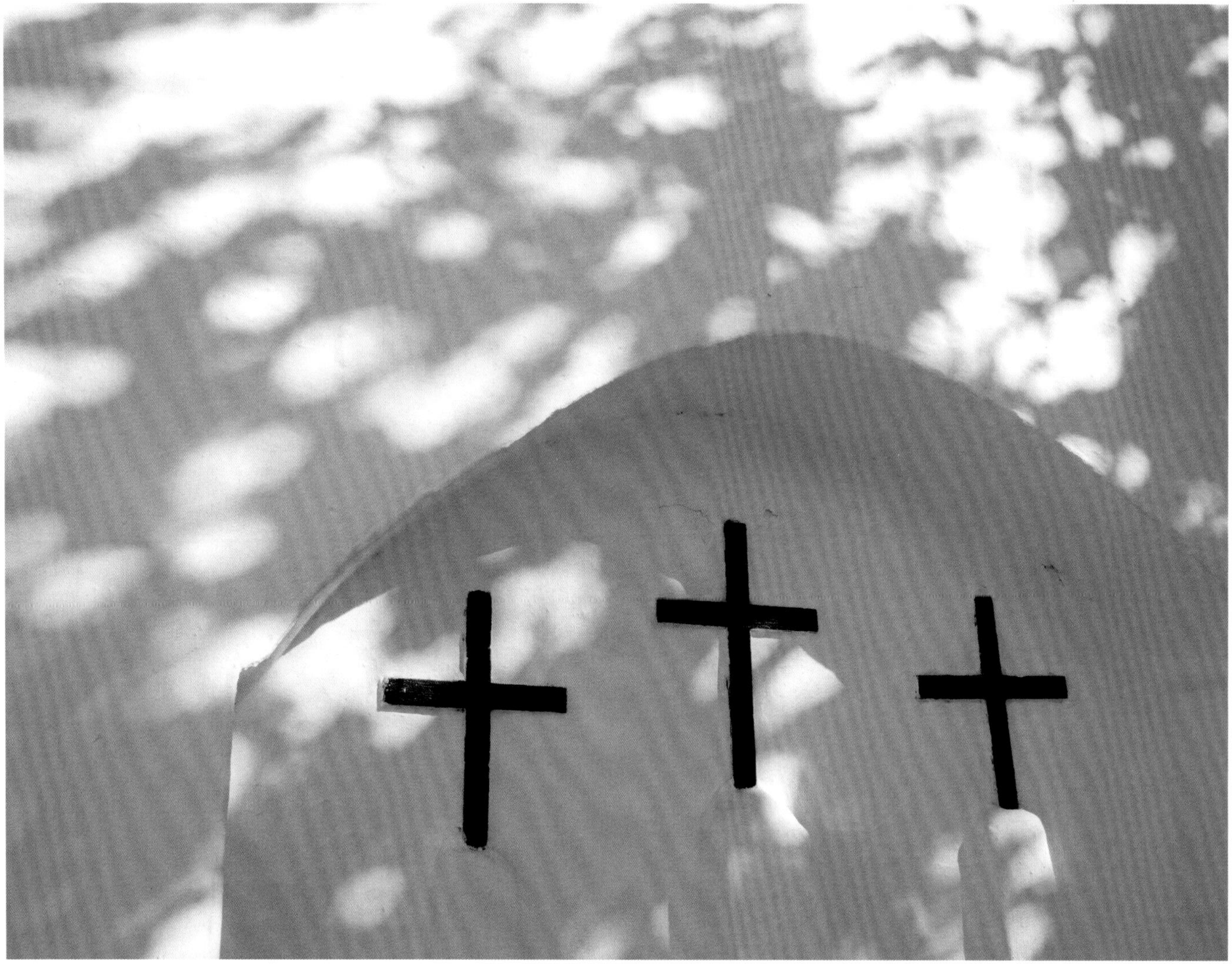

Sant Joan de Labritja

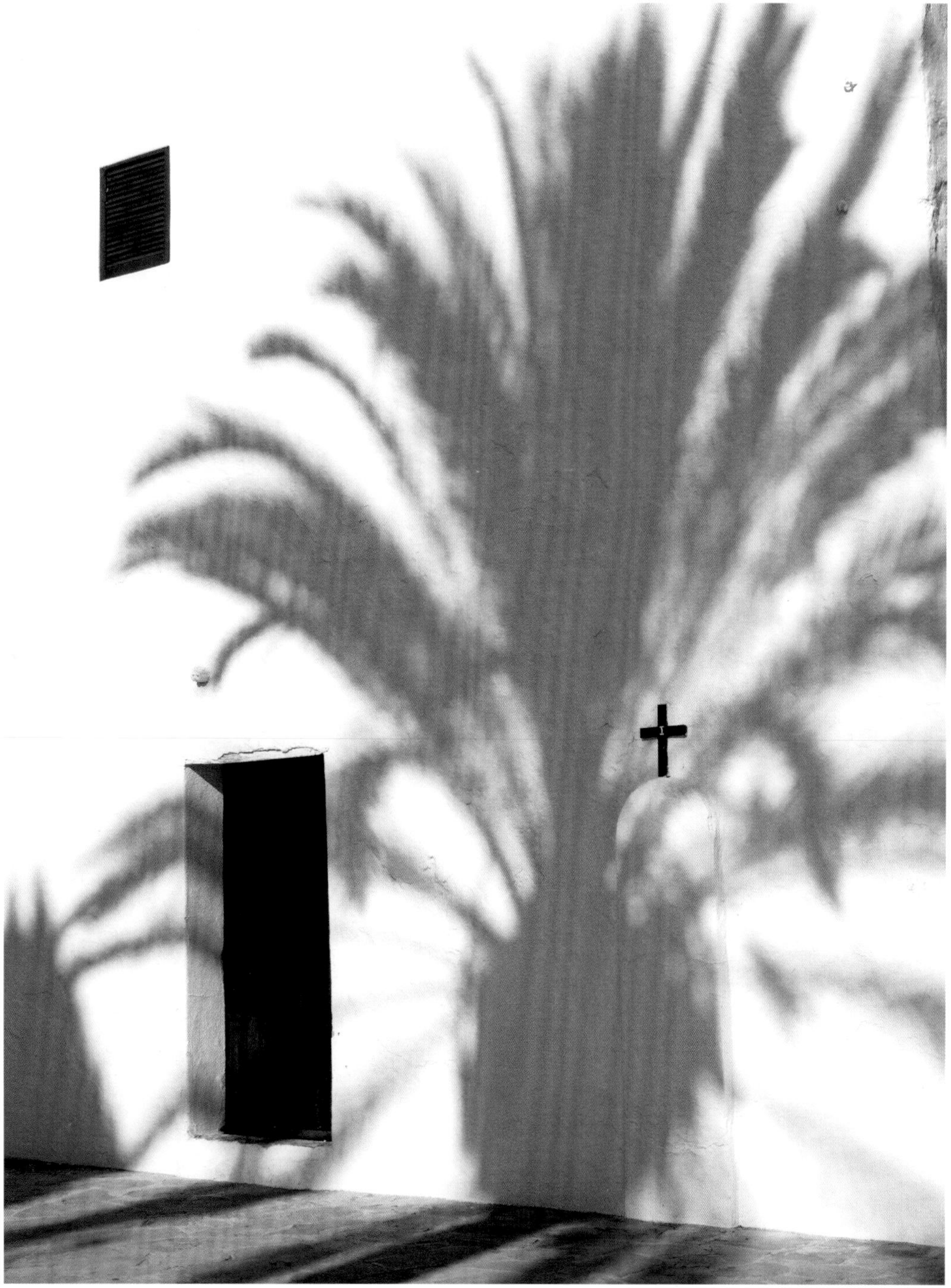

Jesús

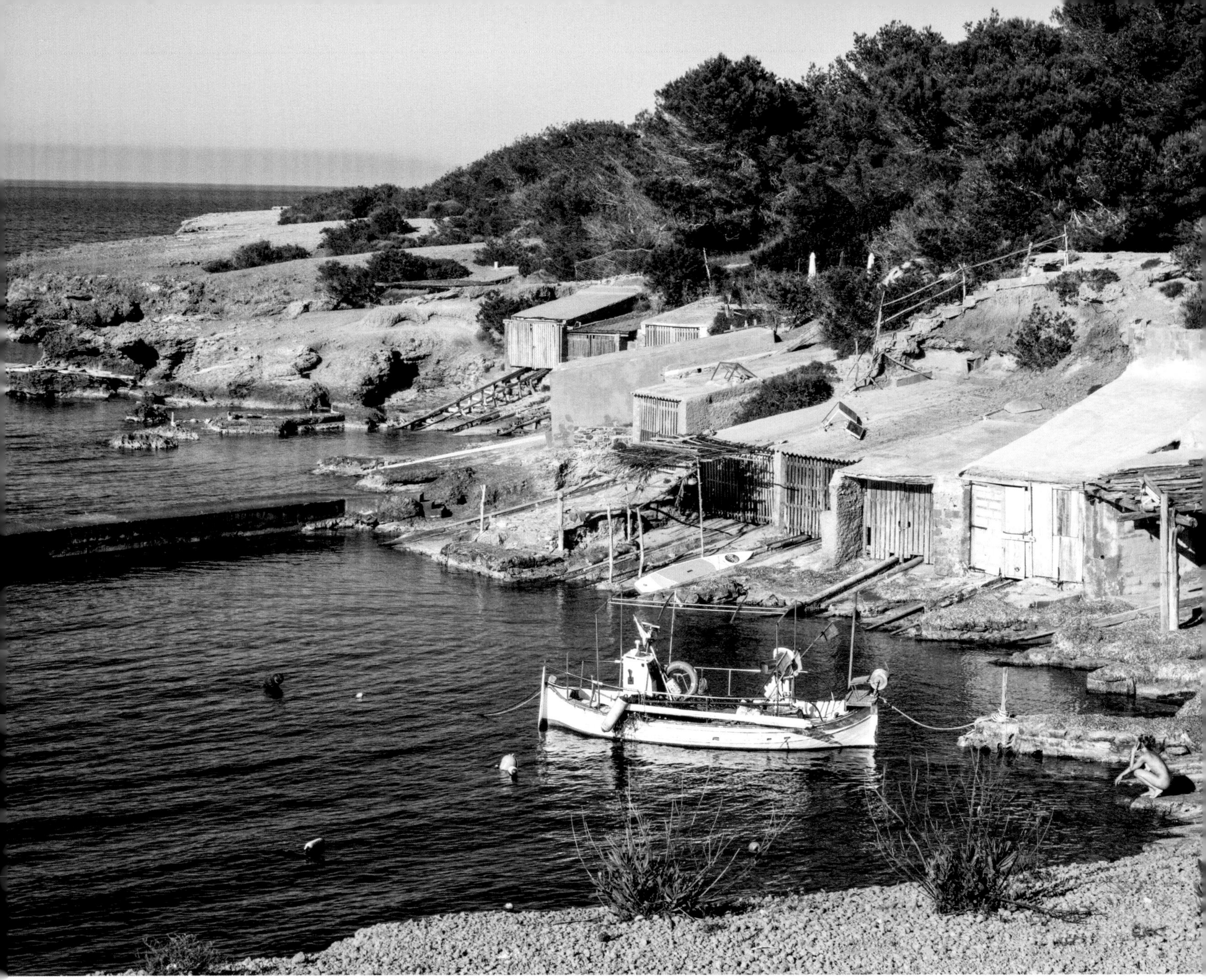

Es Pou des Lleó

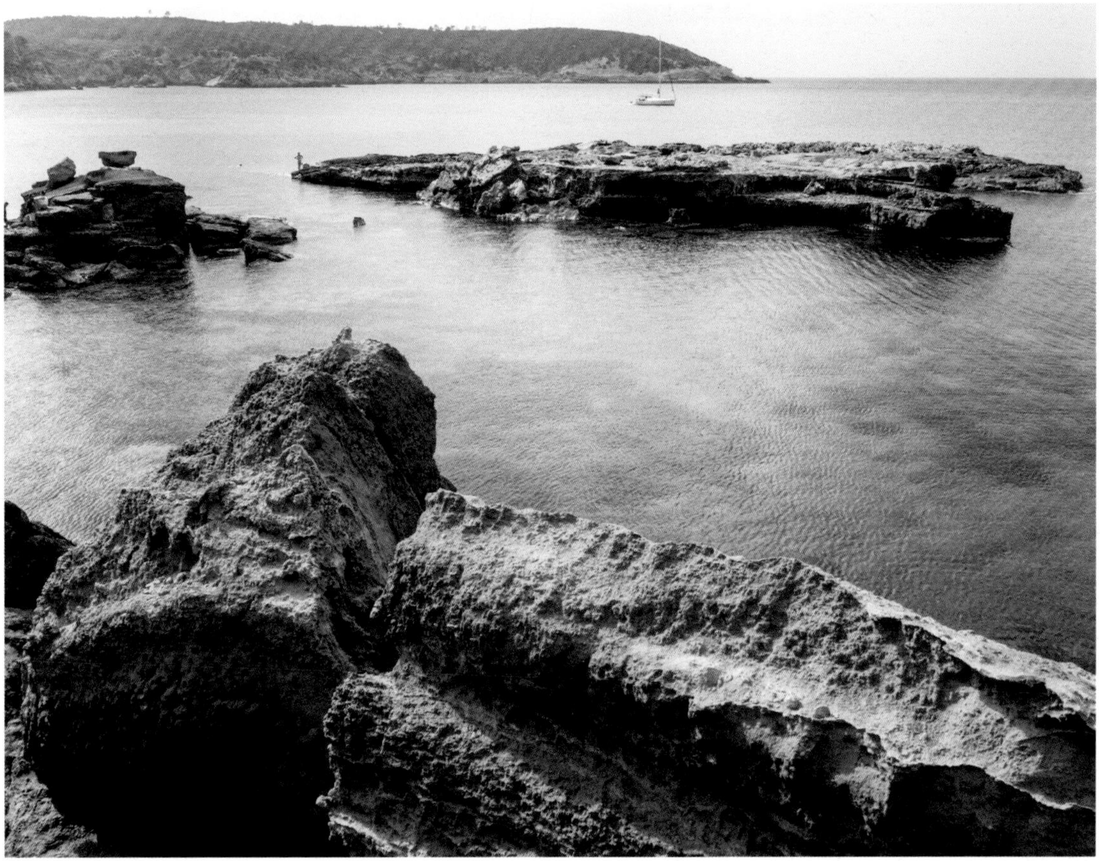

S'Illot des Renclí

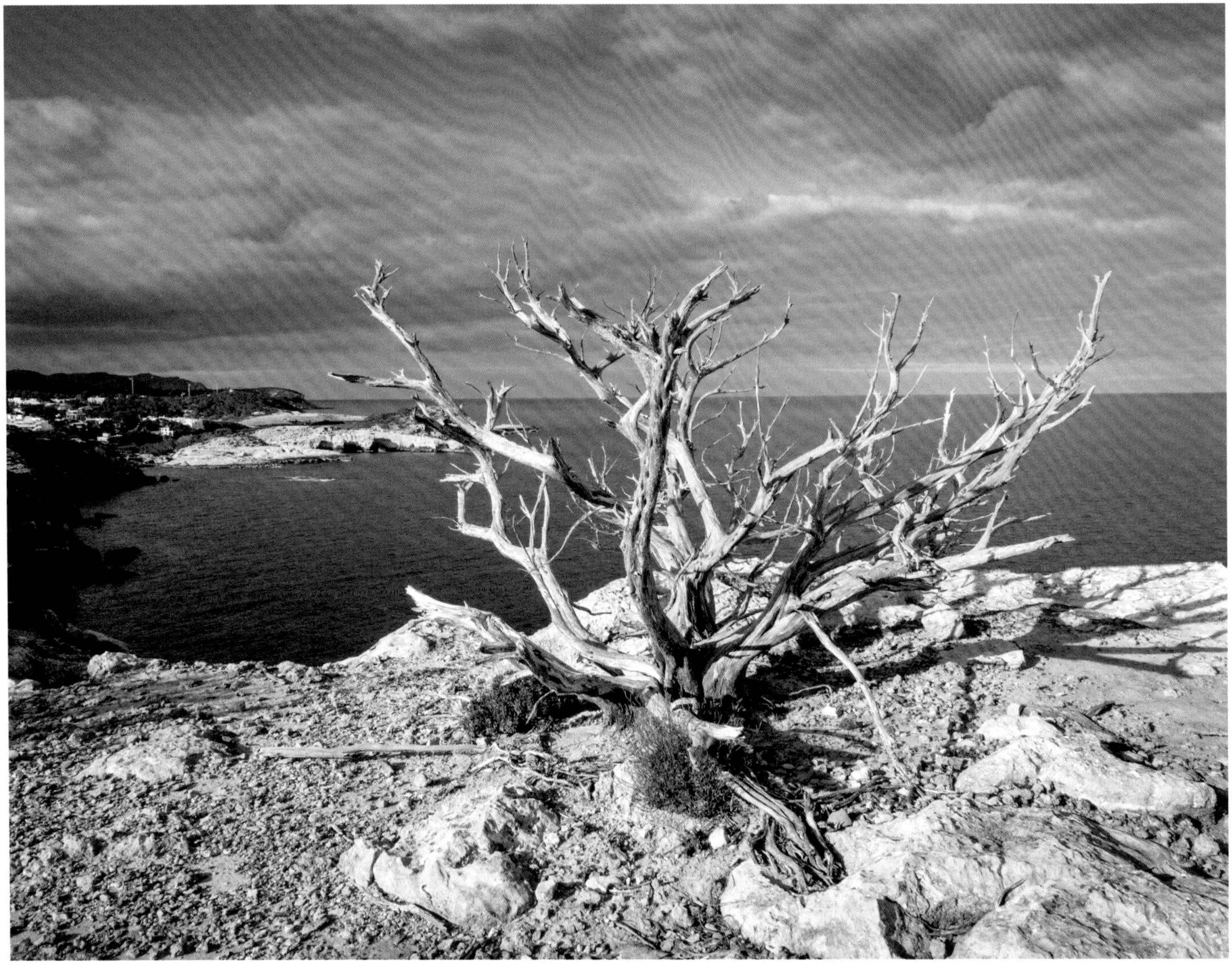

Portinatx

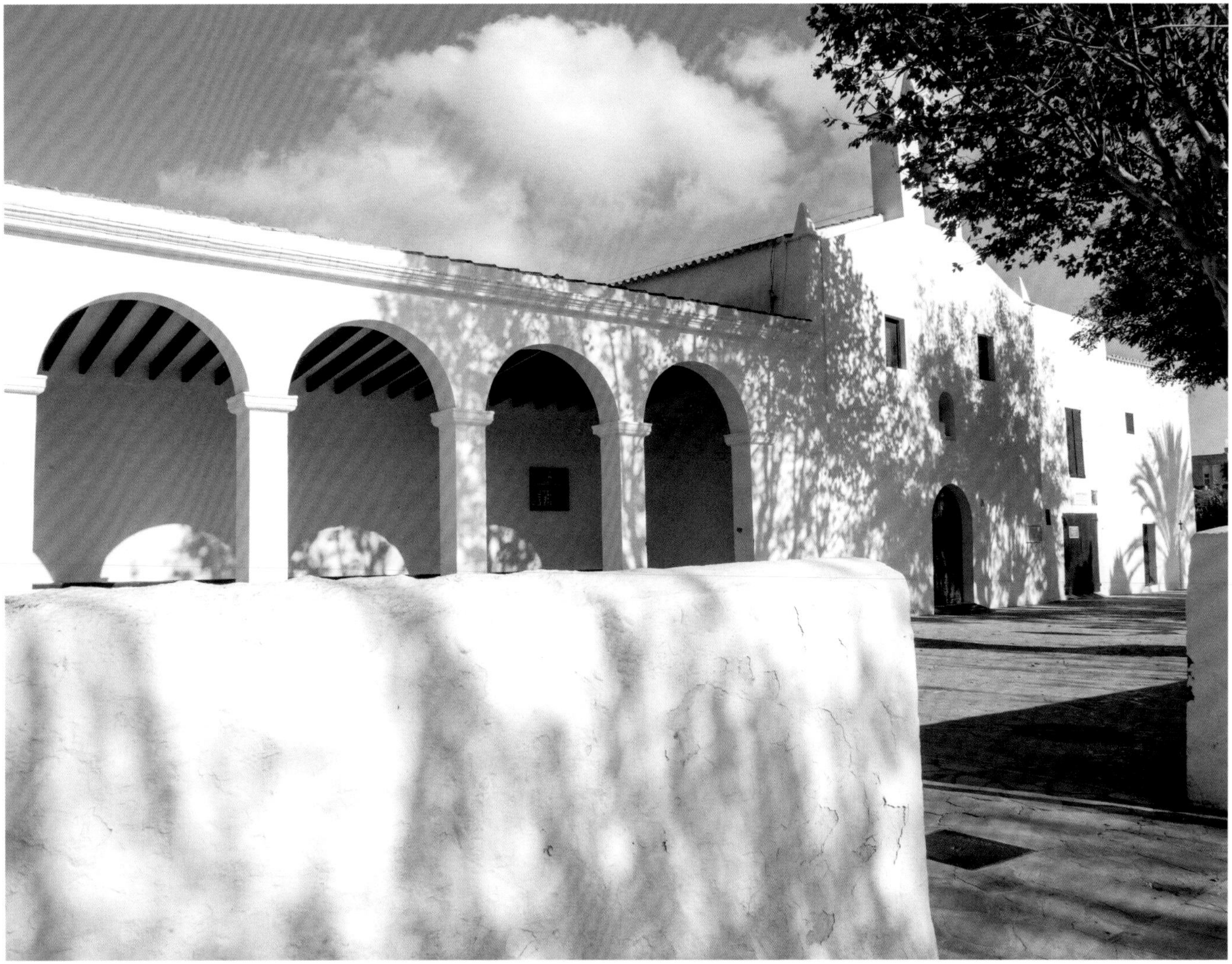

Jesús

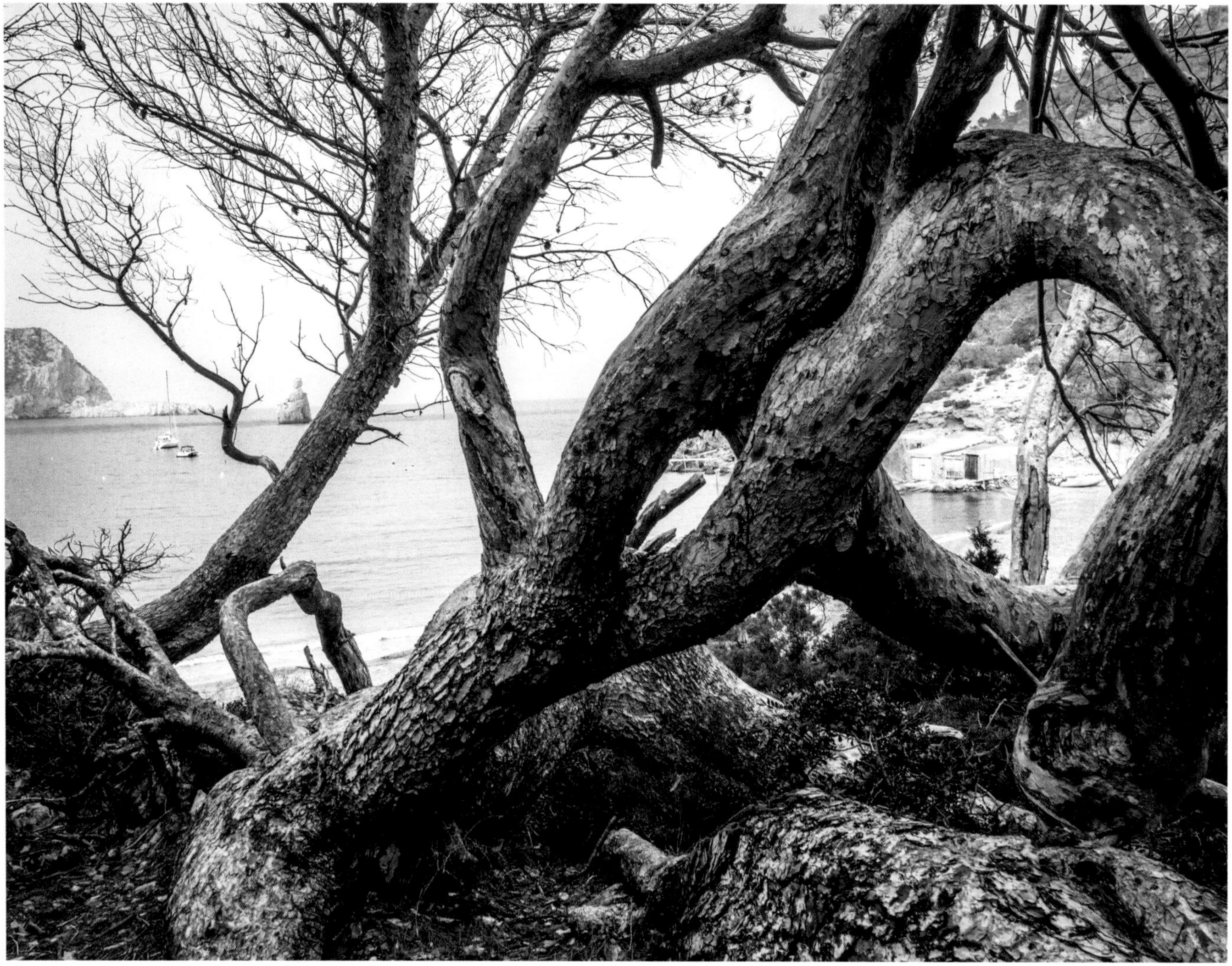

Benirràs

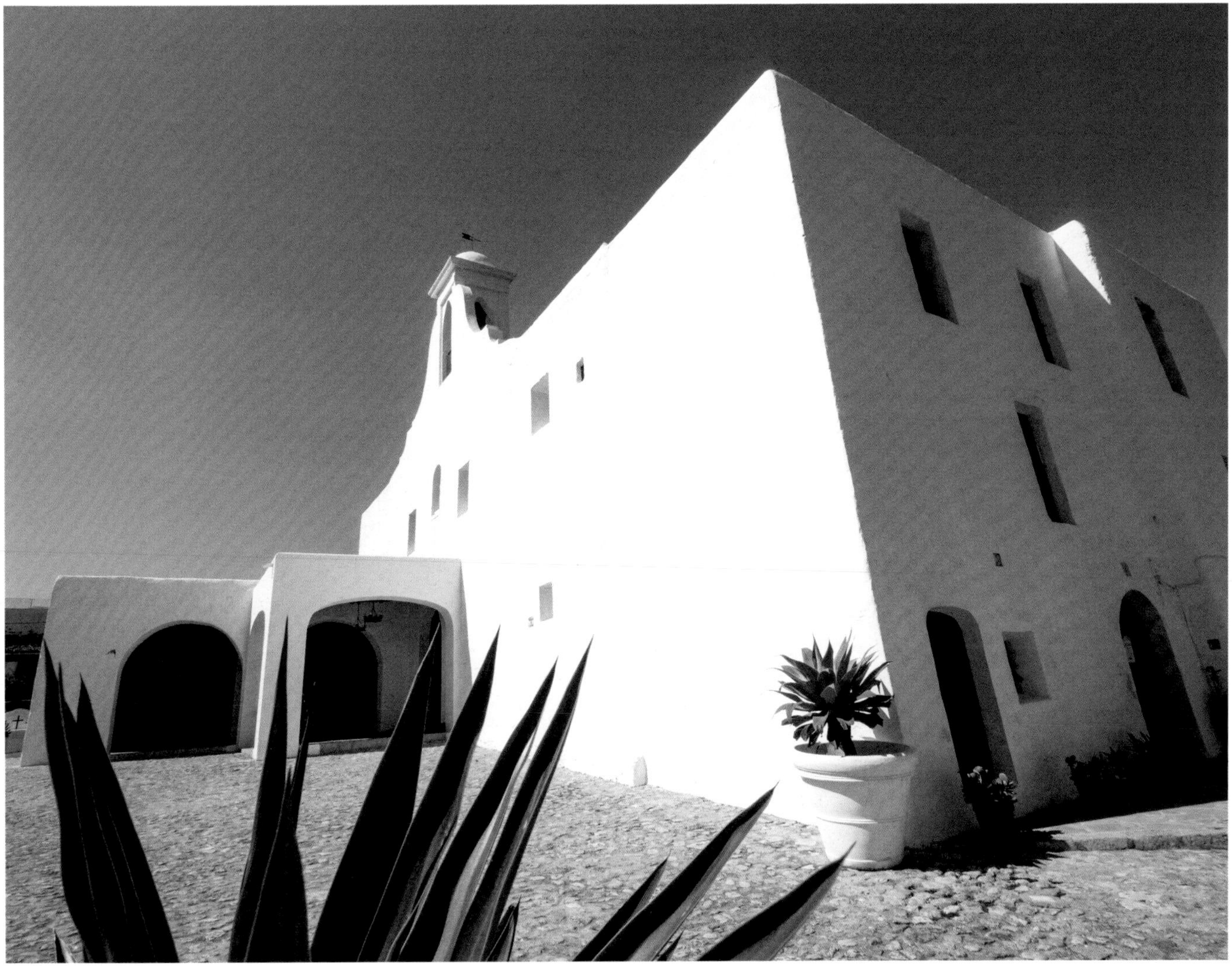

Sant Rafel de sa Creu

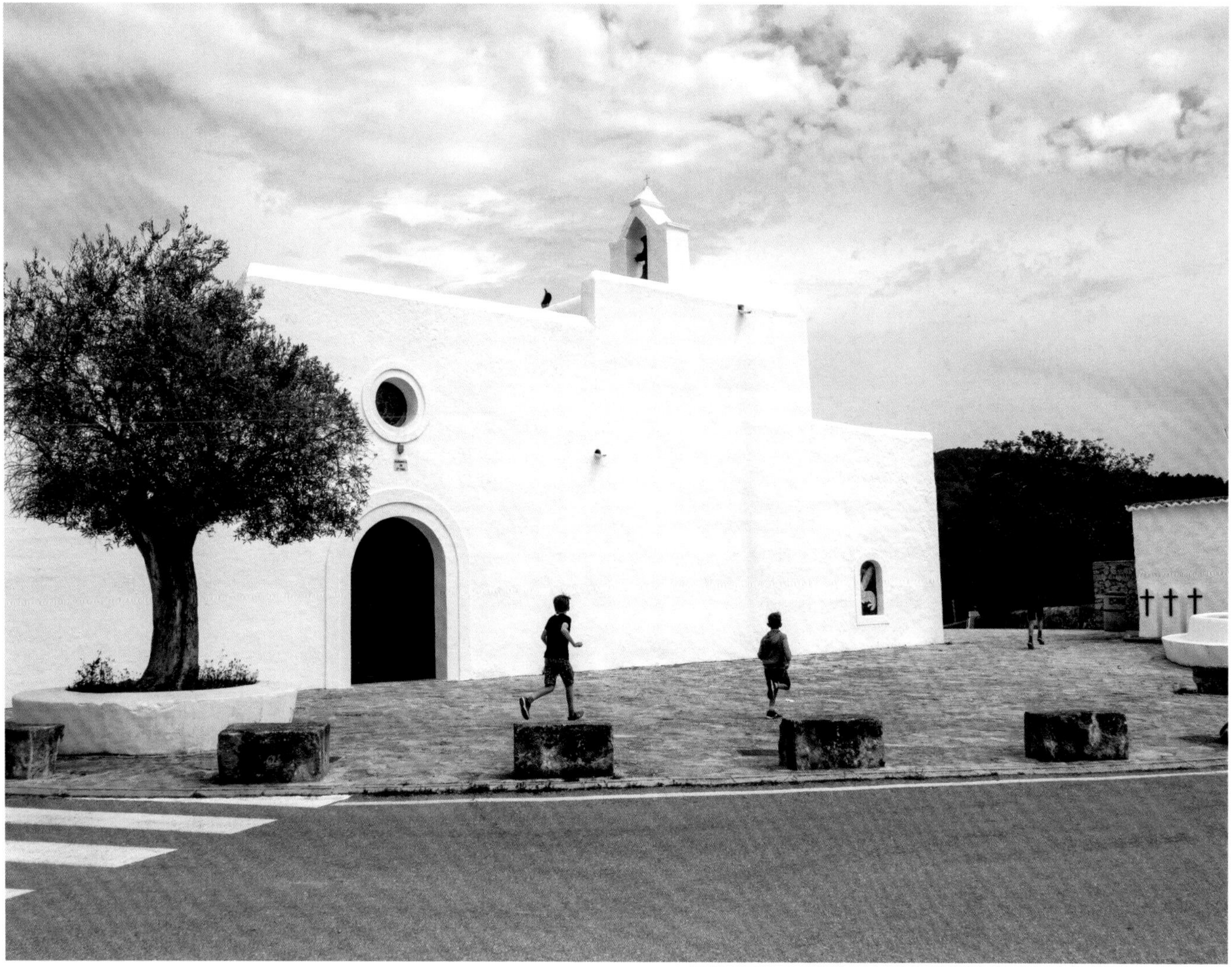

Santa Agnès de Corona

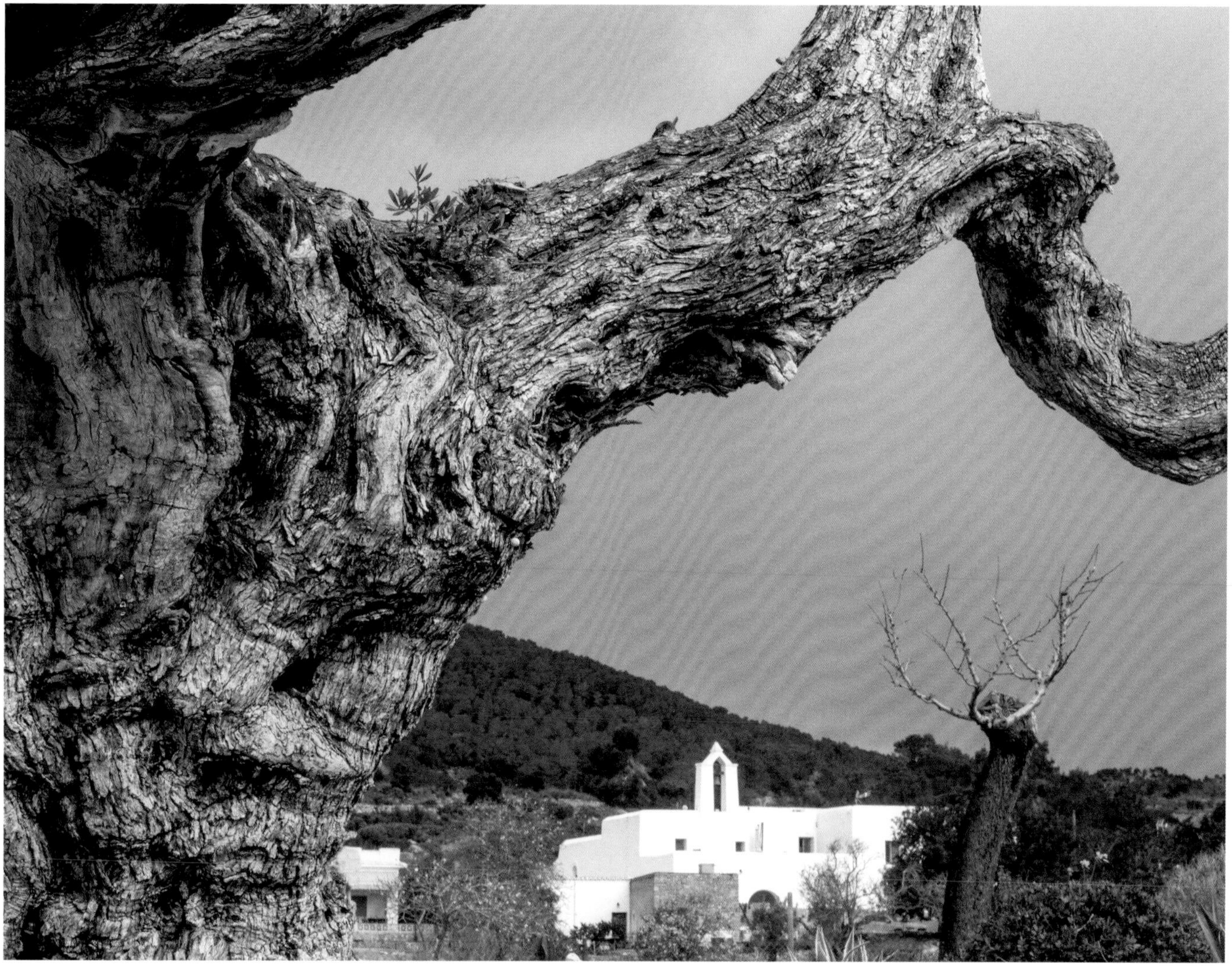

Santa Agnès de Corona

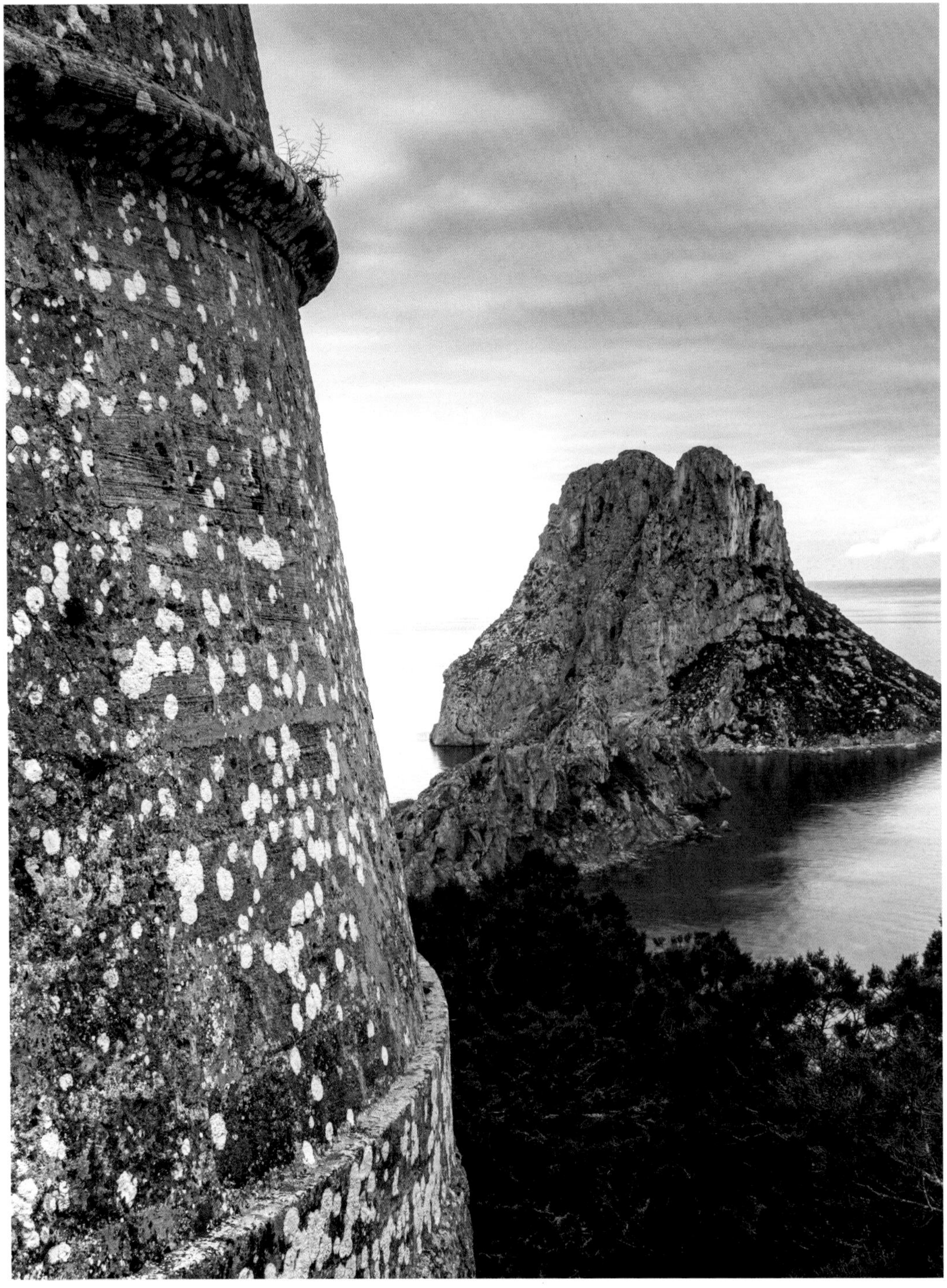

Torre des Savinar

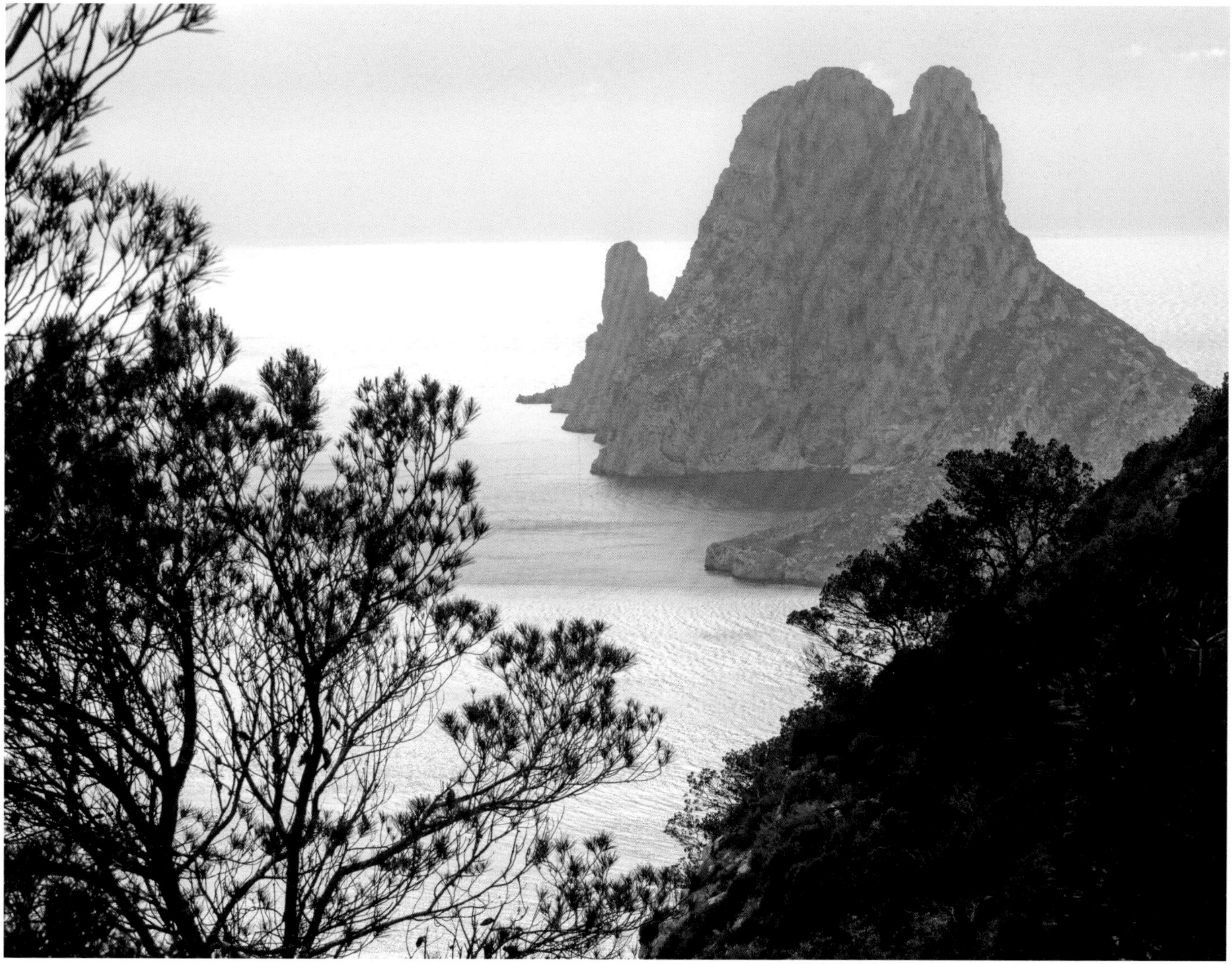

Es Vedrà

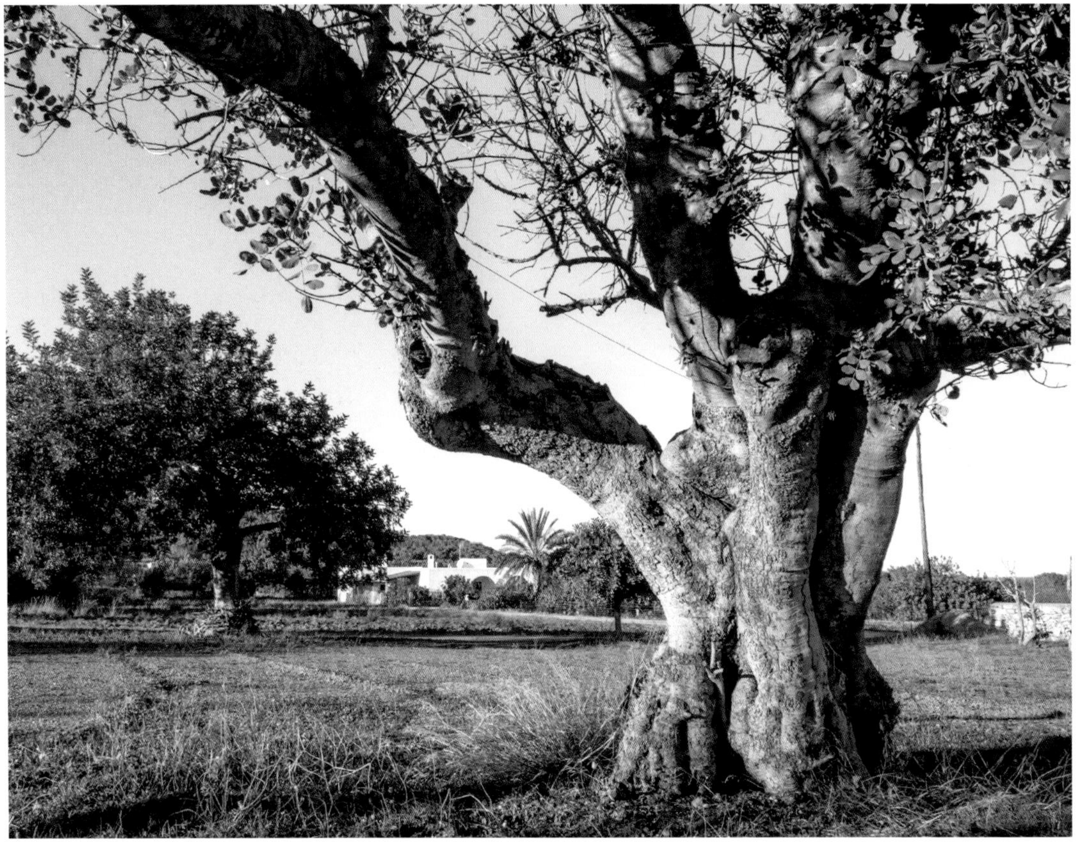

Plana des Figueral

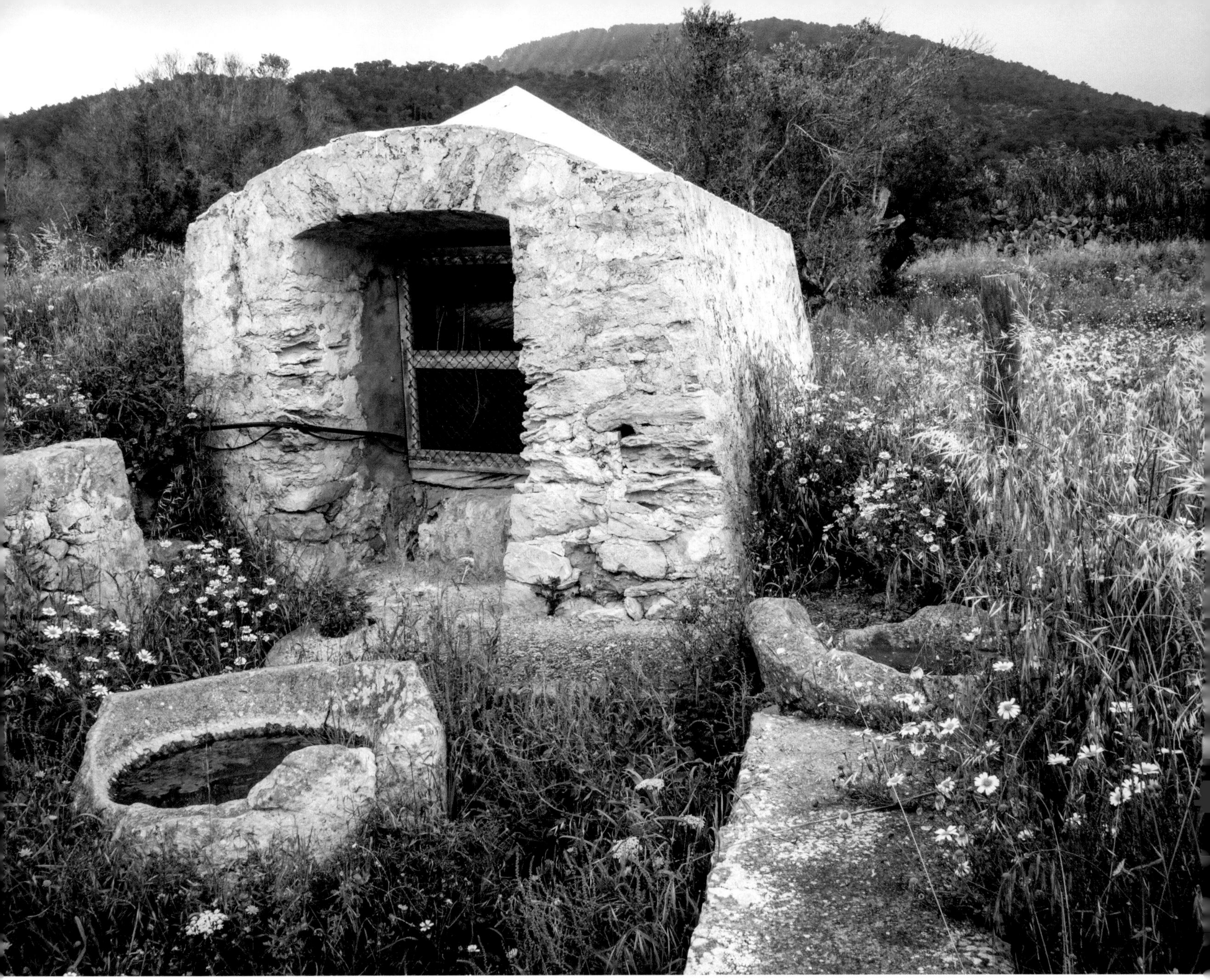

Pla de Corona

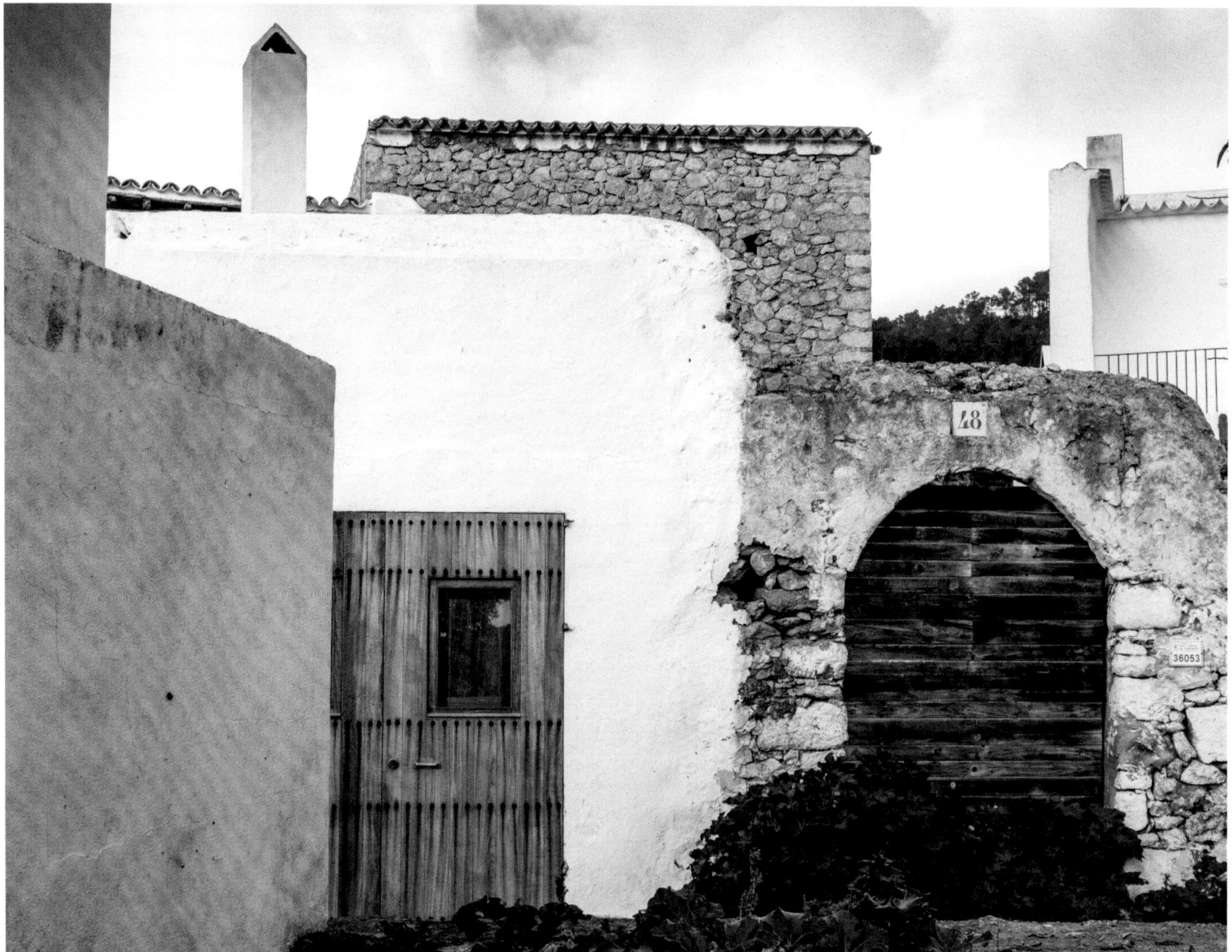

Pla d'Albarca

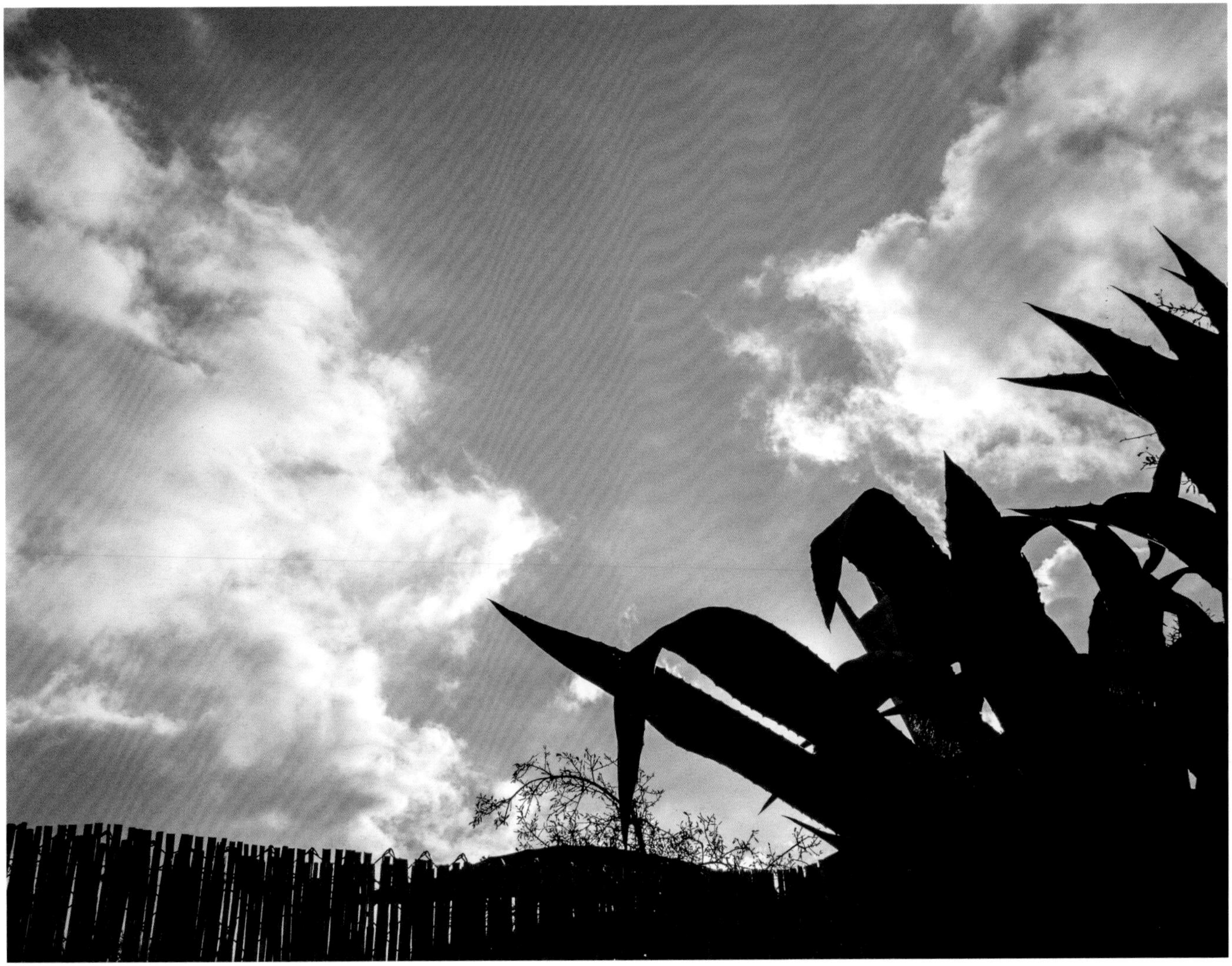

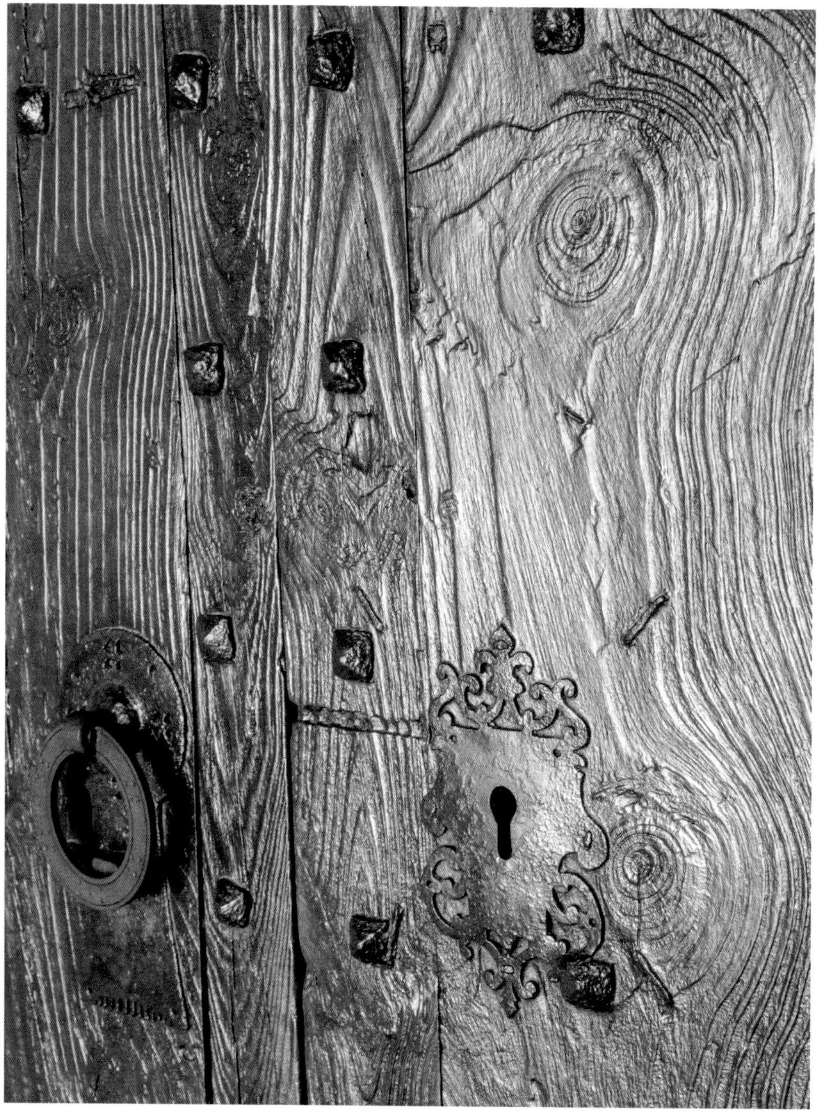

Sant Mateu d'Albarca

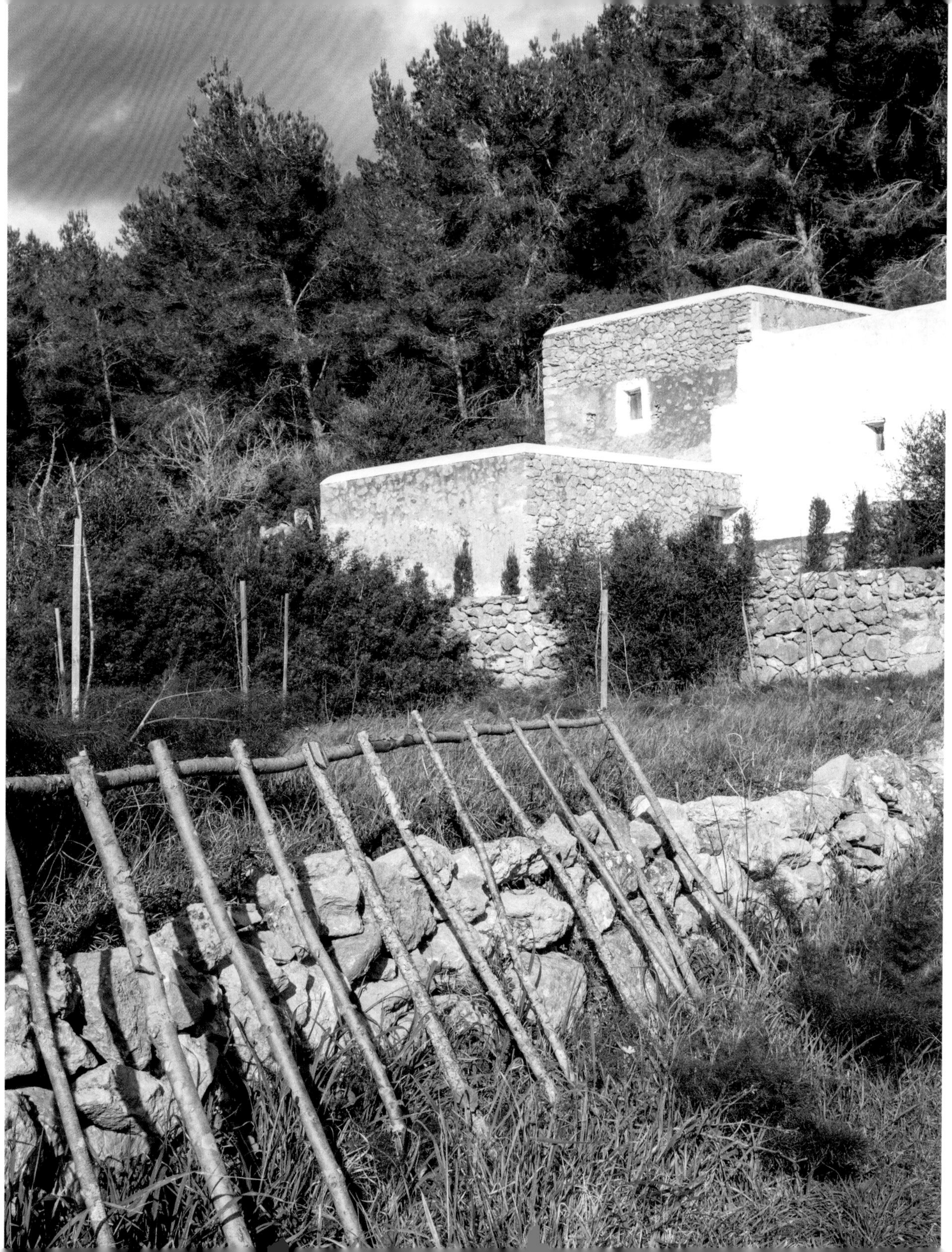

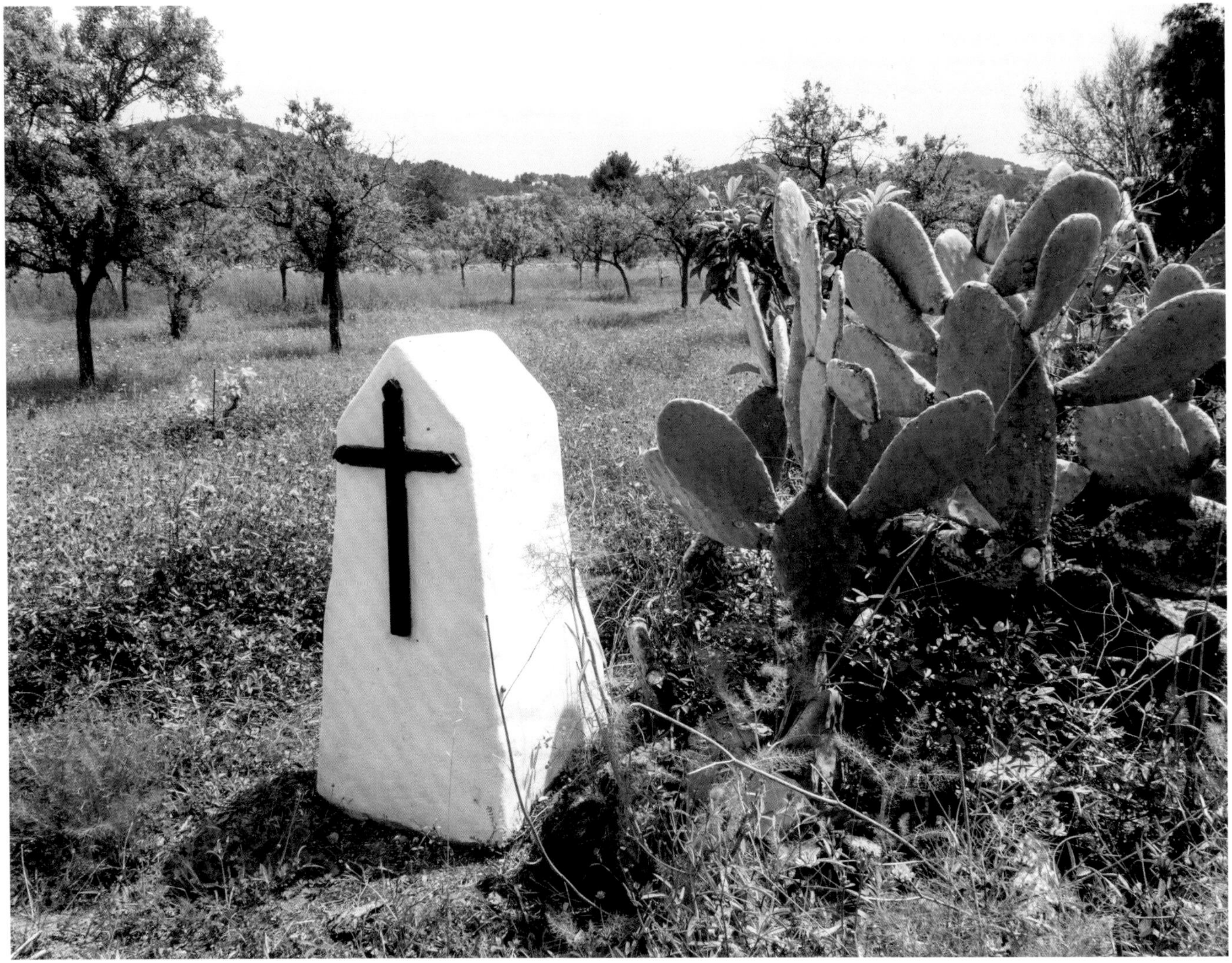

Santa Agnès de Corona

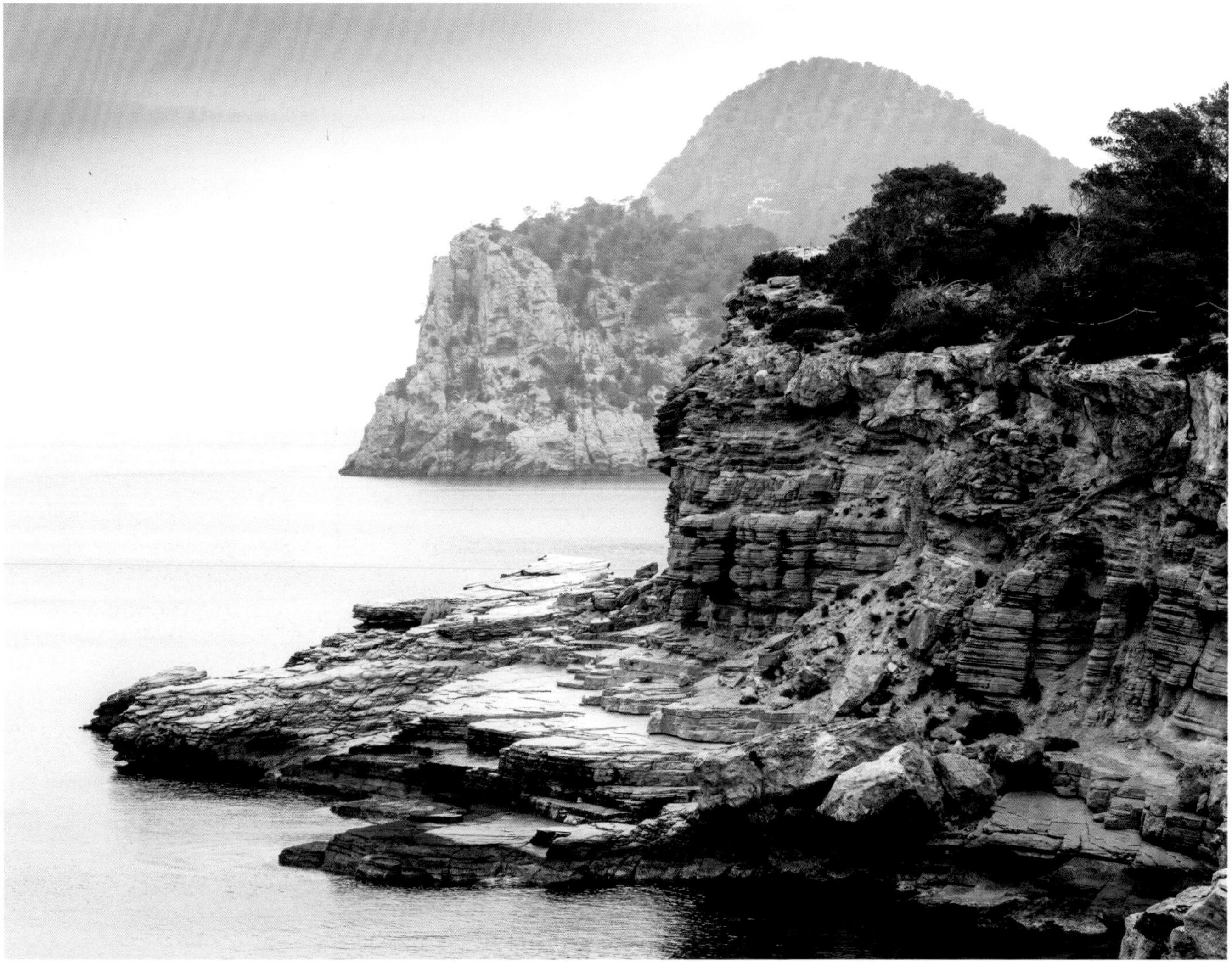

Punta Galera

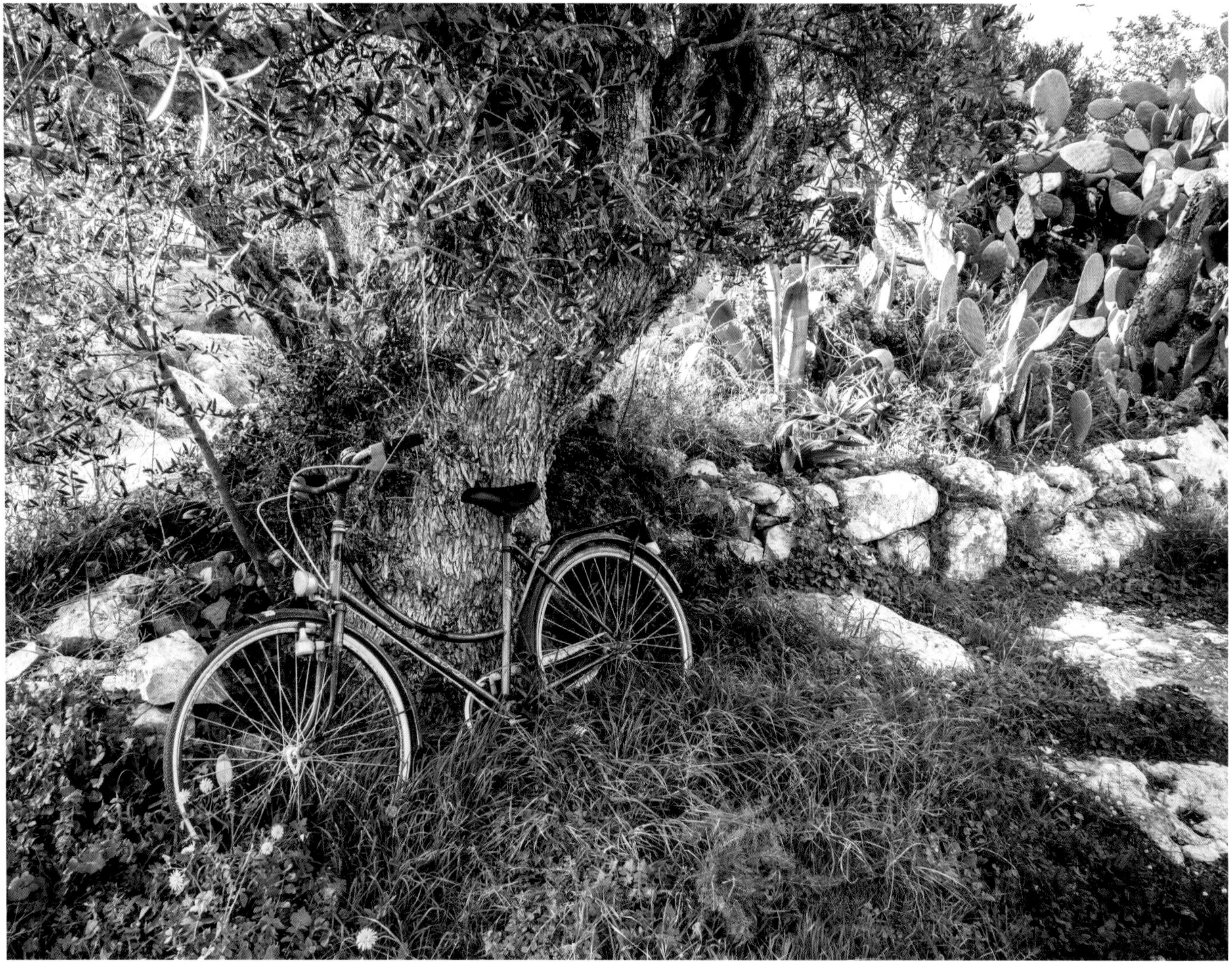

Pla d'Albarca

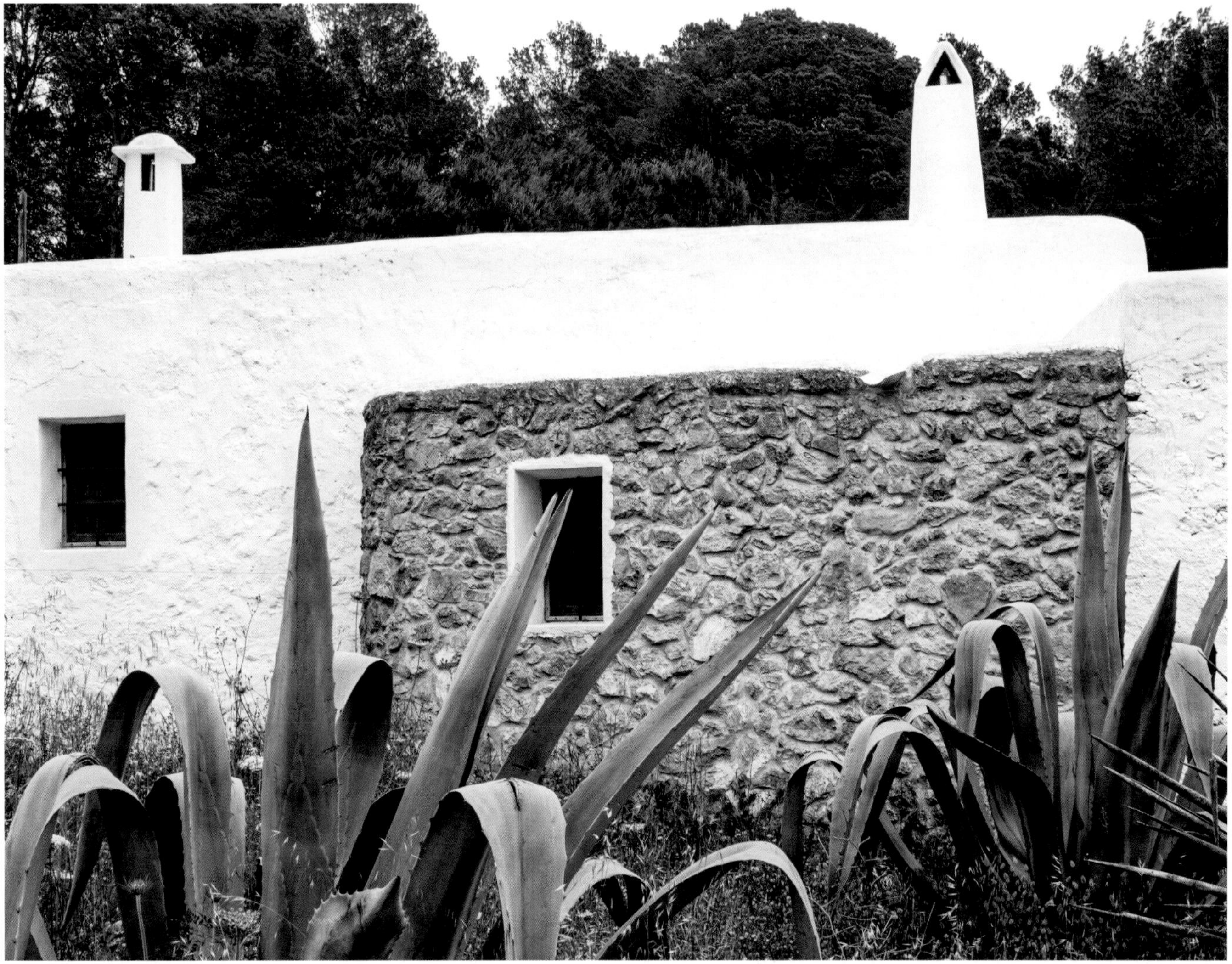

Pla de Corona

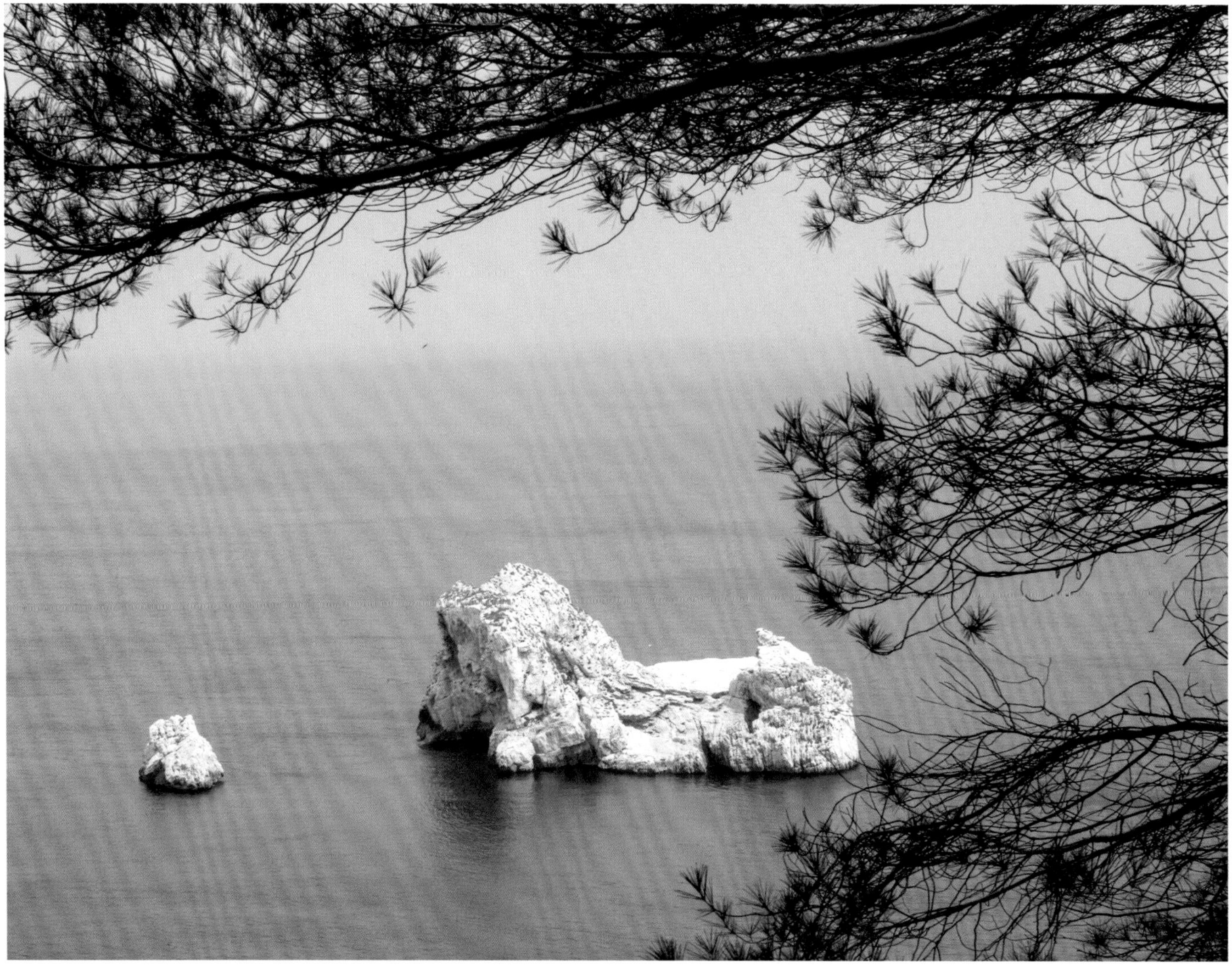

Ses Margalides

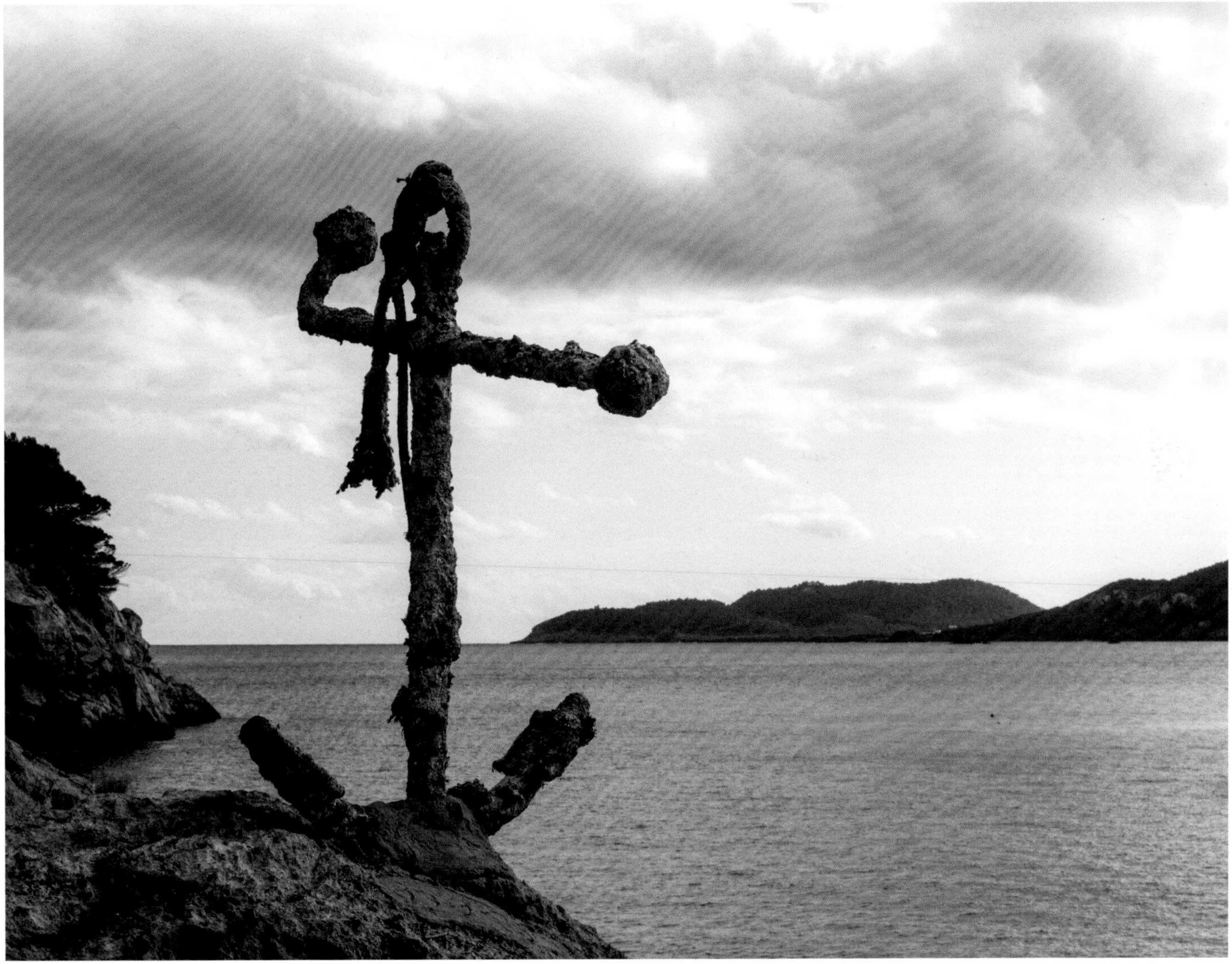

Cala de Sant Vicent

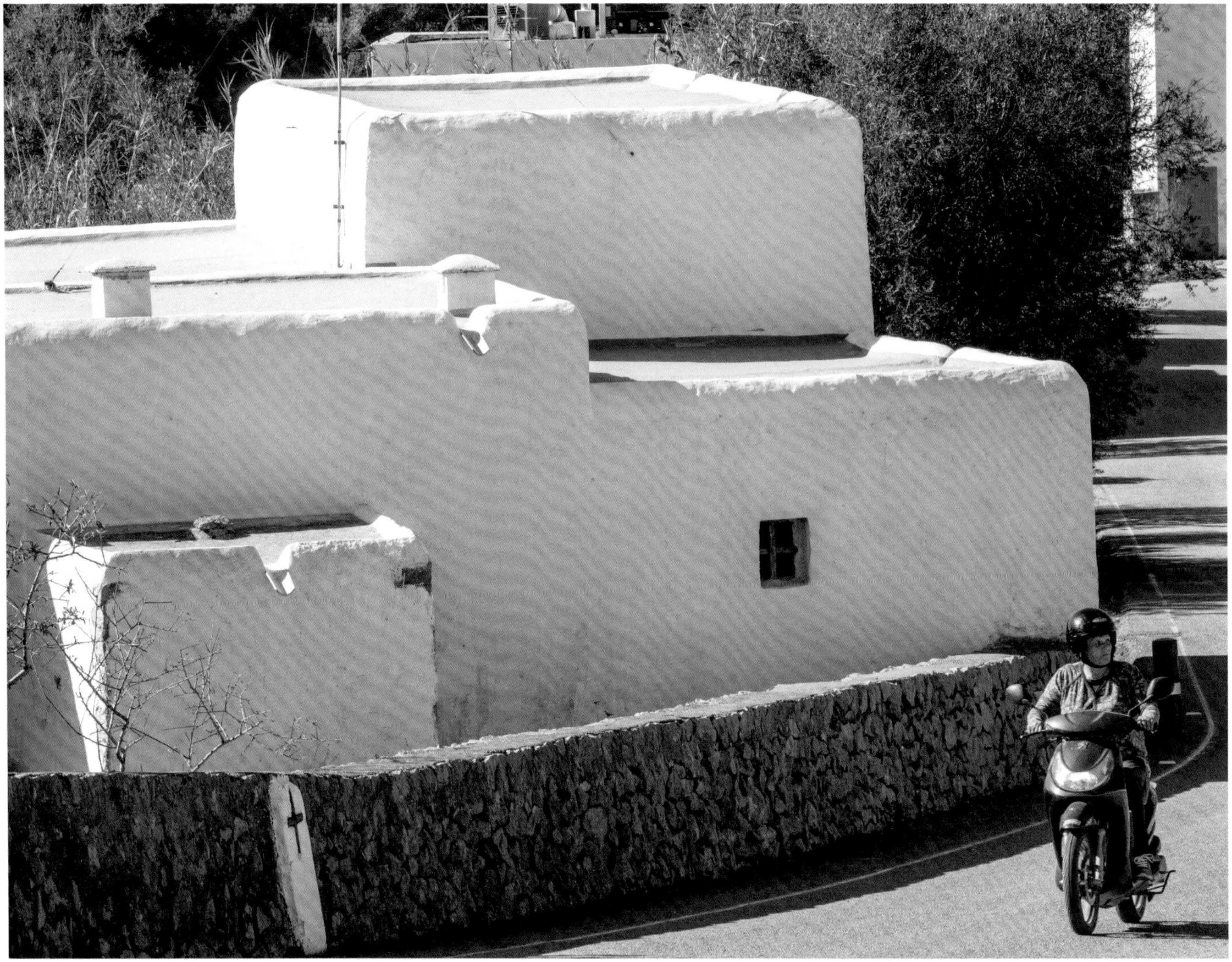

Sant Mateu d'Albarca

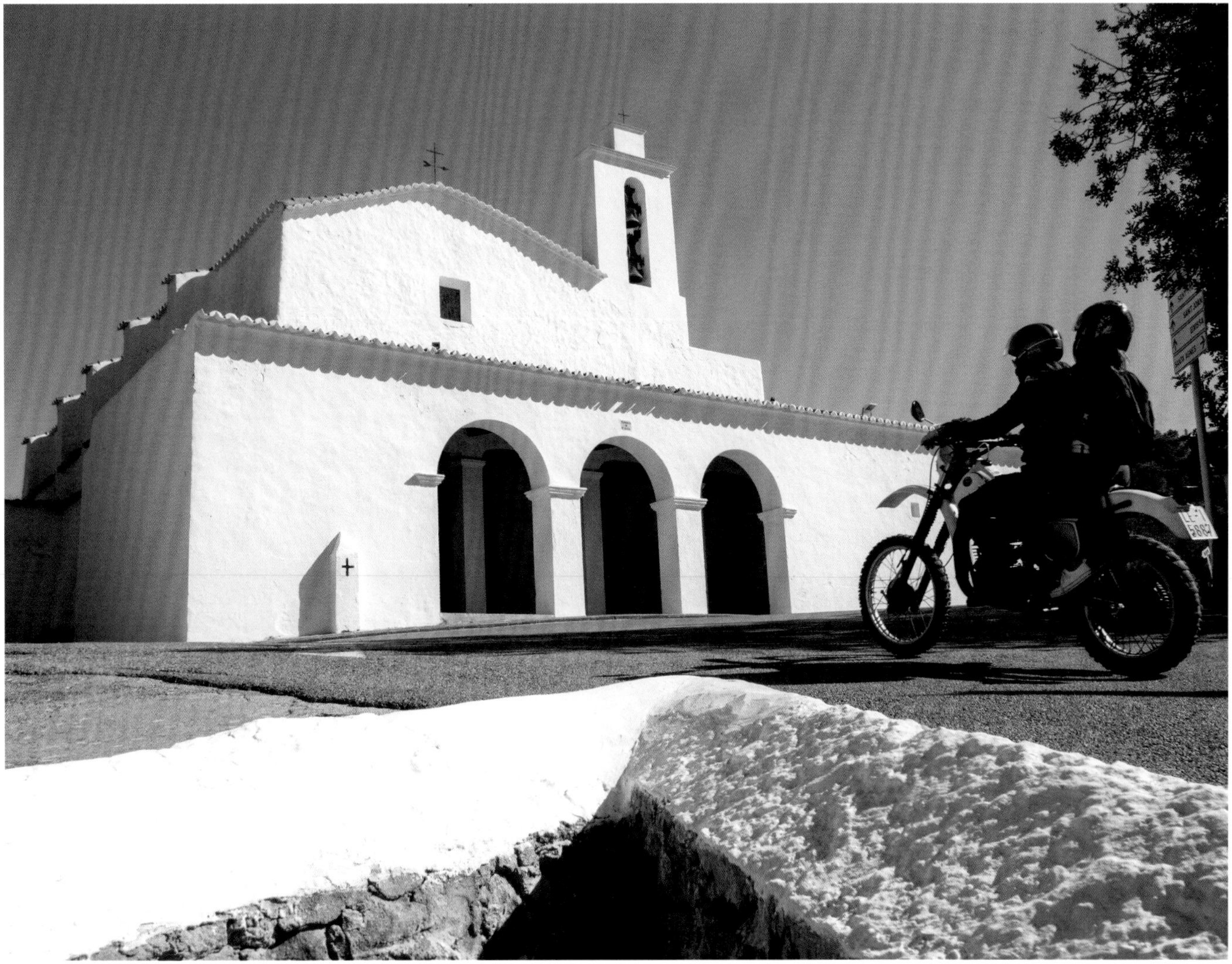

Sant Mateu d'Albarca

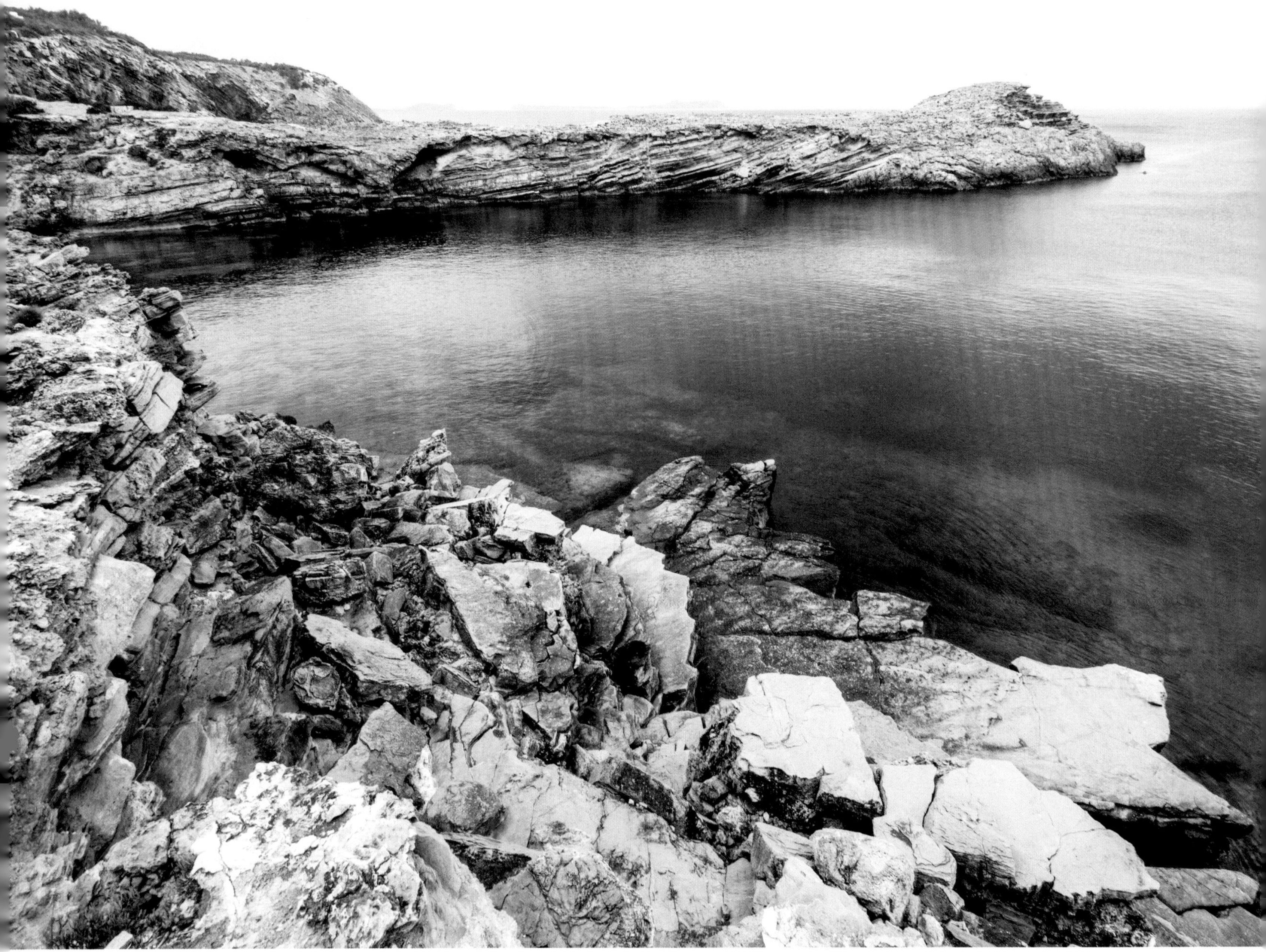

Punta Galera

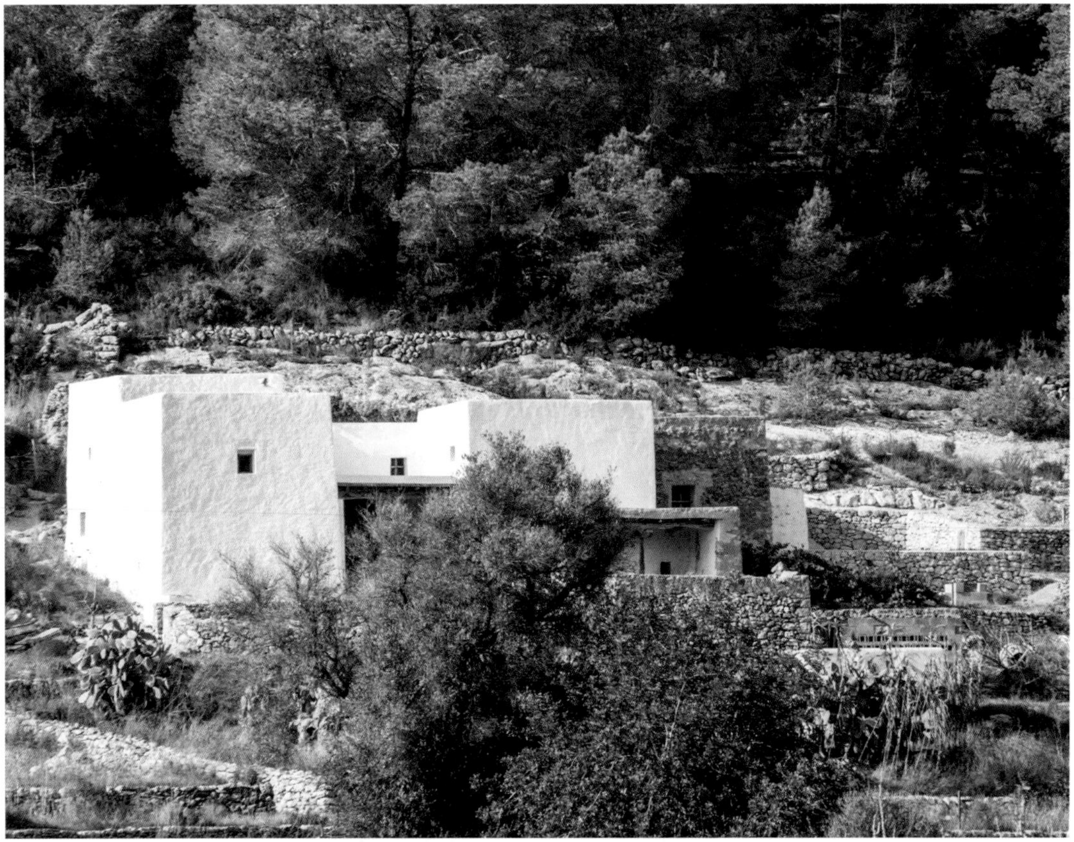

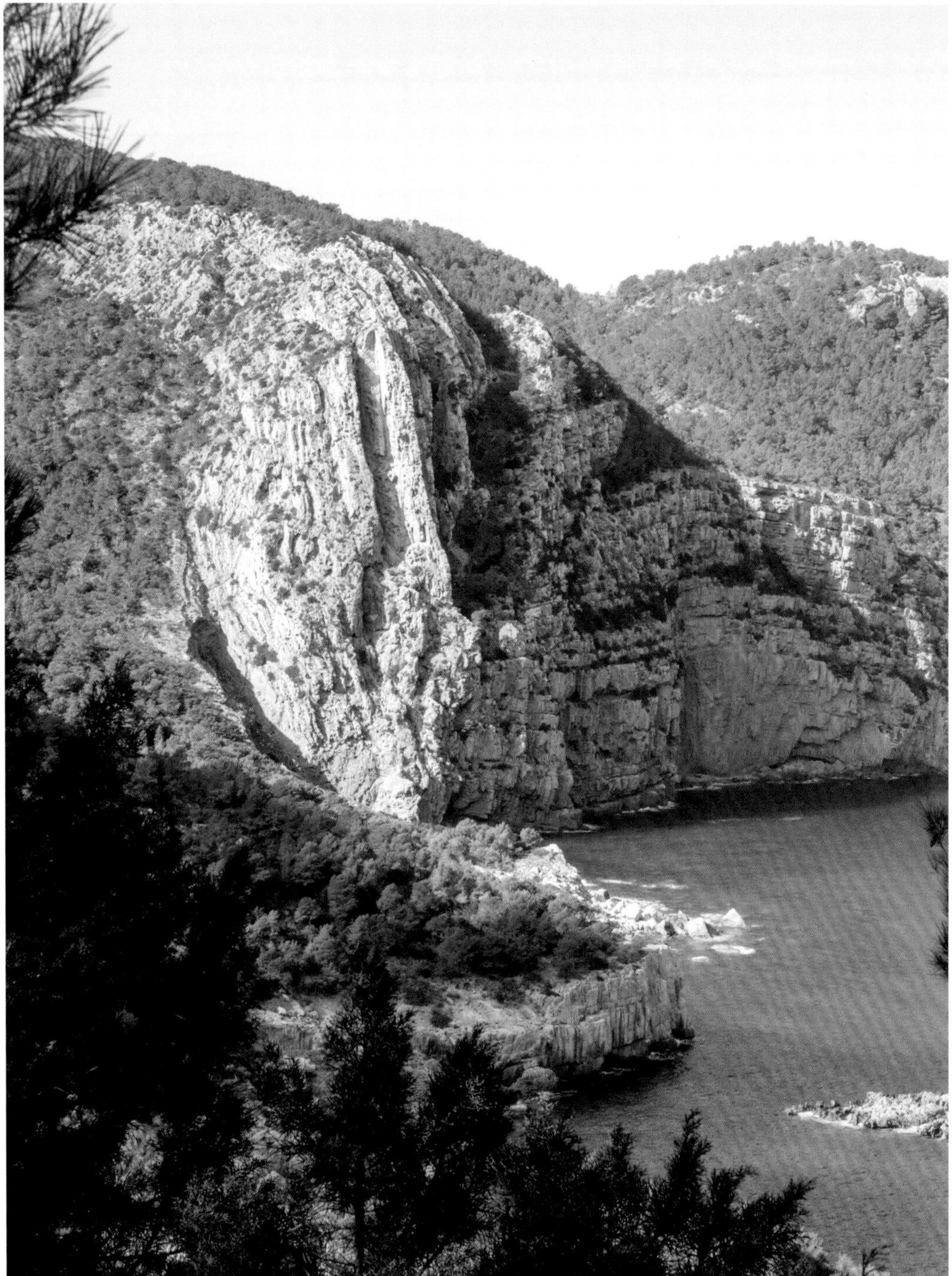

Cala d'Albarca

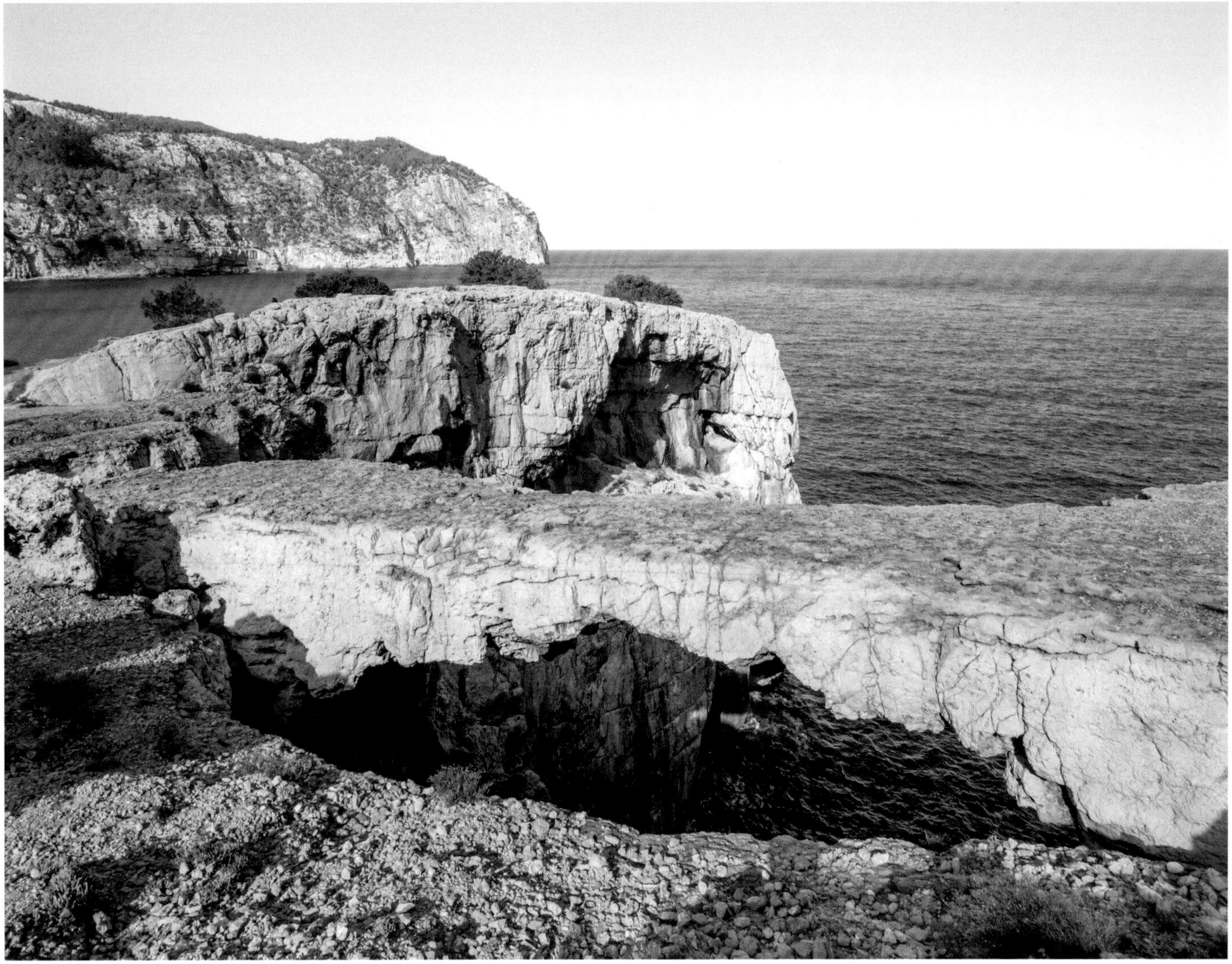

Cala d'Albarca

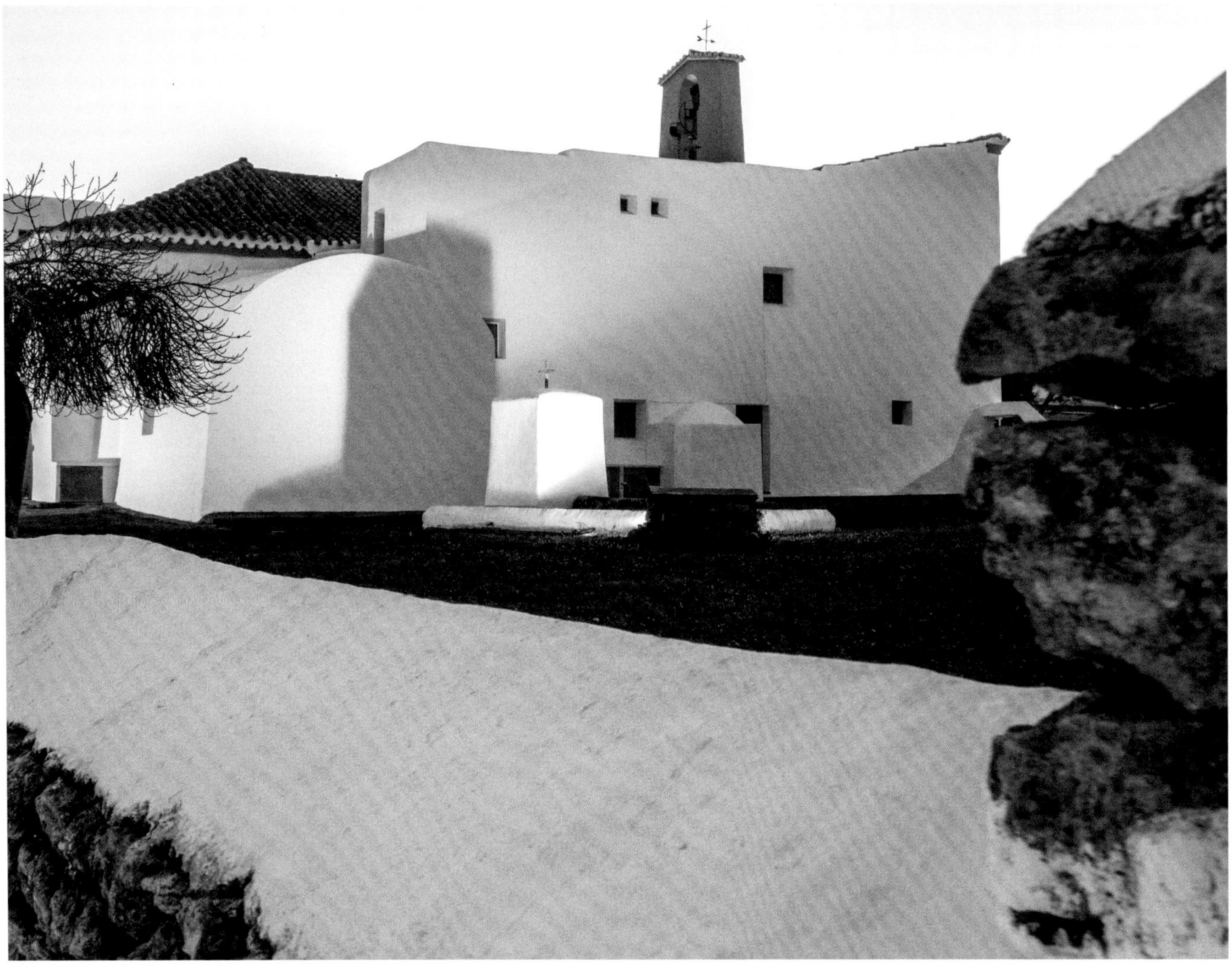

Santa Gertrudis de Fruitera

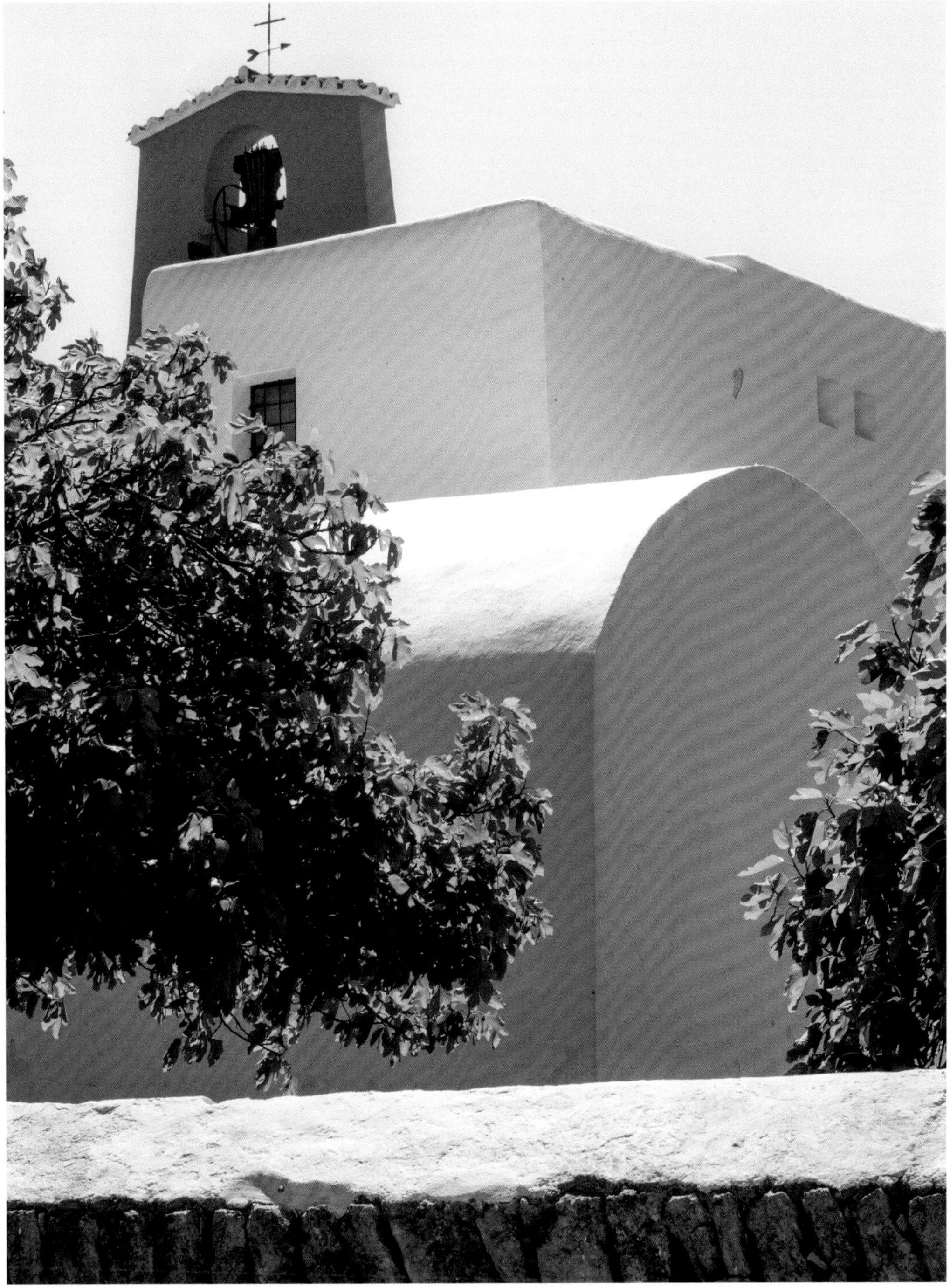

Santa Gertrudis de Fruitera

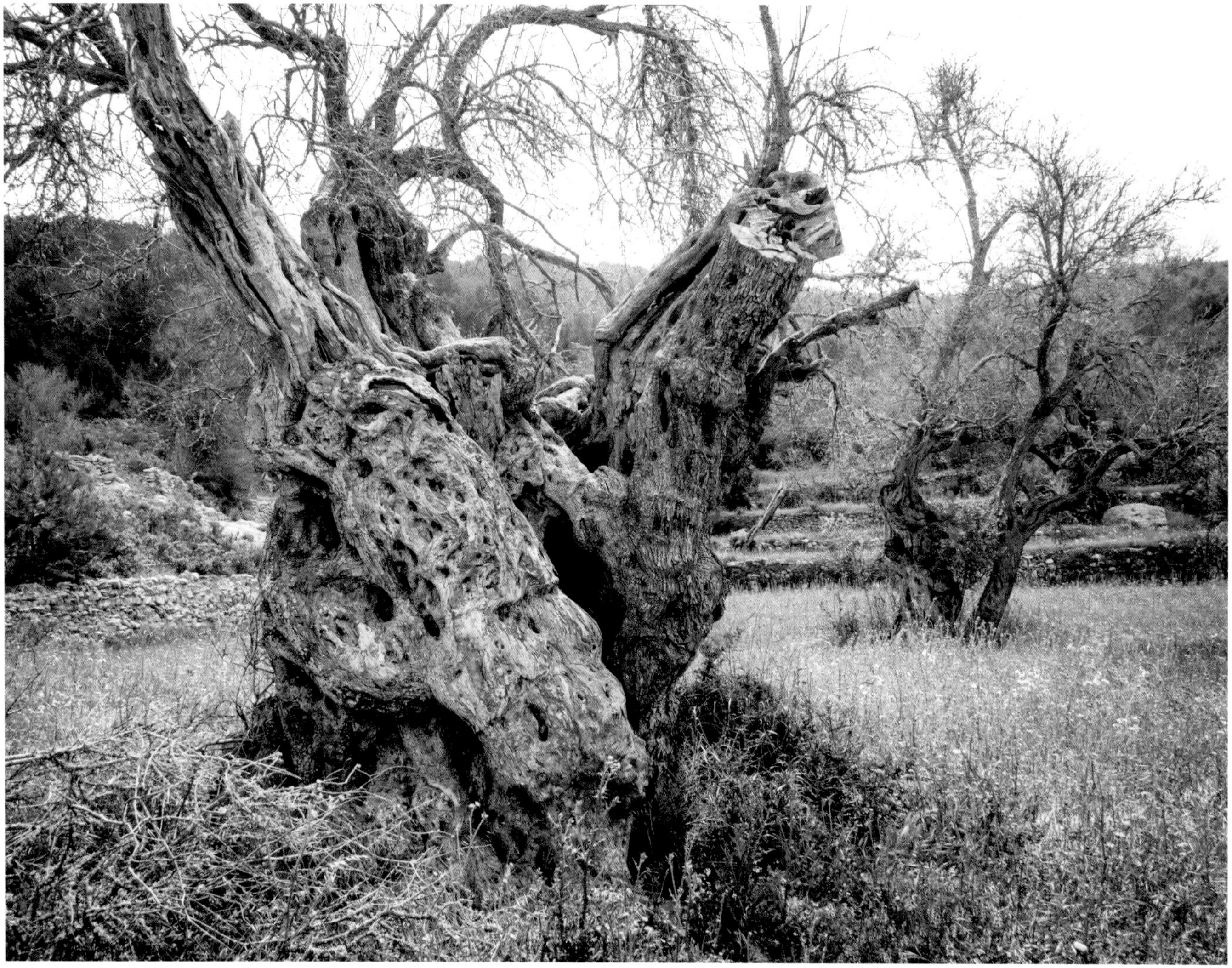

Sant Mateu d'Albarca

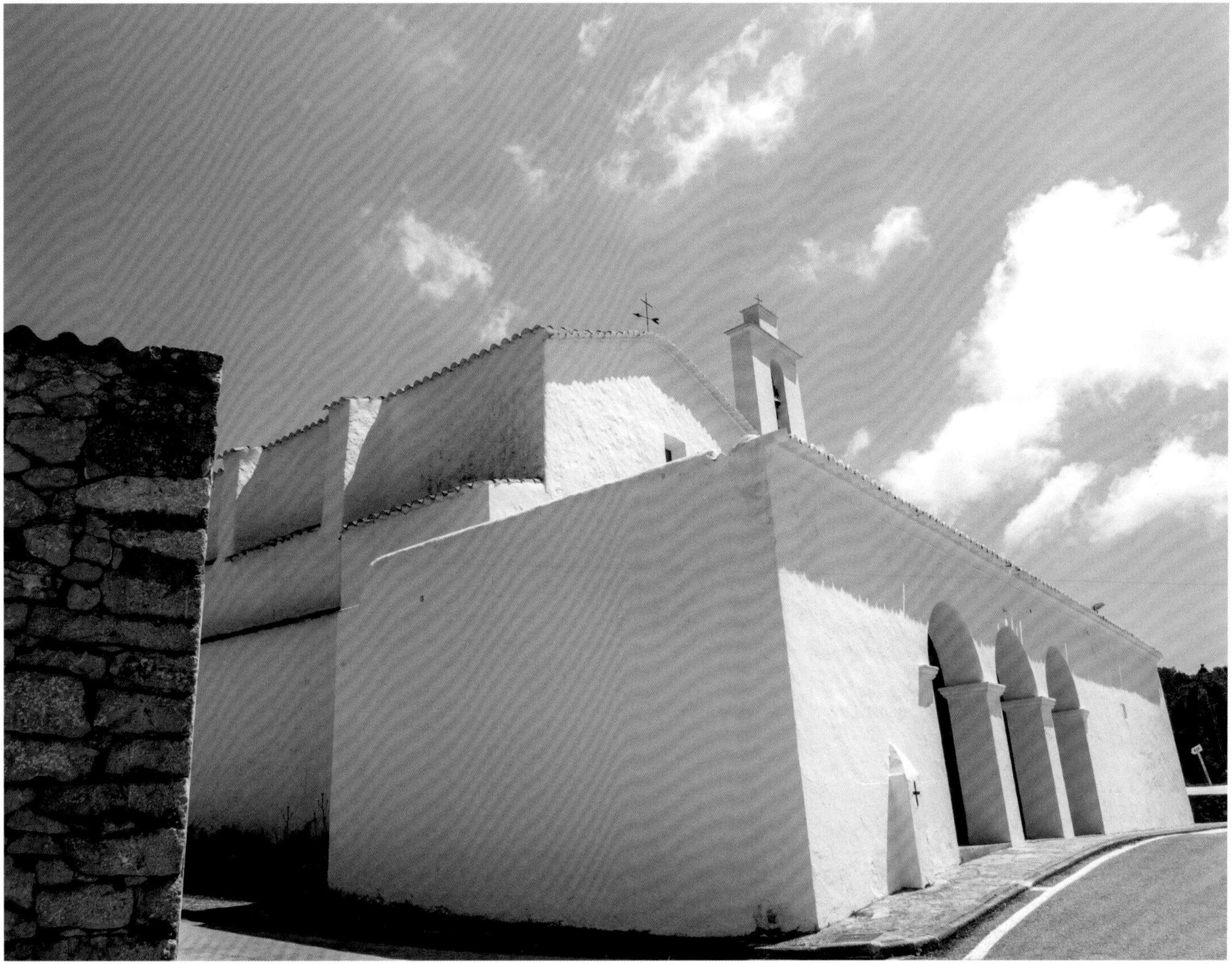

Sant Mateu d'Albarca

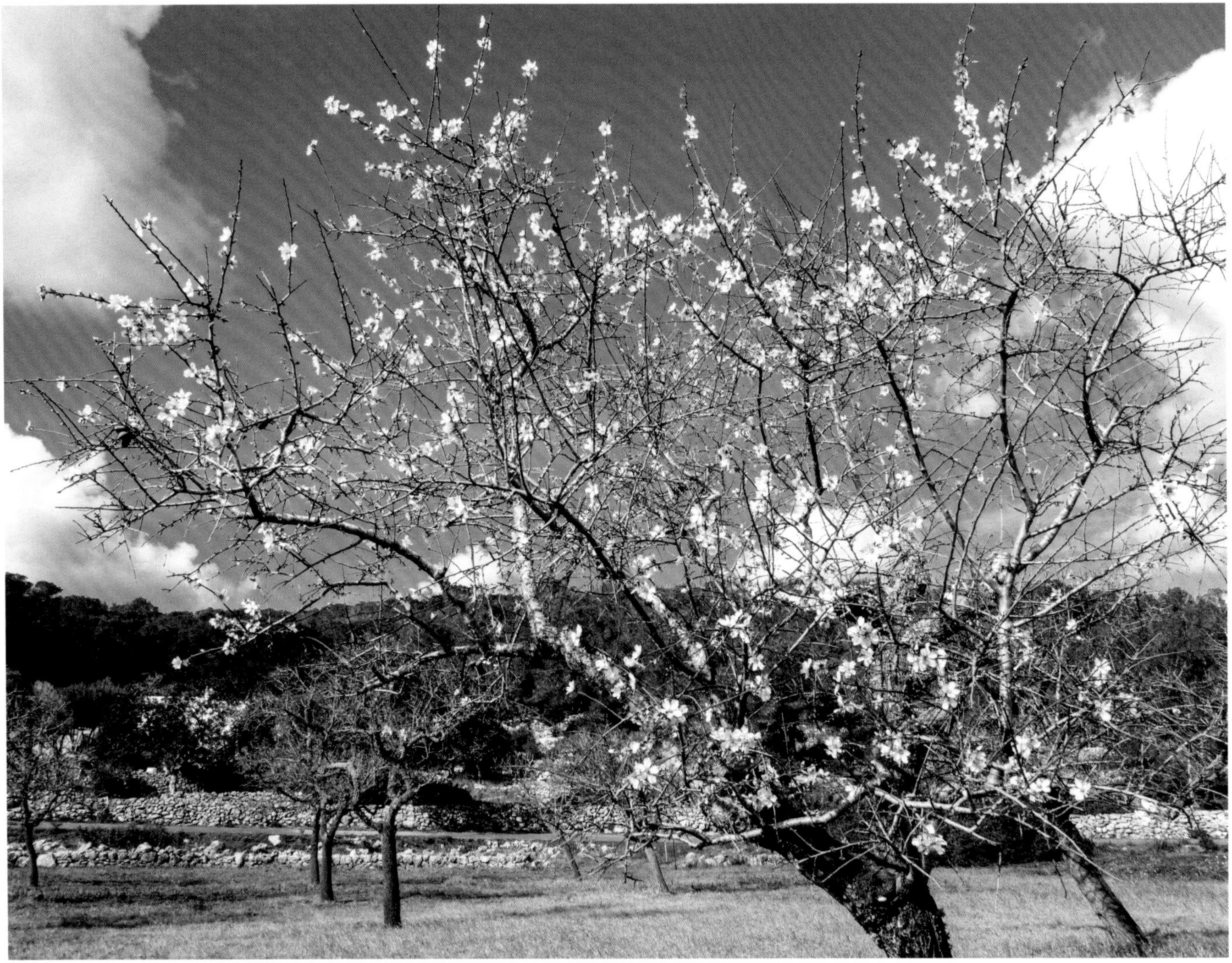

Pla de Corona

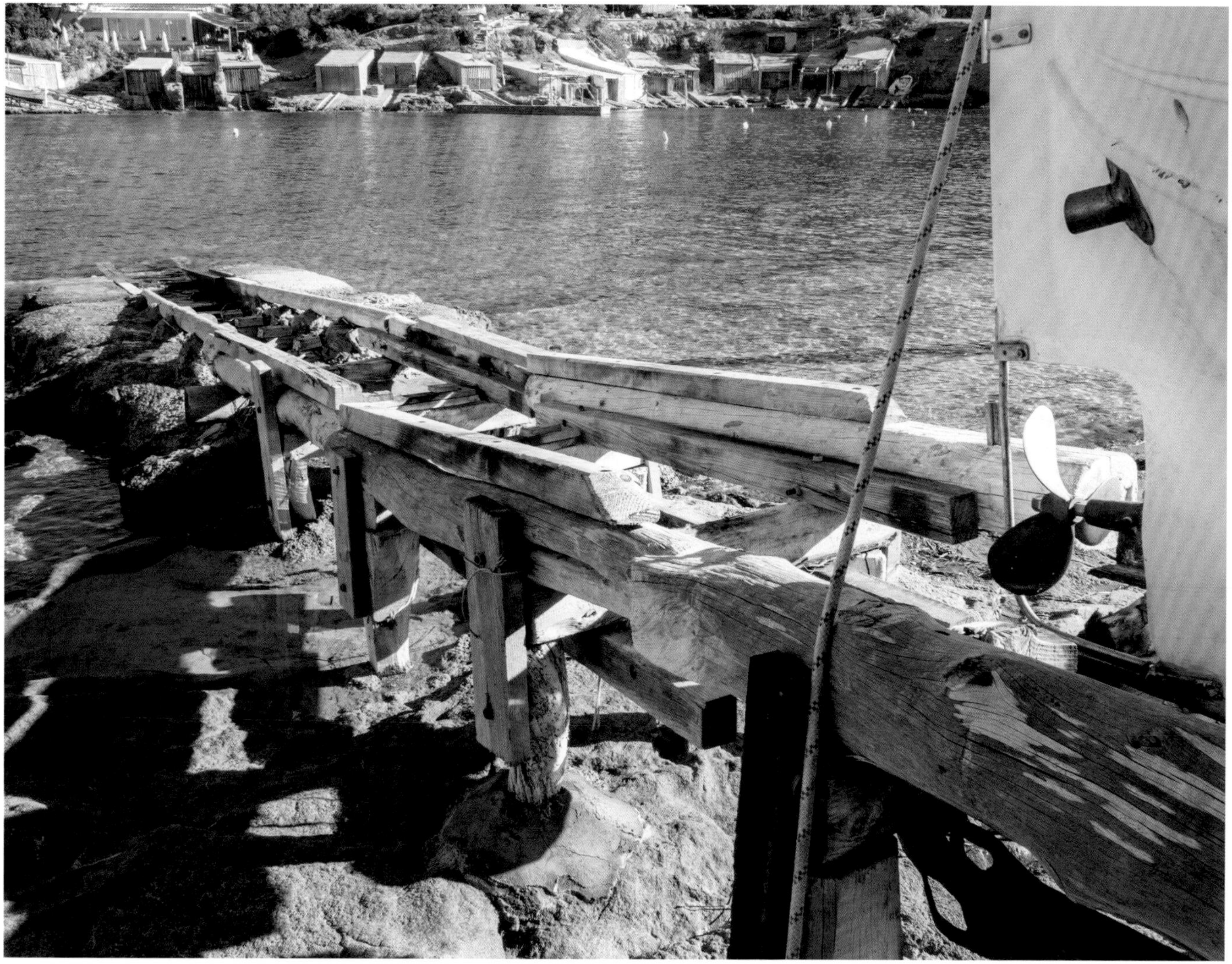

Es Pou des Lleó

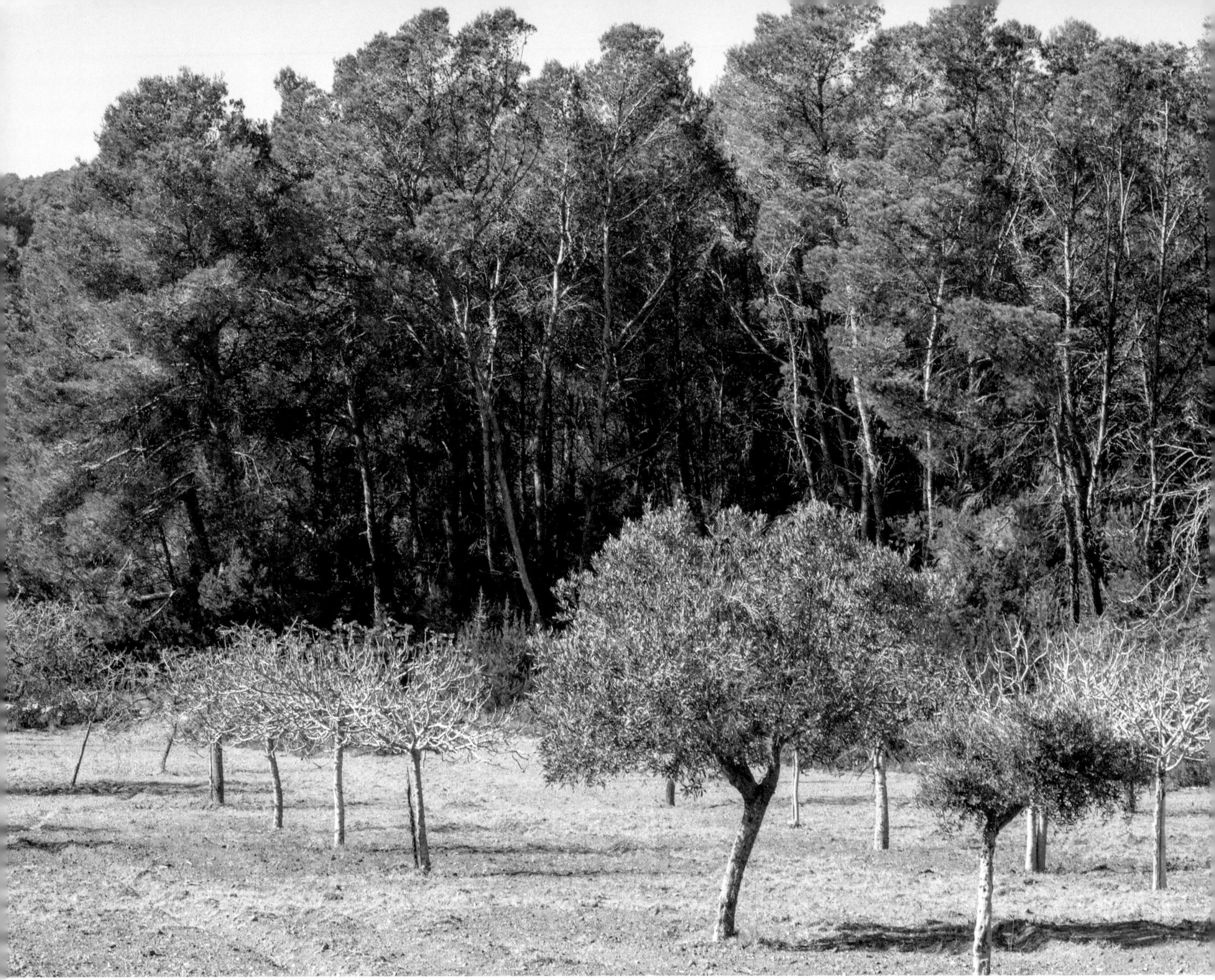

Pla d'Albarca

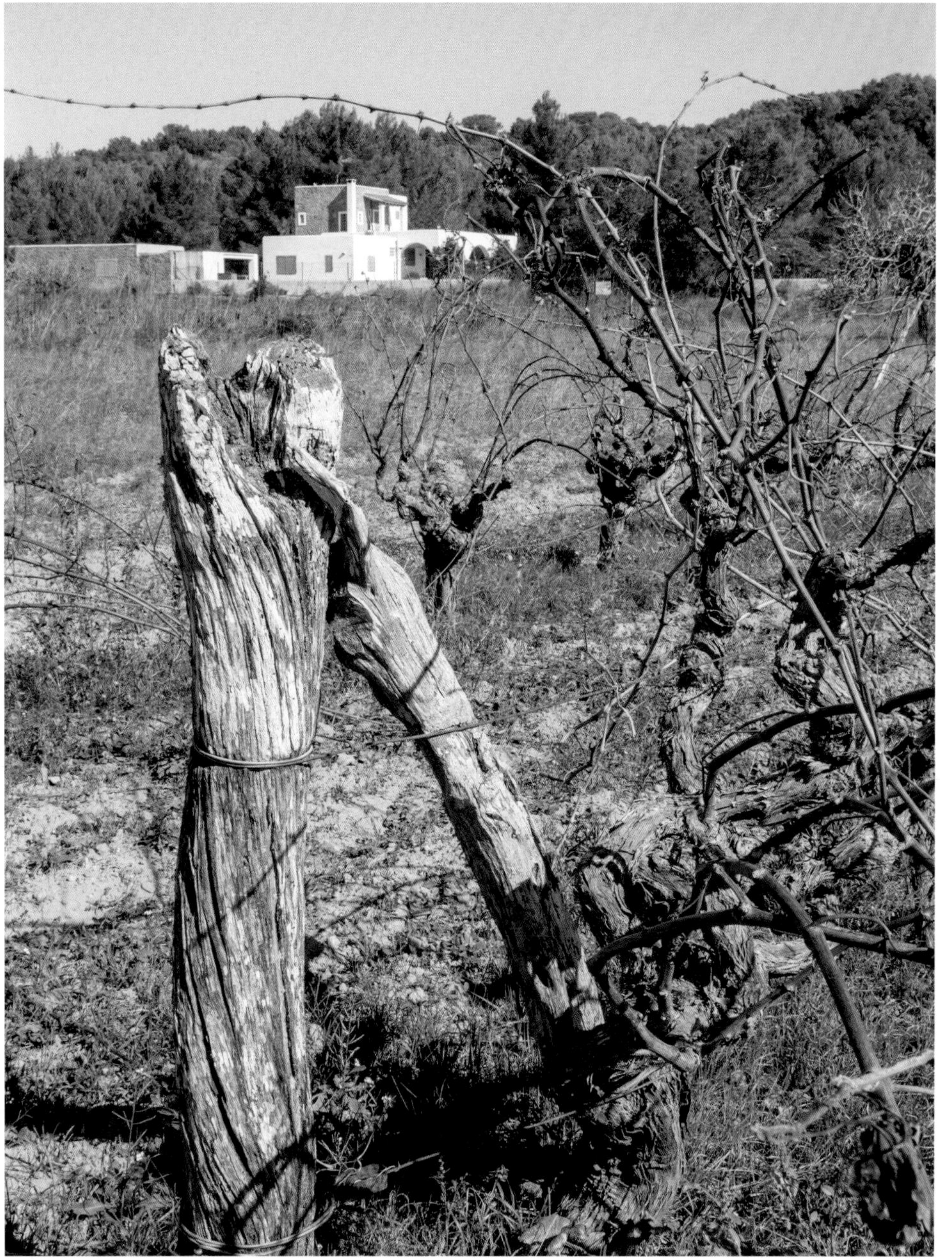

Pla d'Albarca

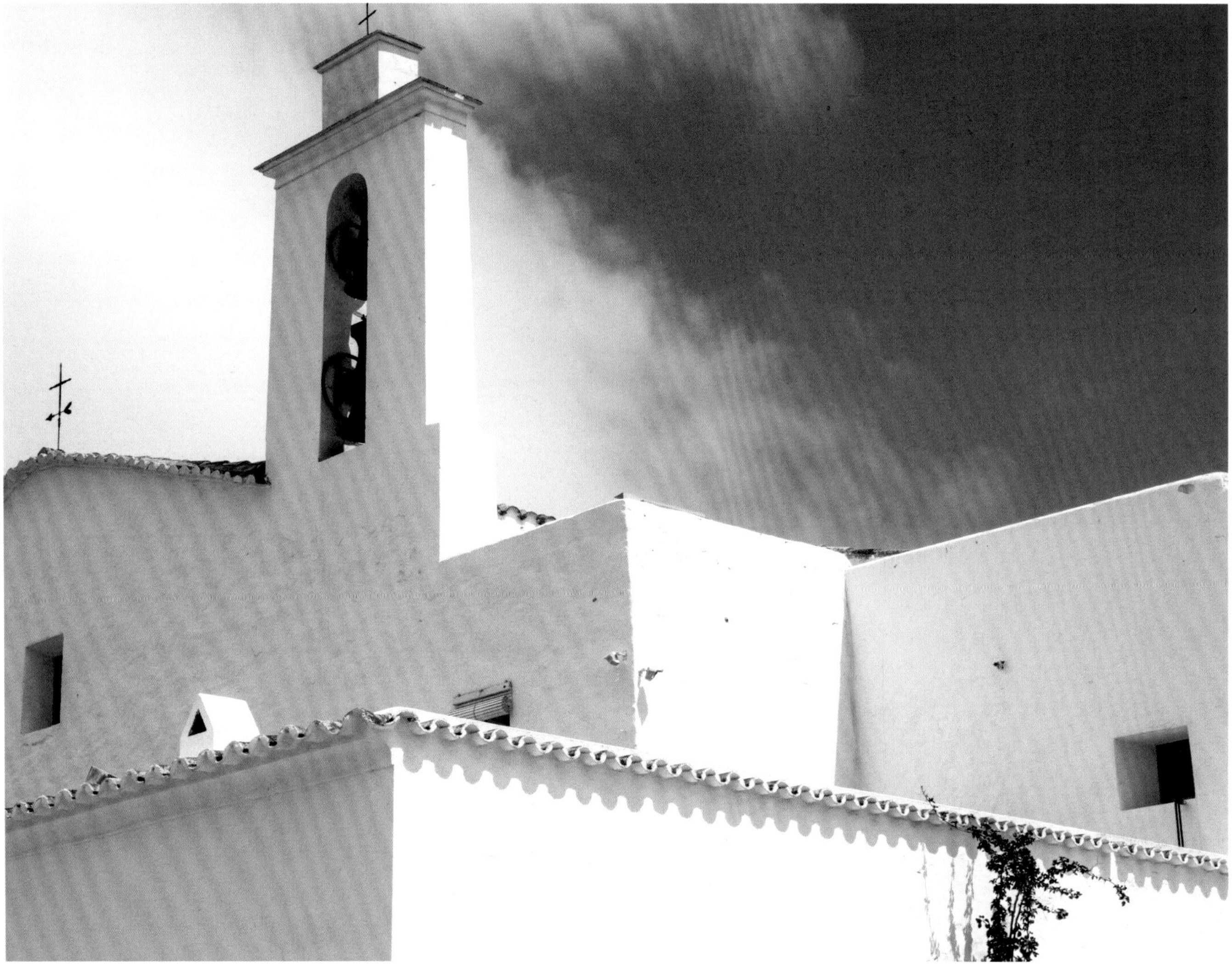

Sant Mateu d'Albarca

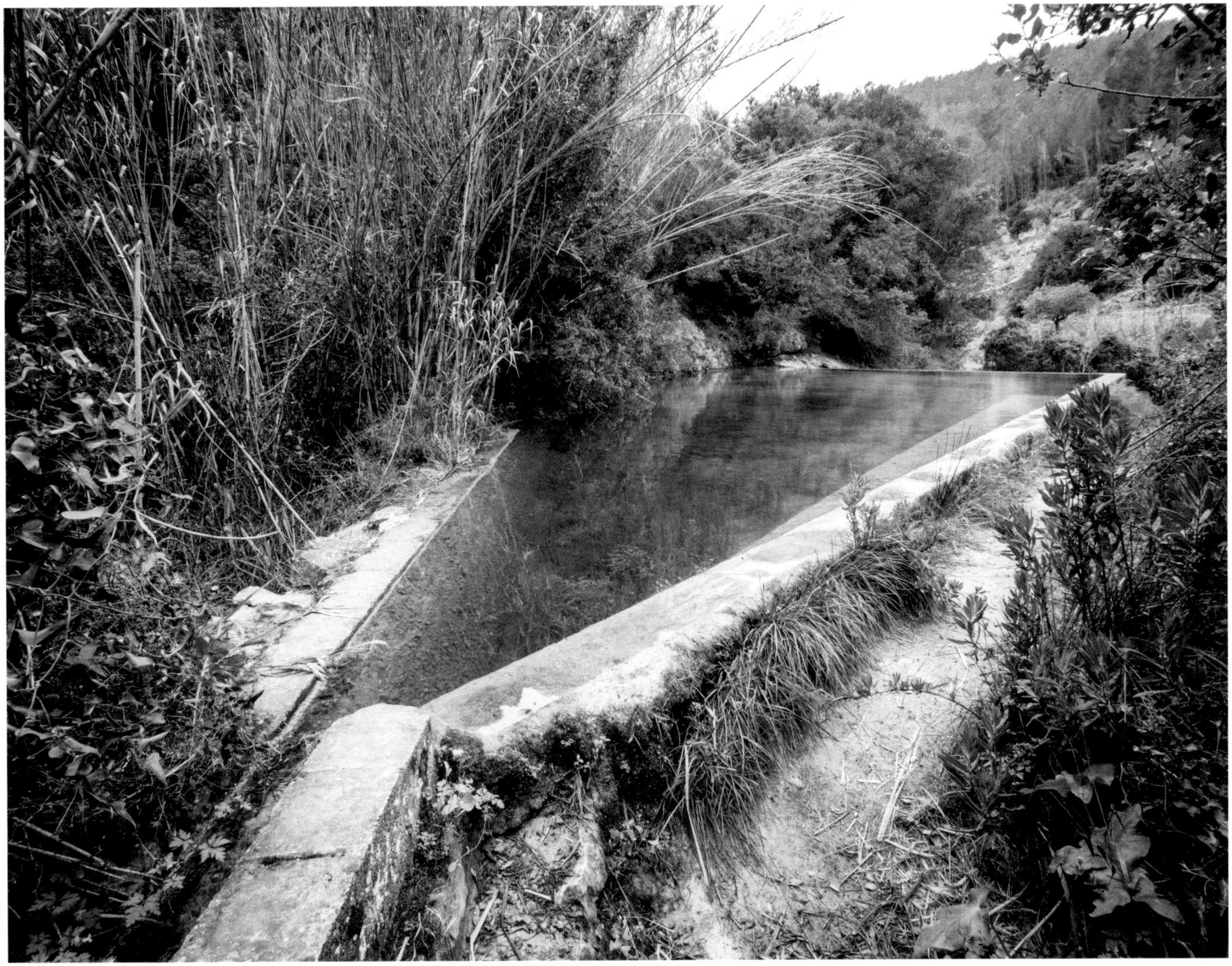

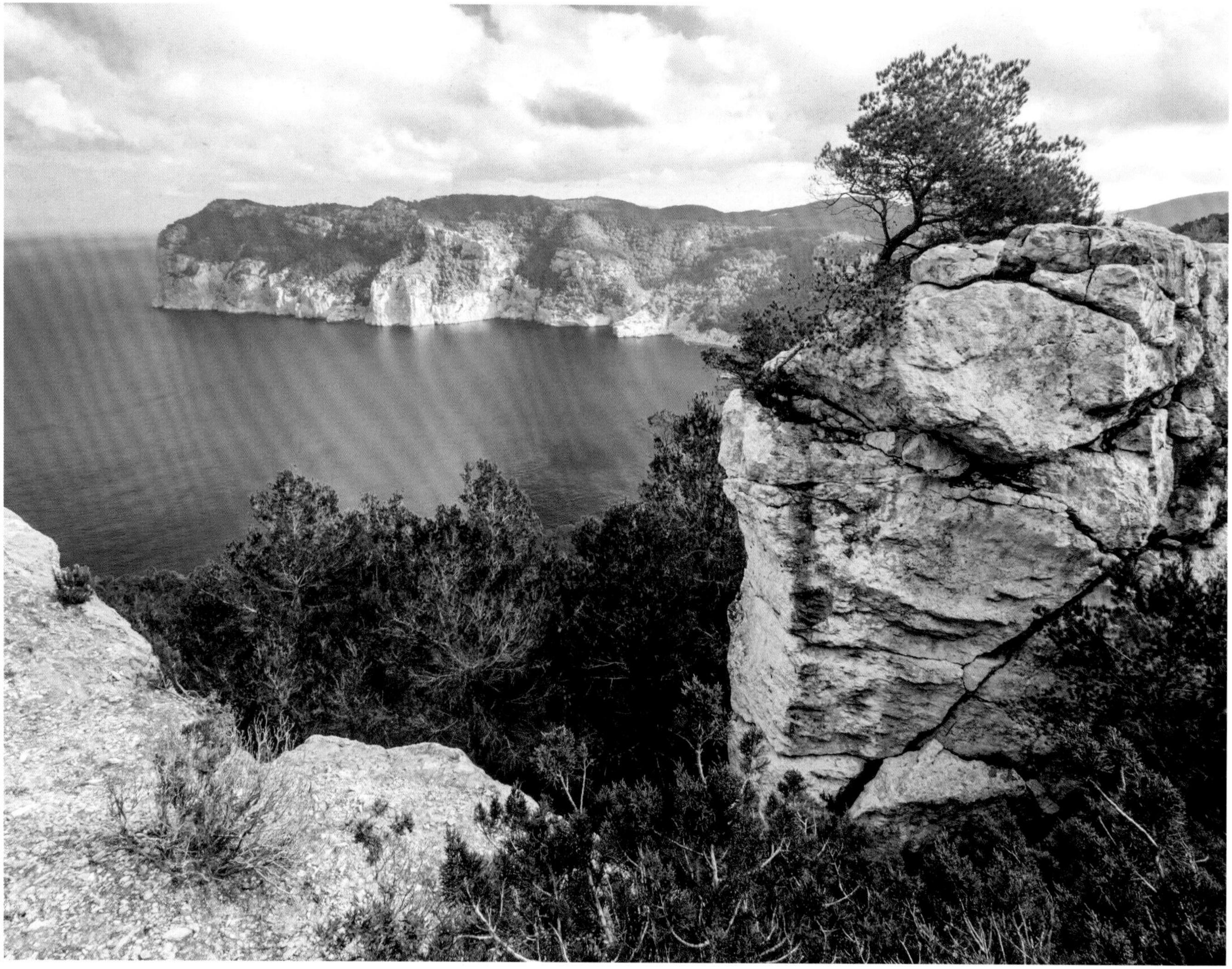

Es Alls. Cap des Rubió

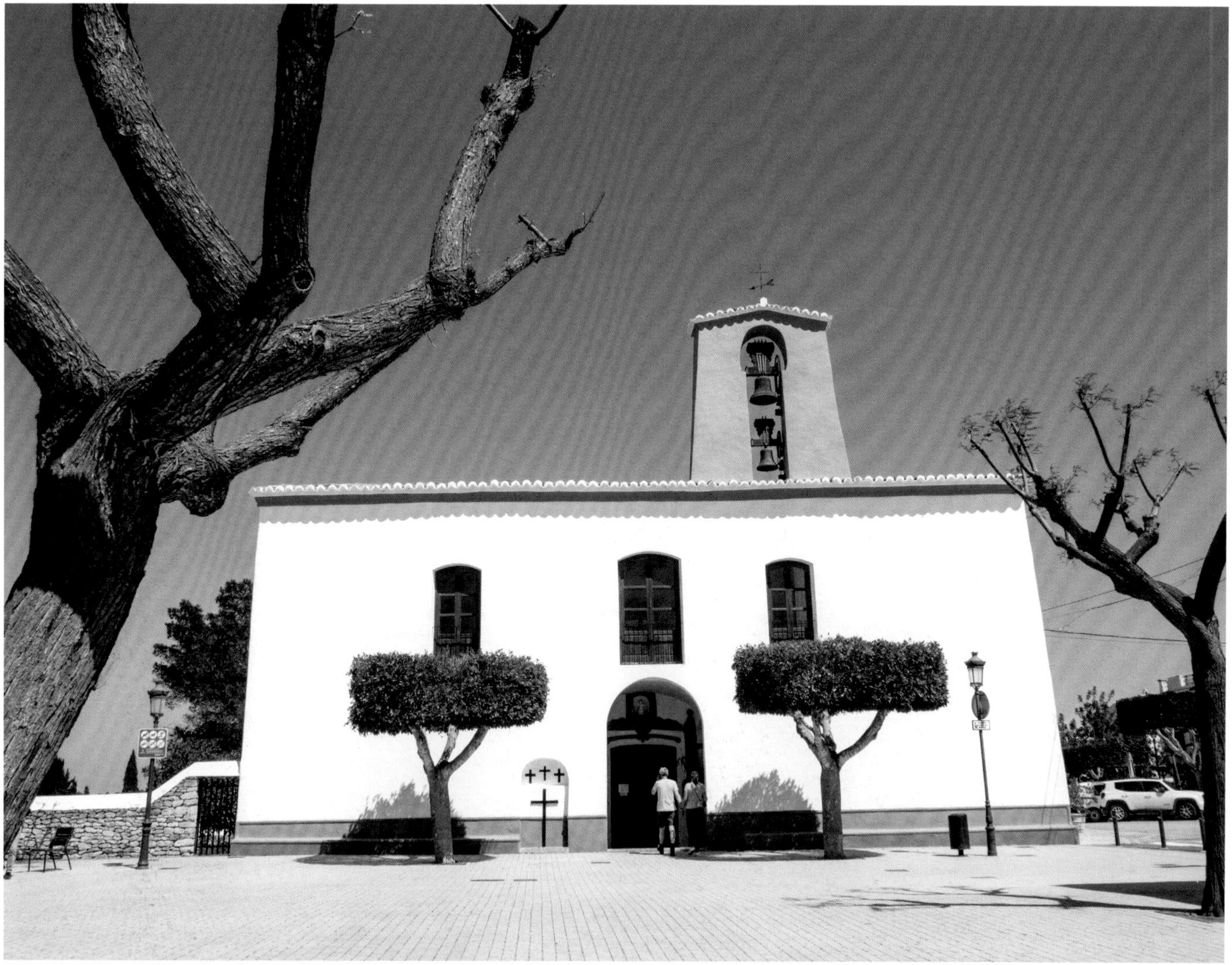

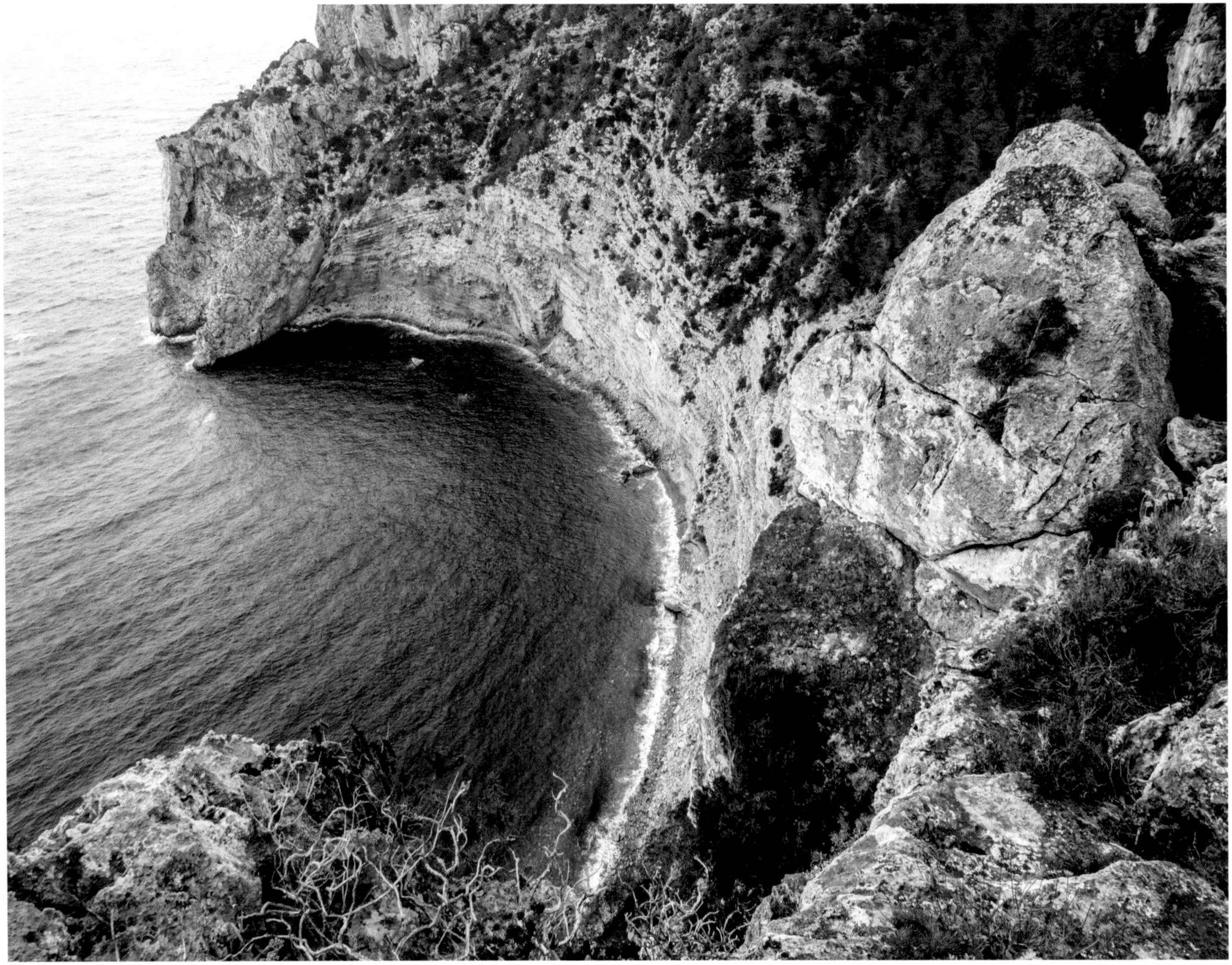

Ses Balandres

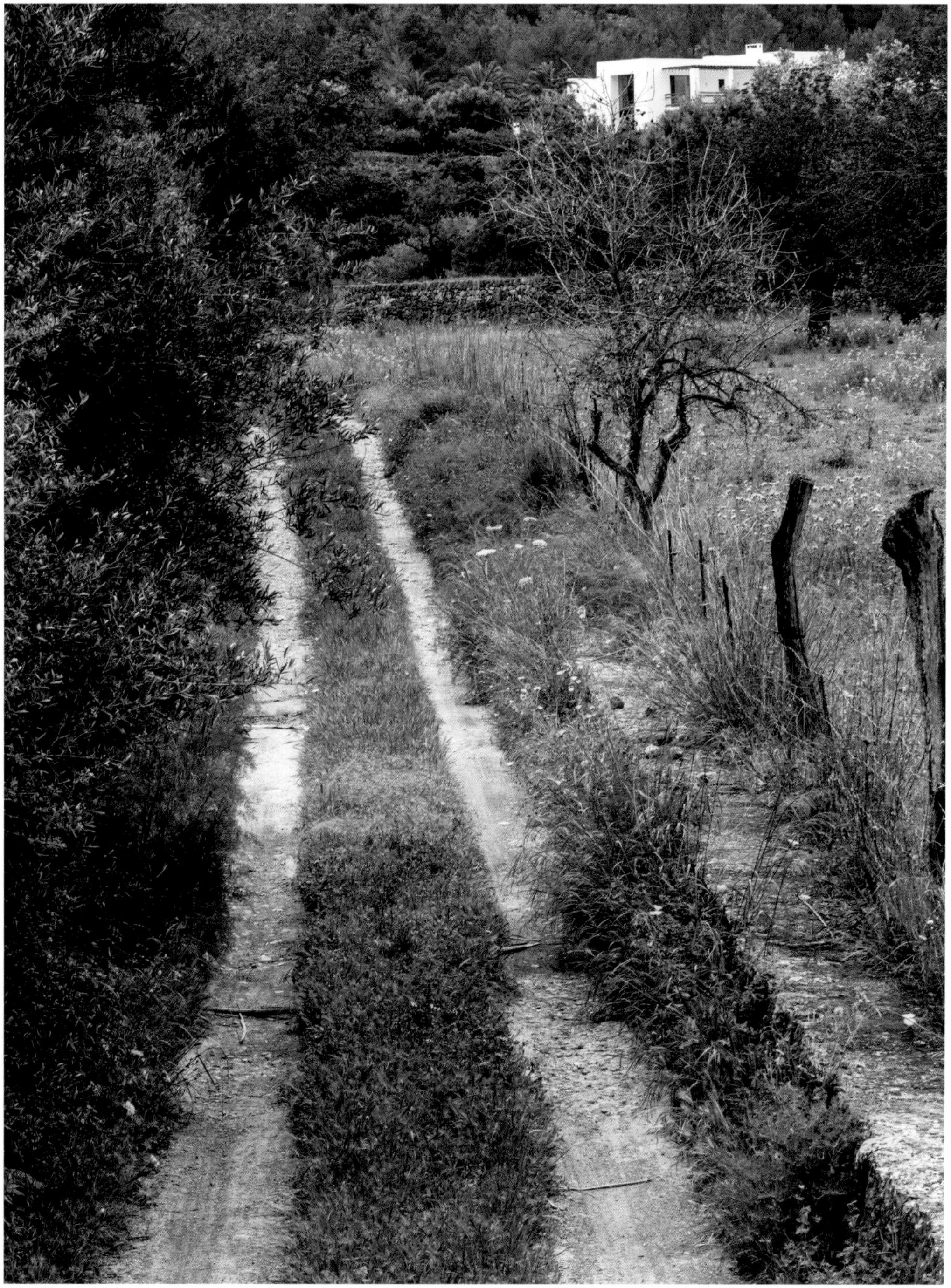

Buscastell

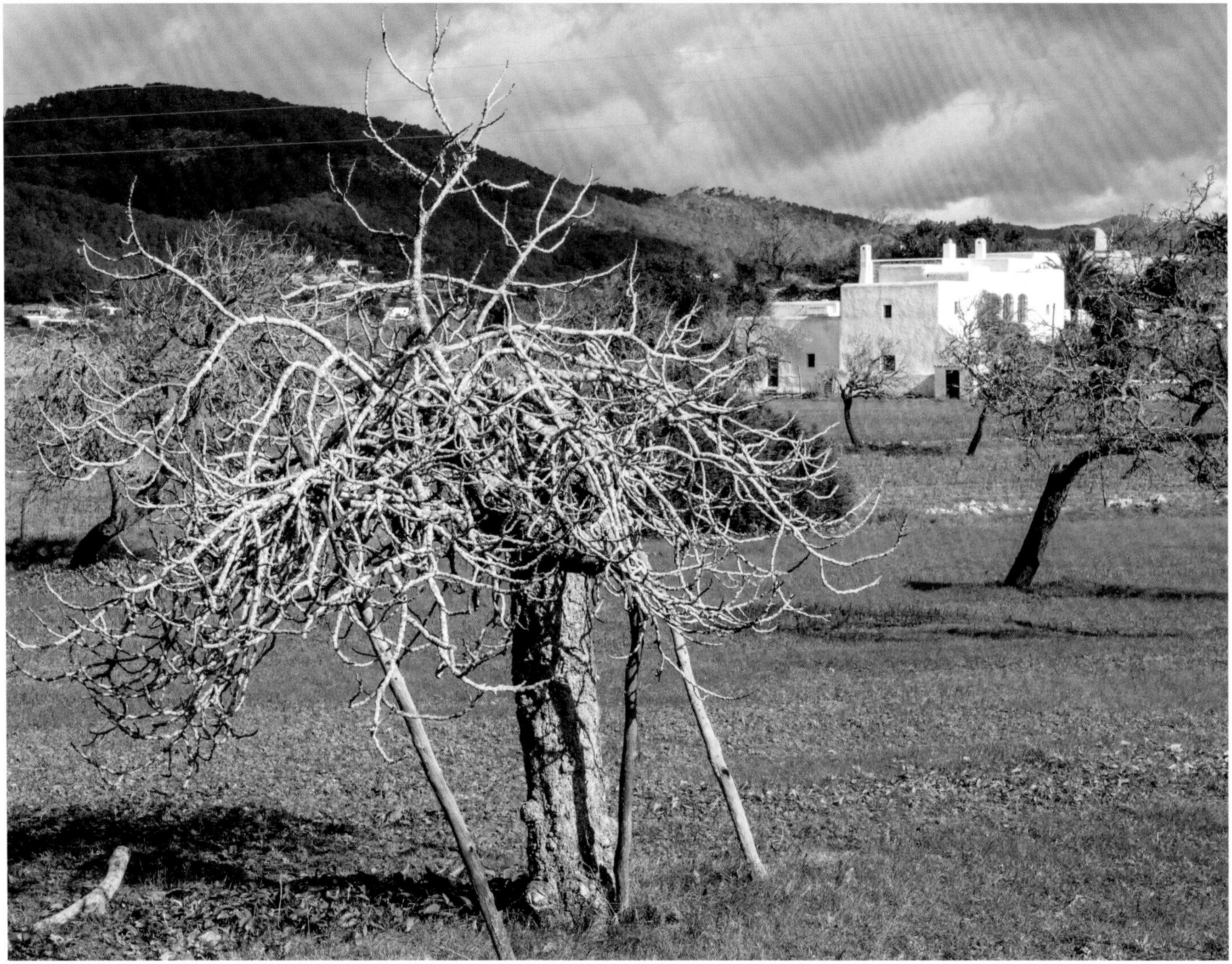

Pla de Corona

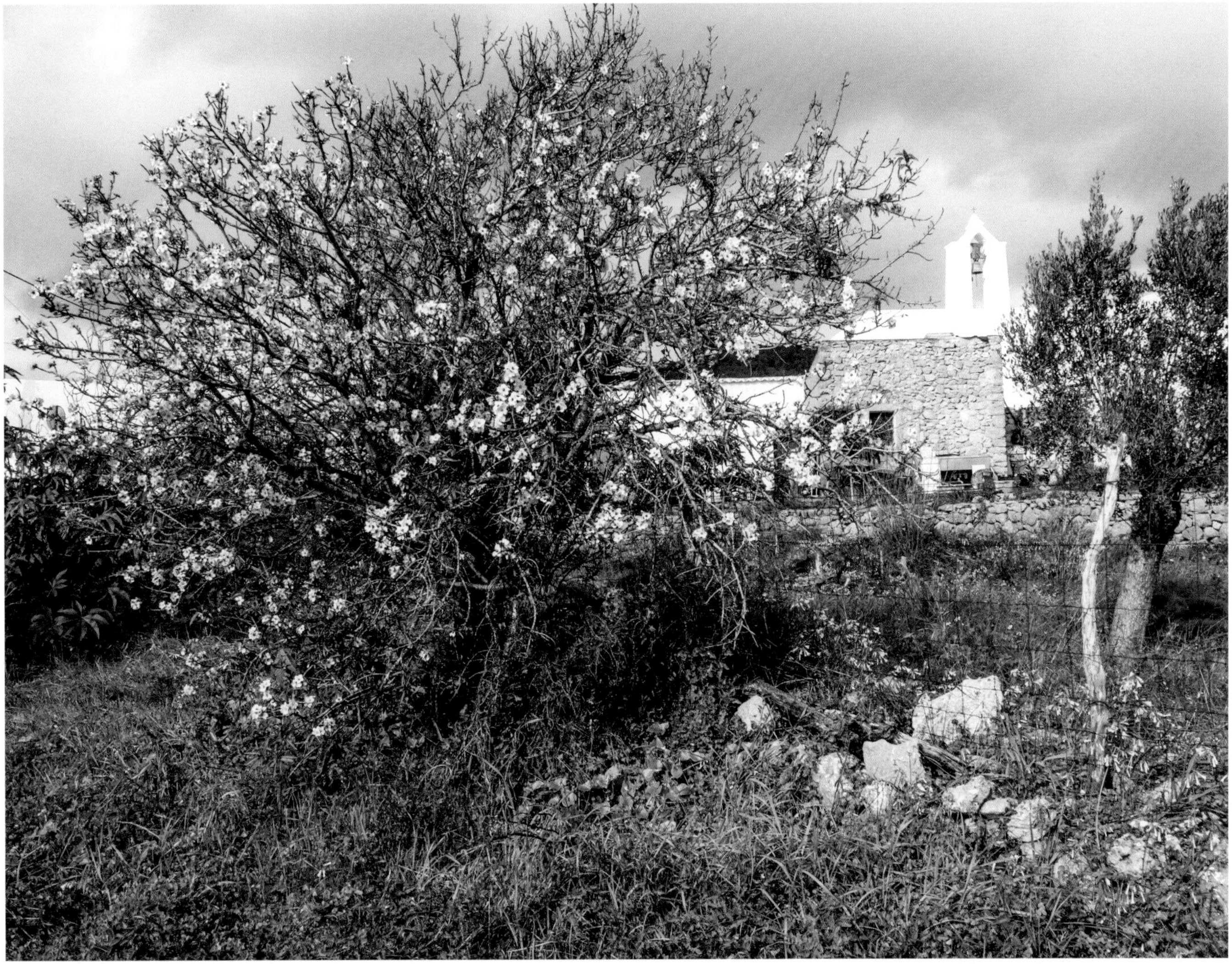

Santa Agnès de Corona

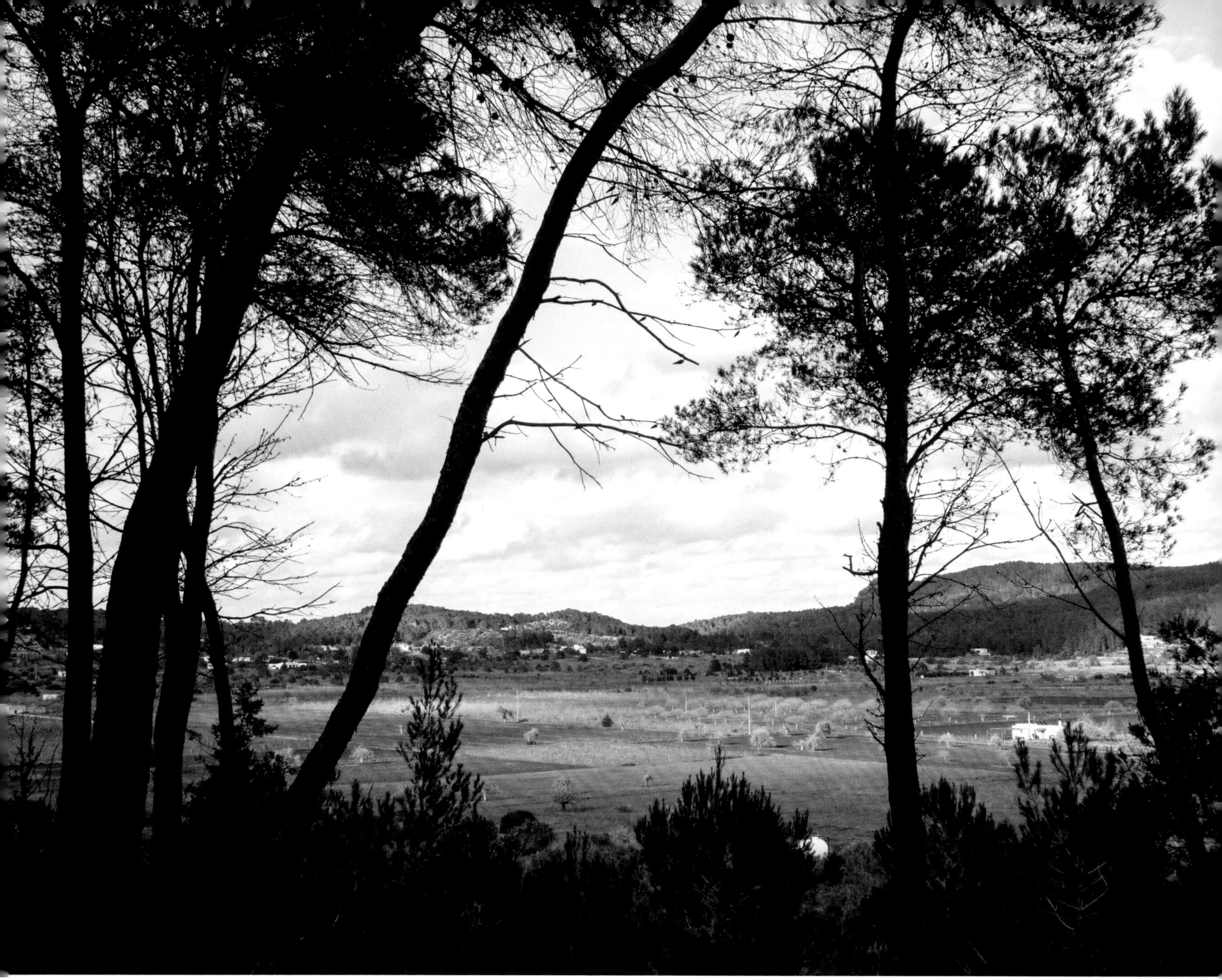

Pla de Corona

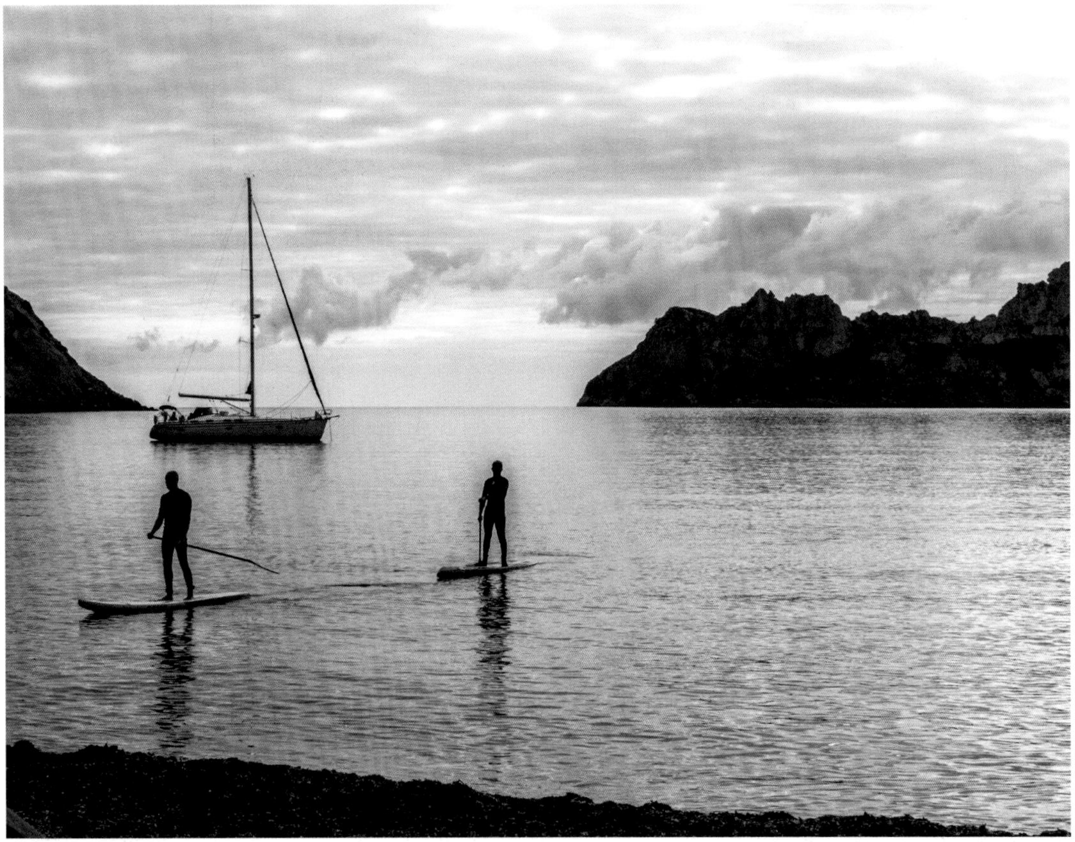

Cala d'Hort

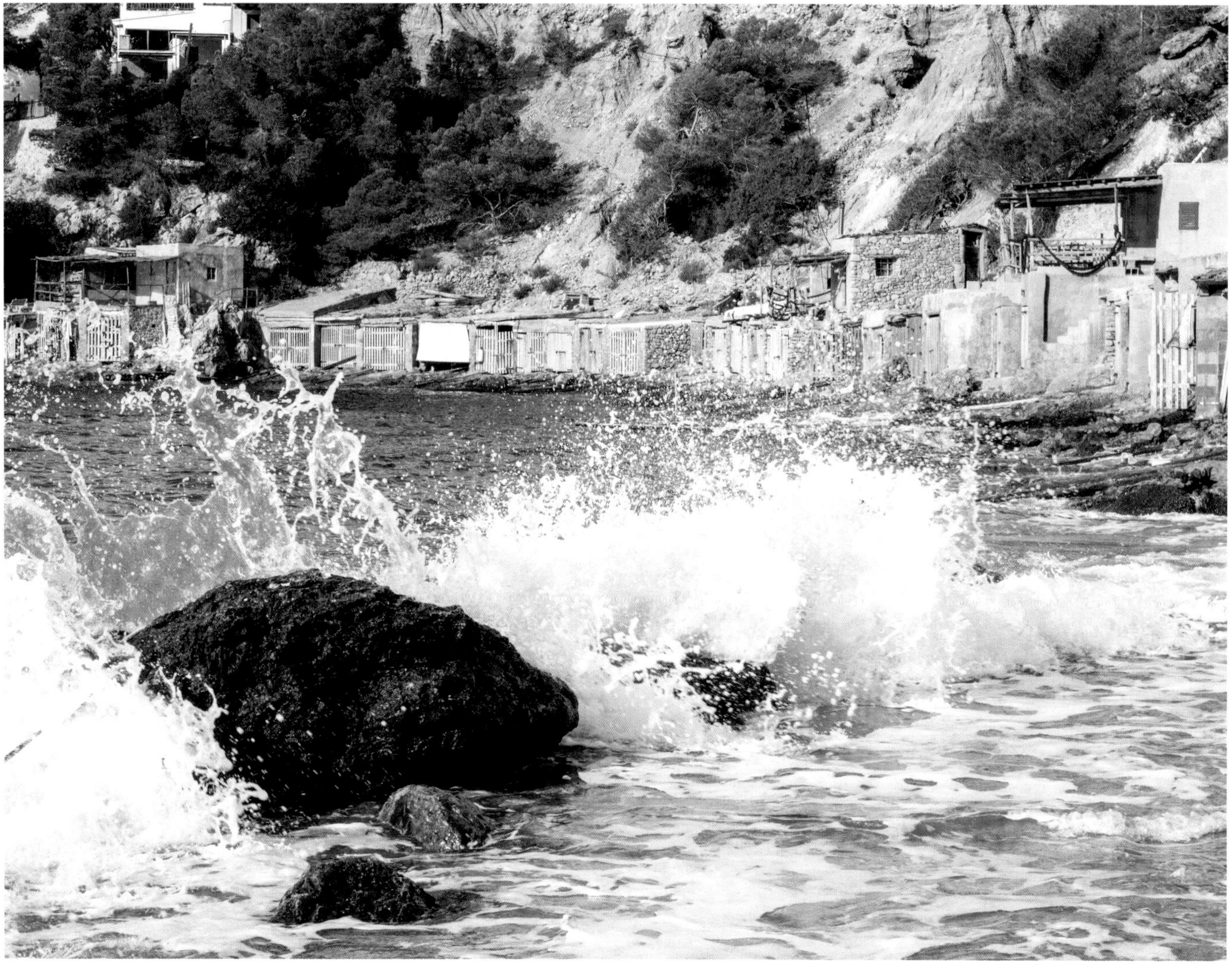

Cala d'Hort

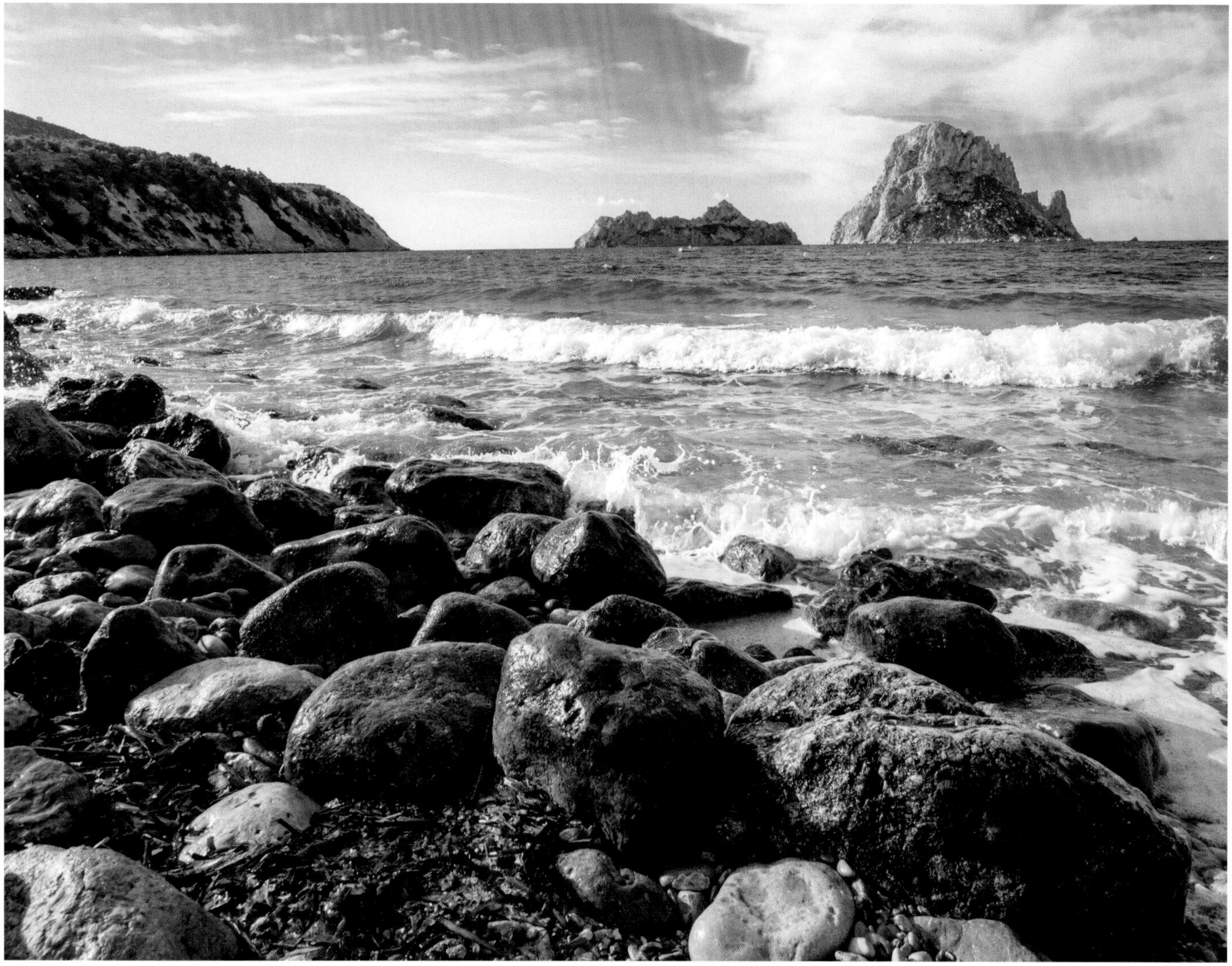

Cala d'Hort

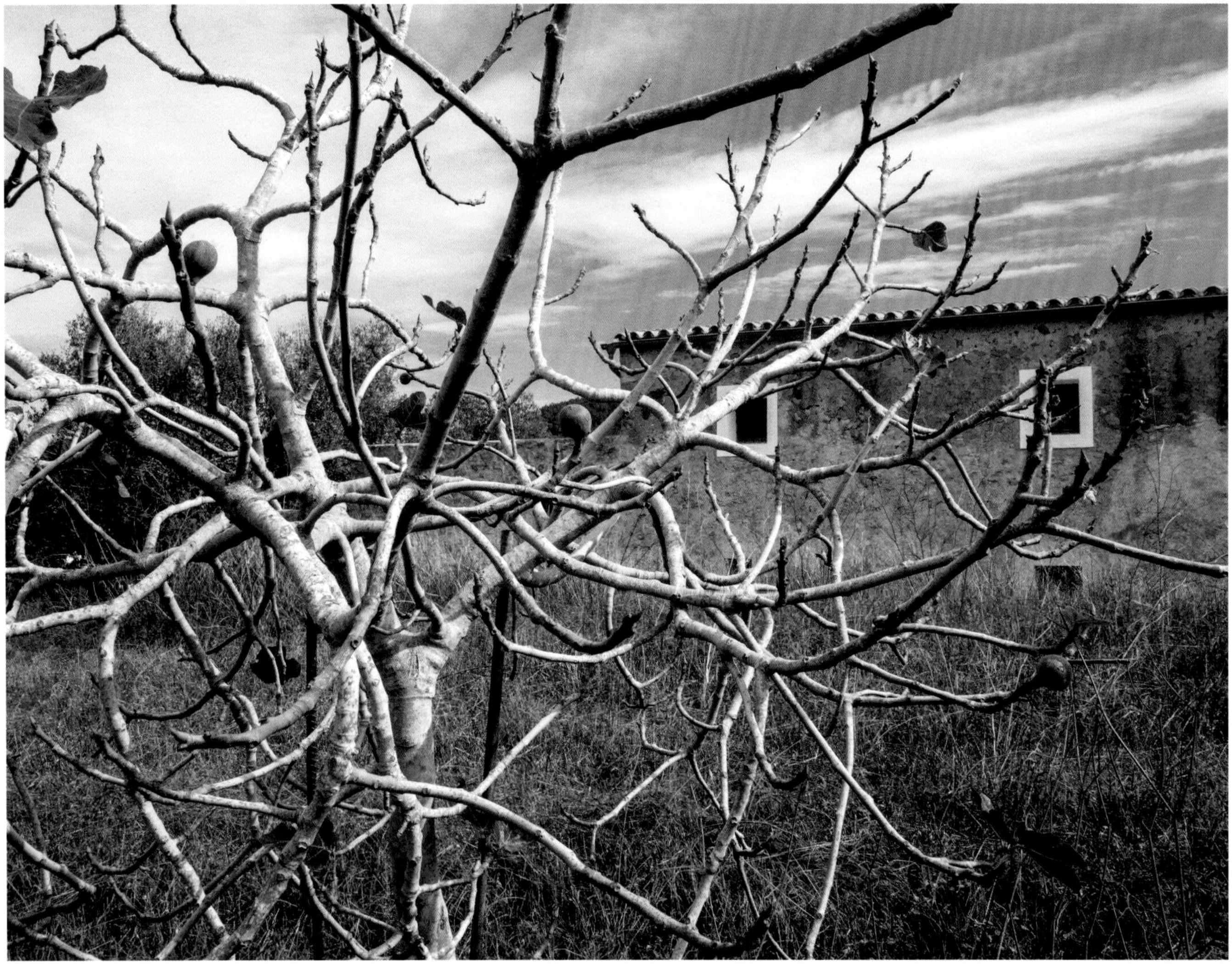

Casa pagesa

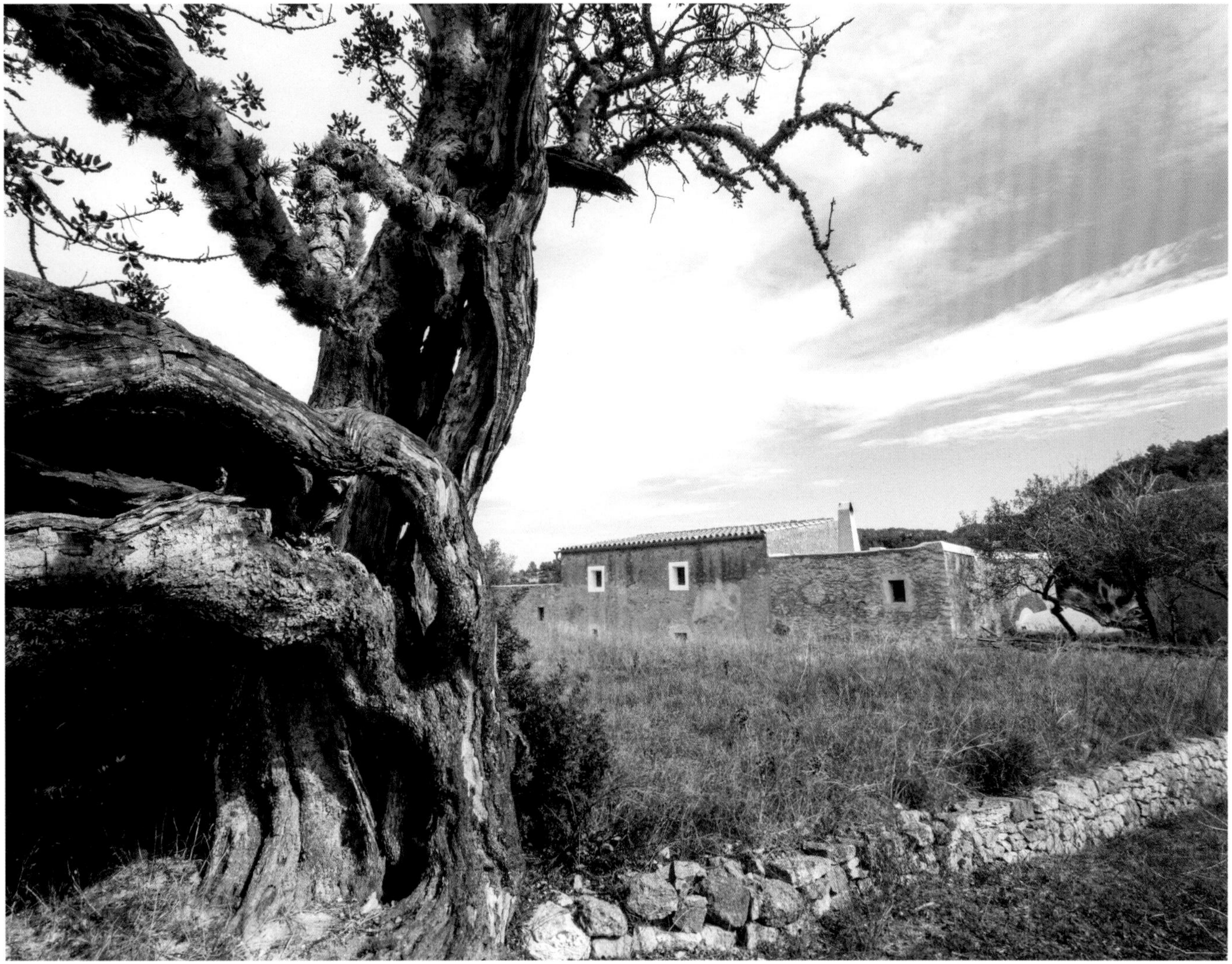

Casa pagesa

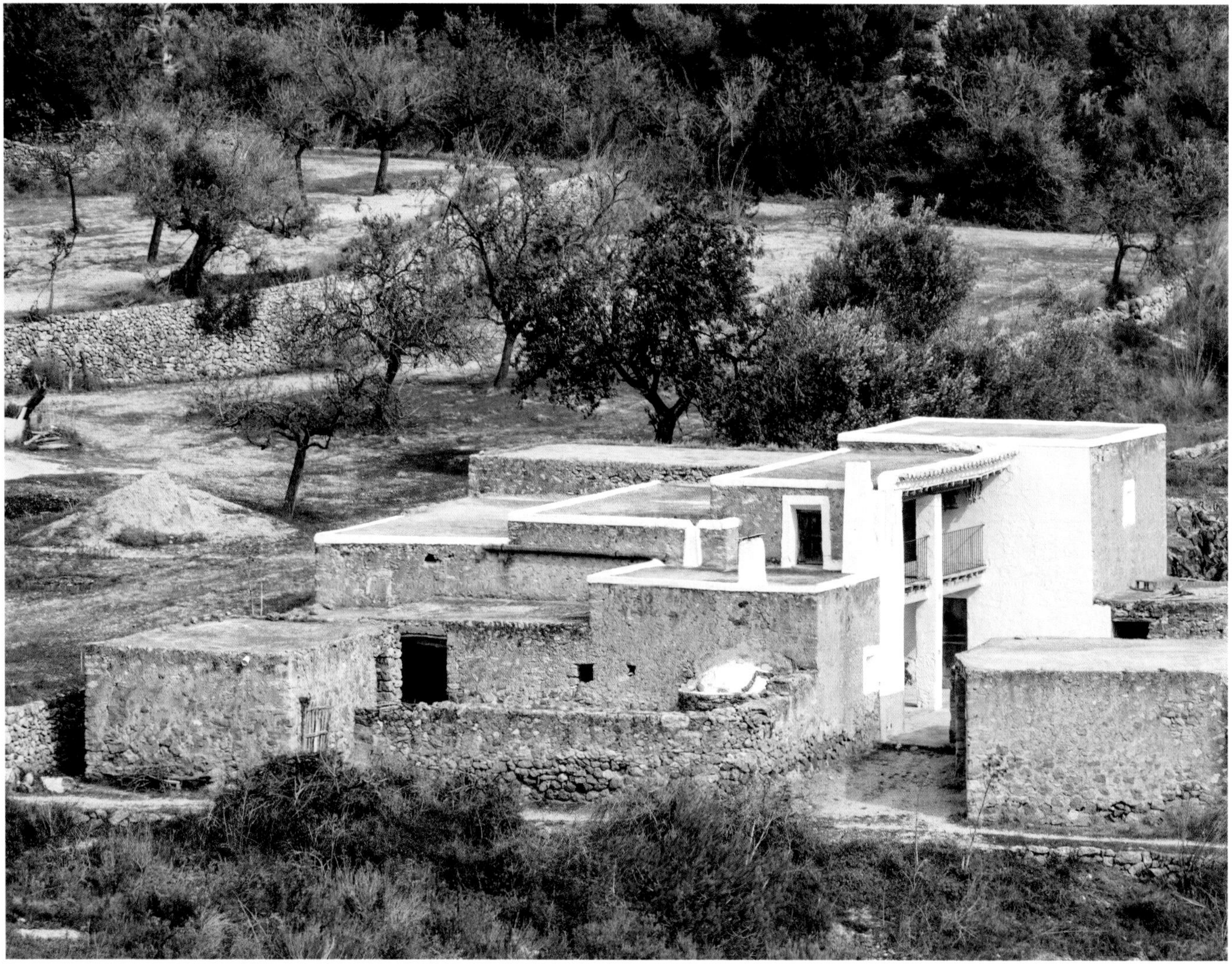

Ca na Rosa

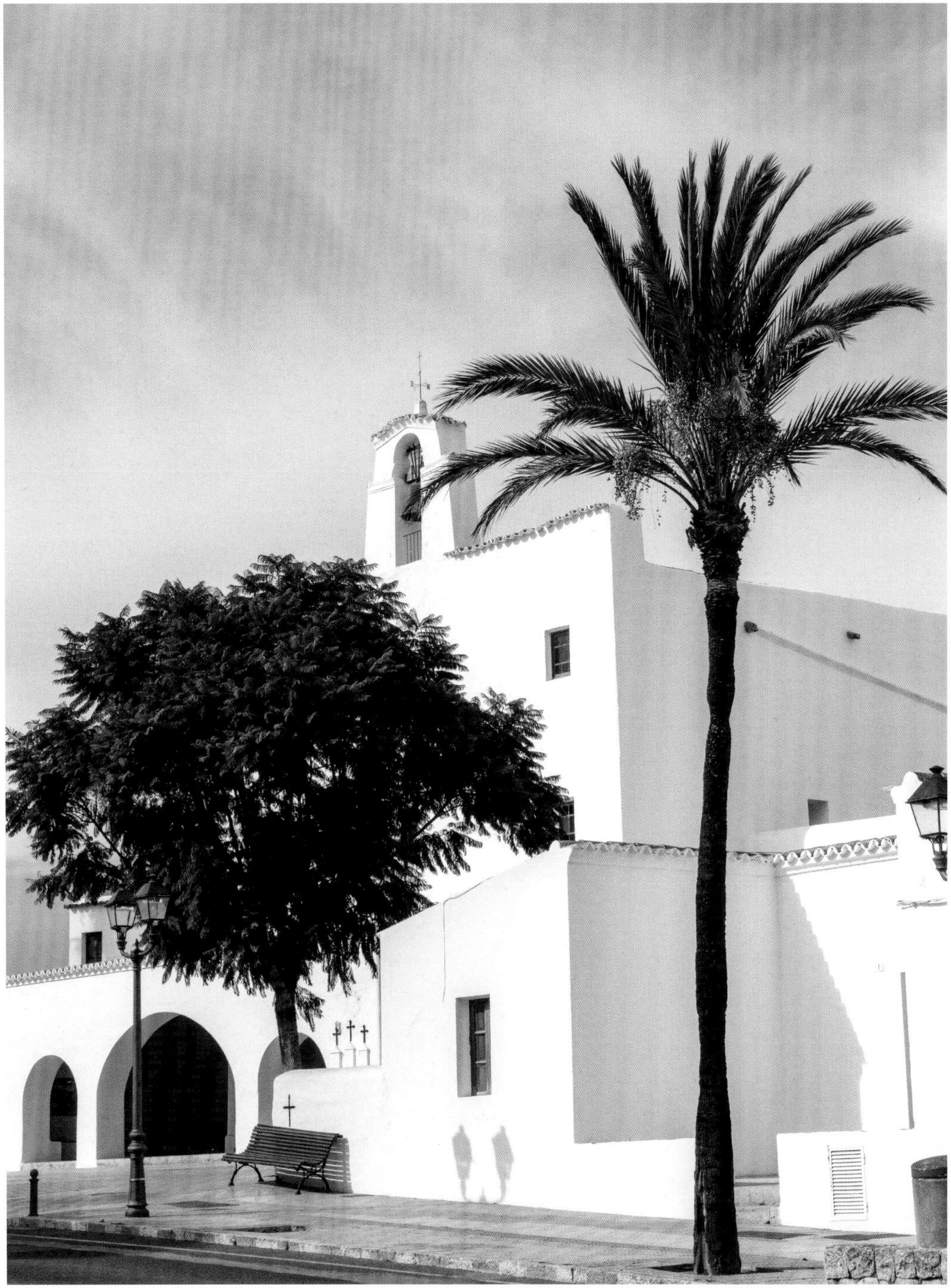

Sant Josep de sa Talaia

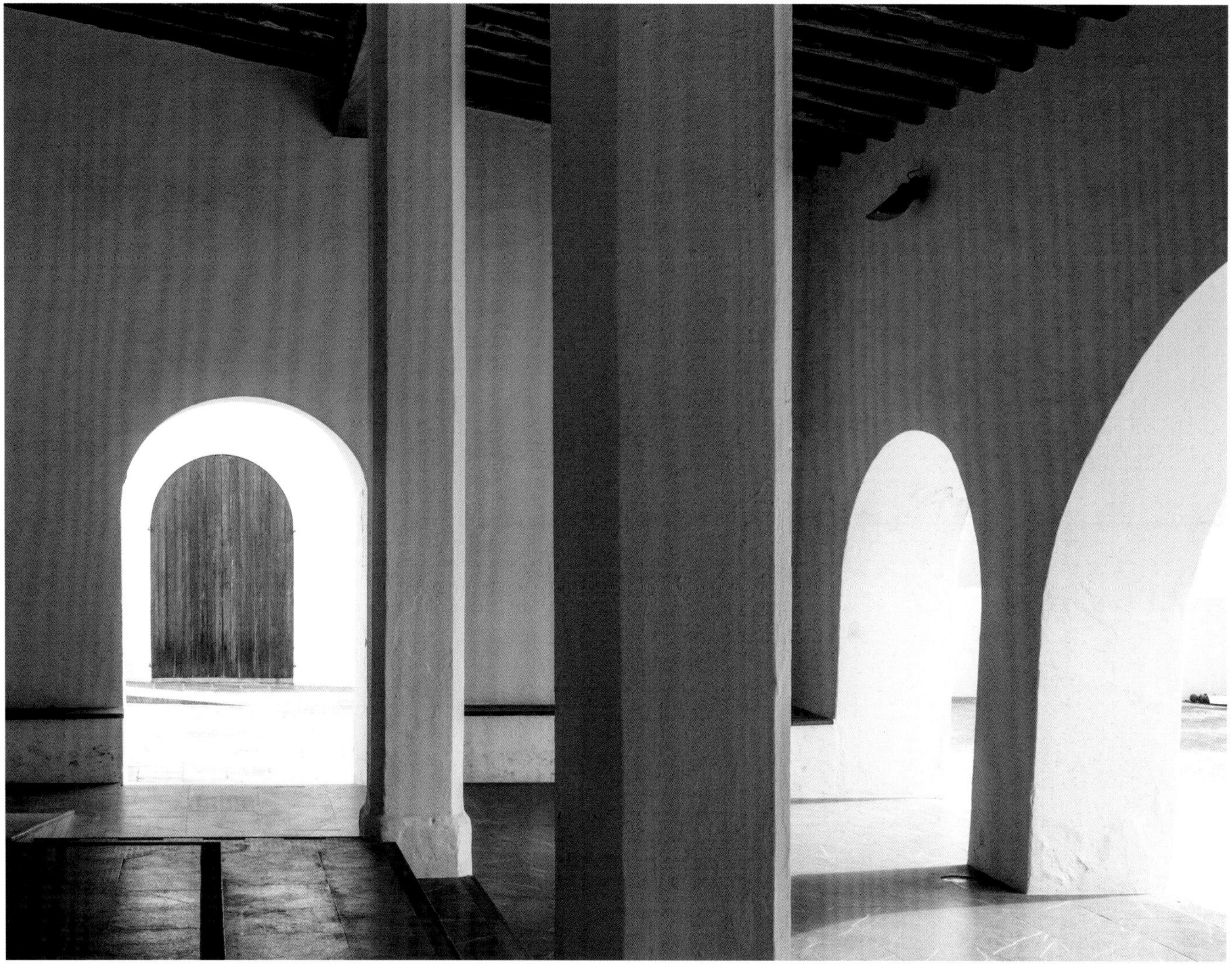

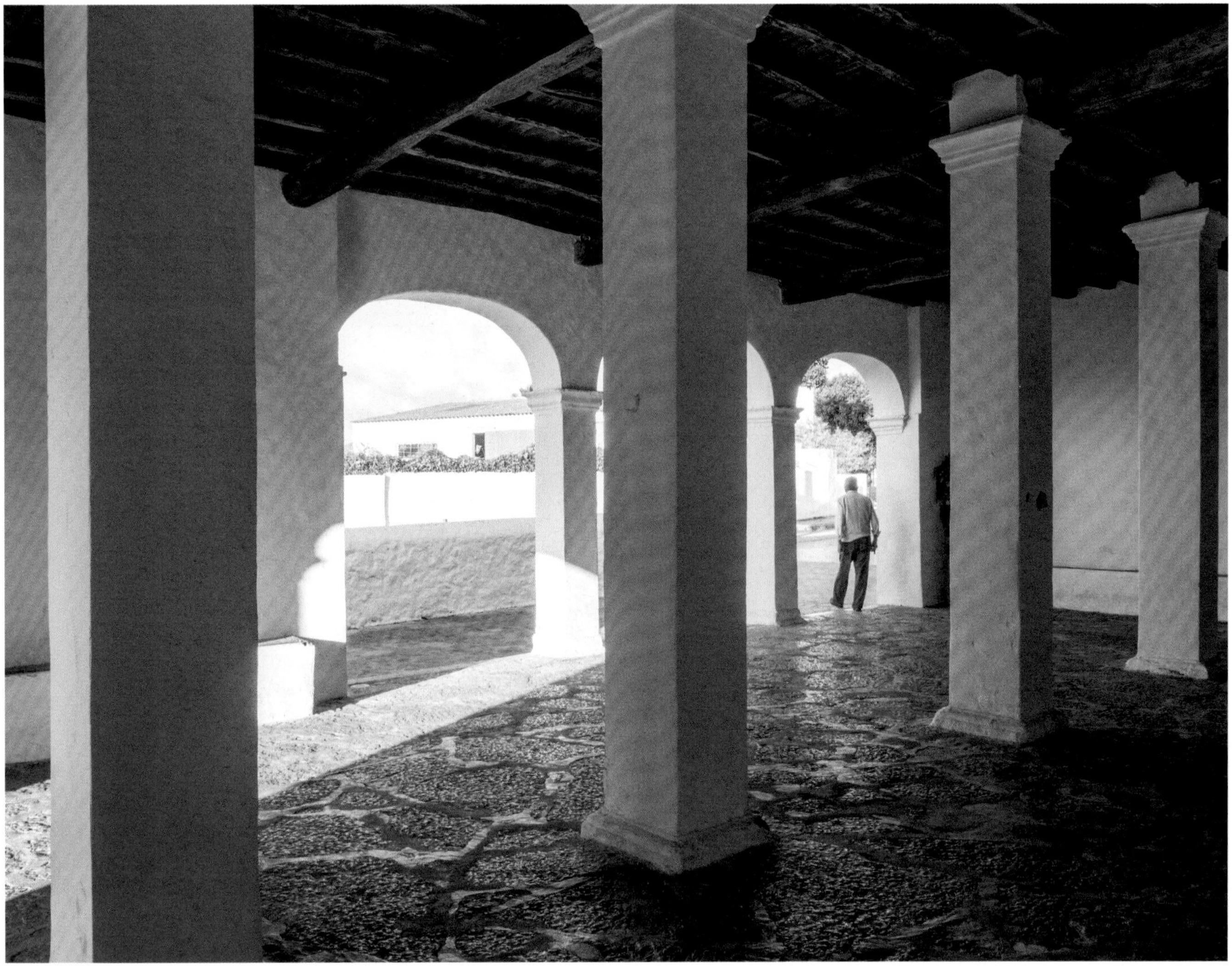

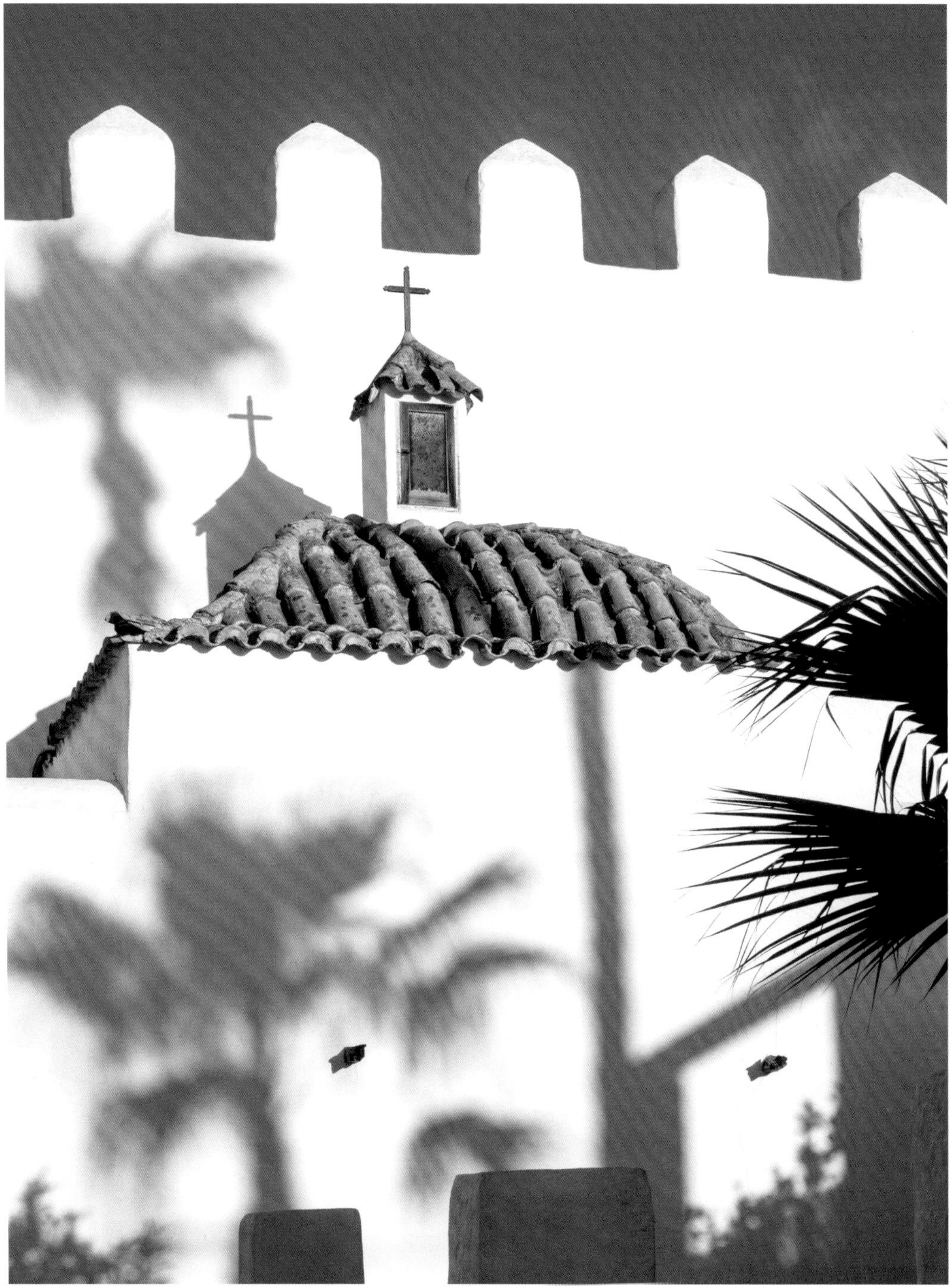

Sant Jordi de ses Salines

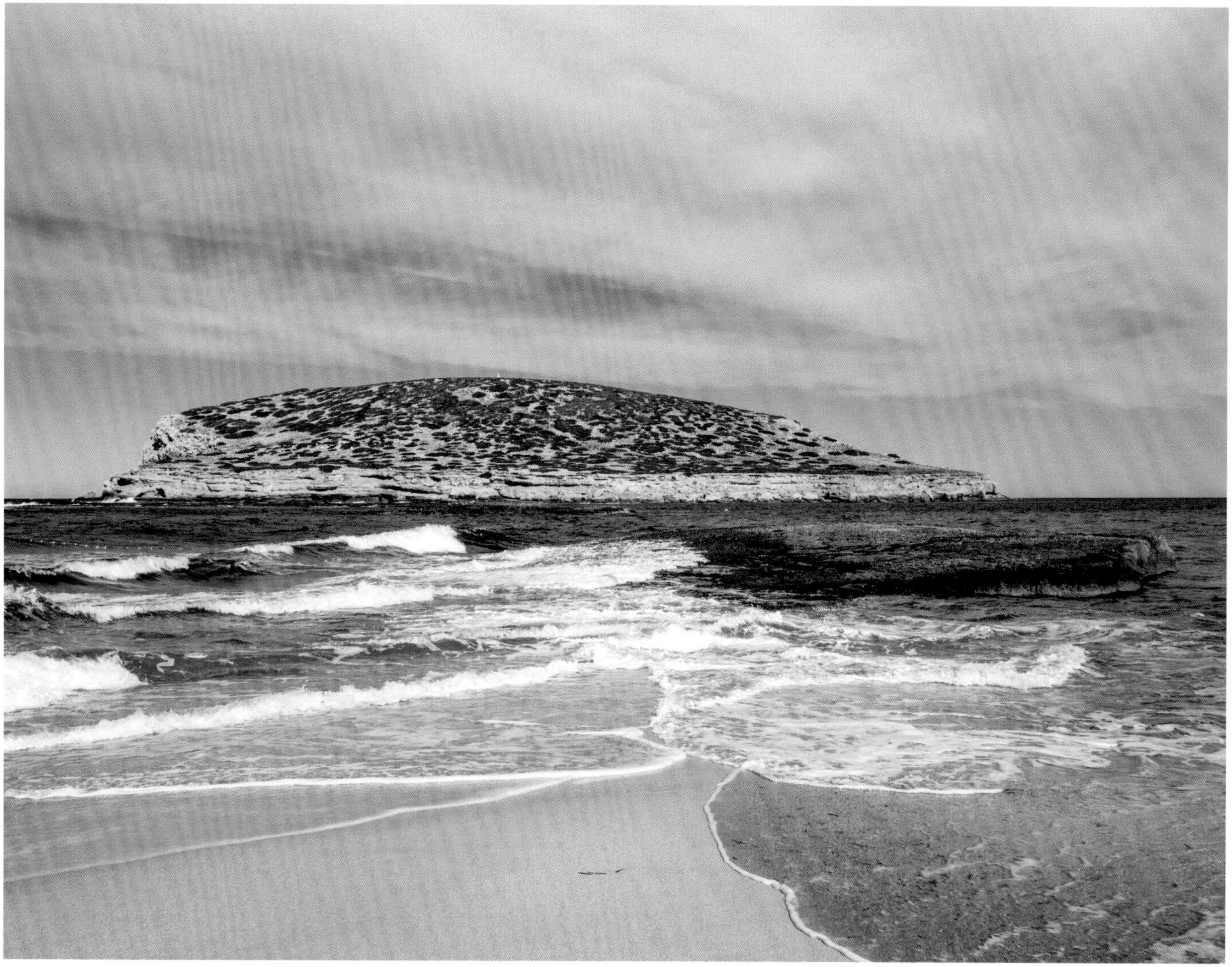

S'Espartar

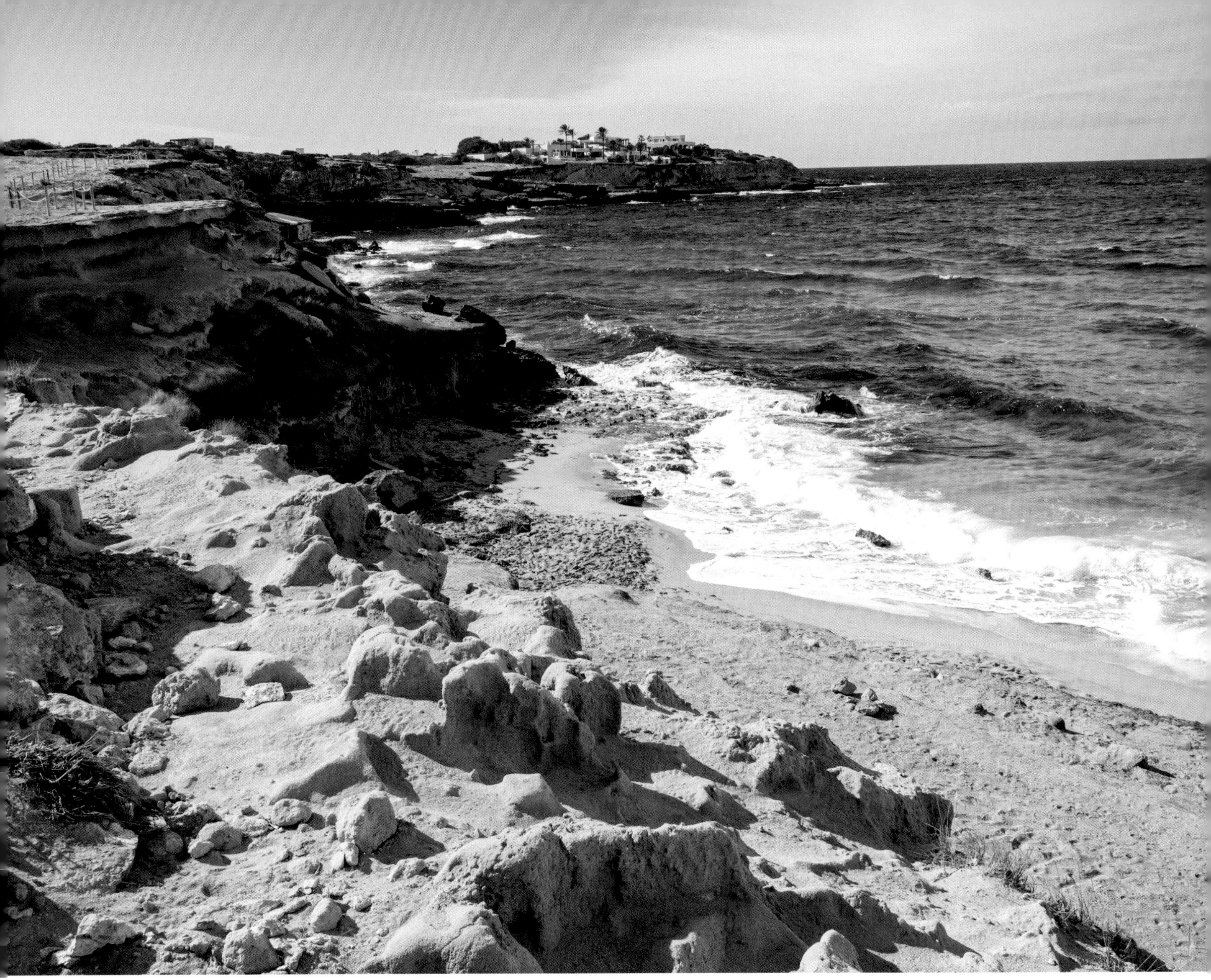

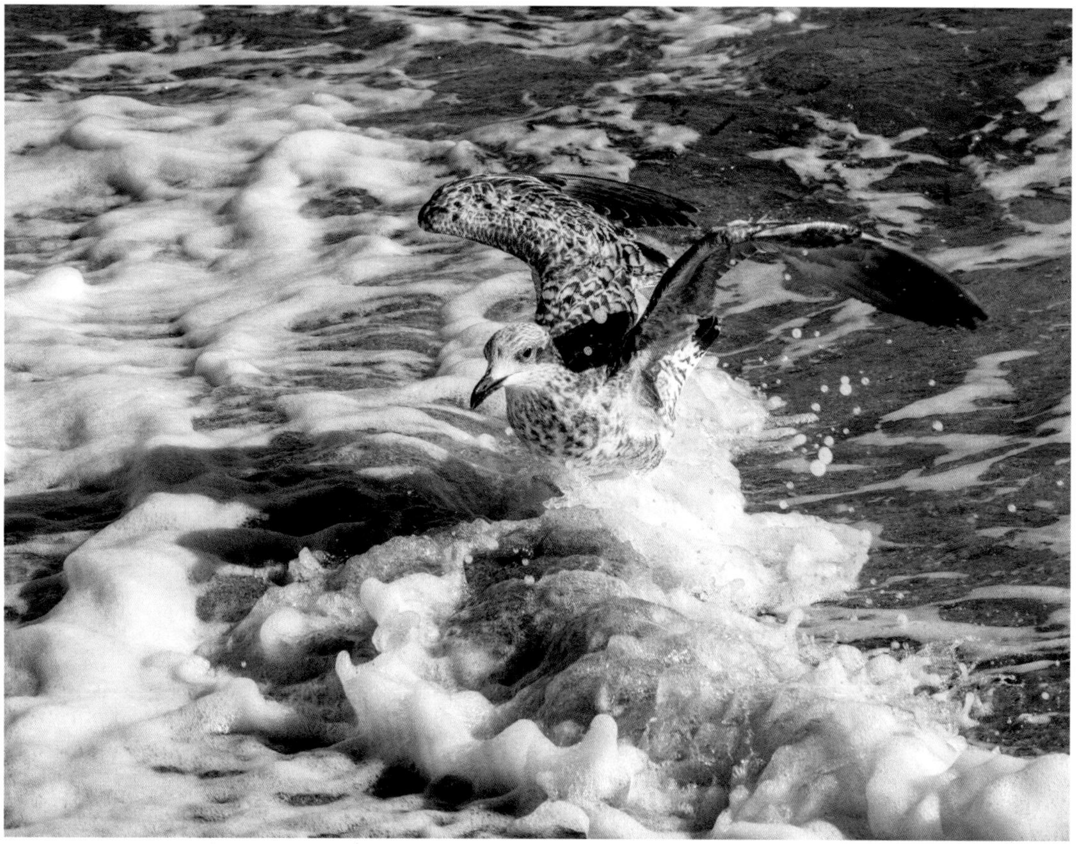

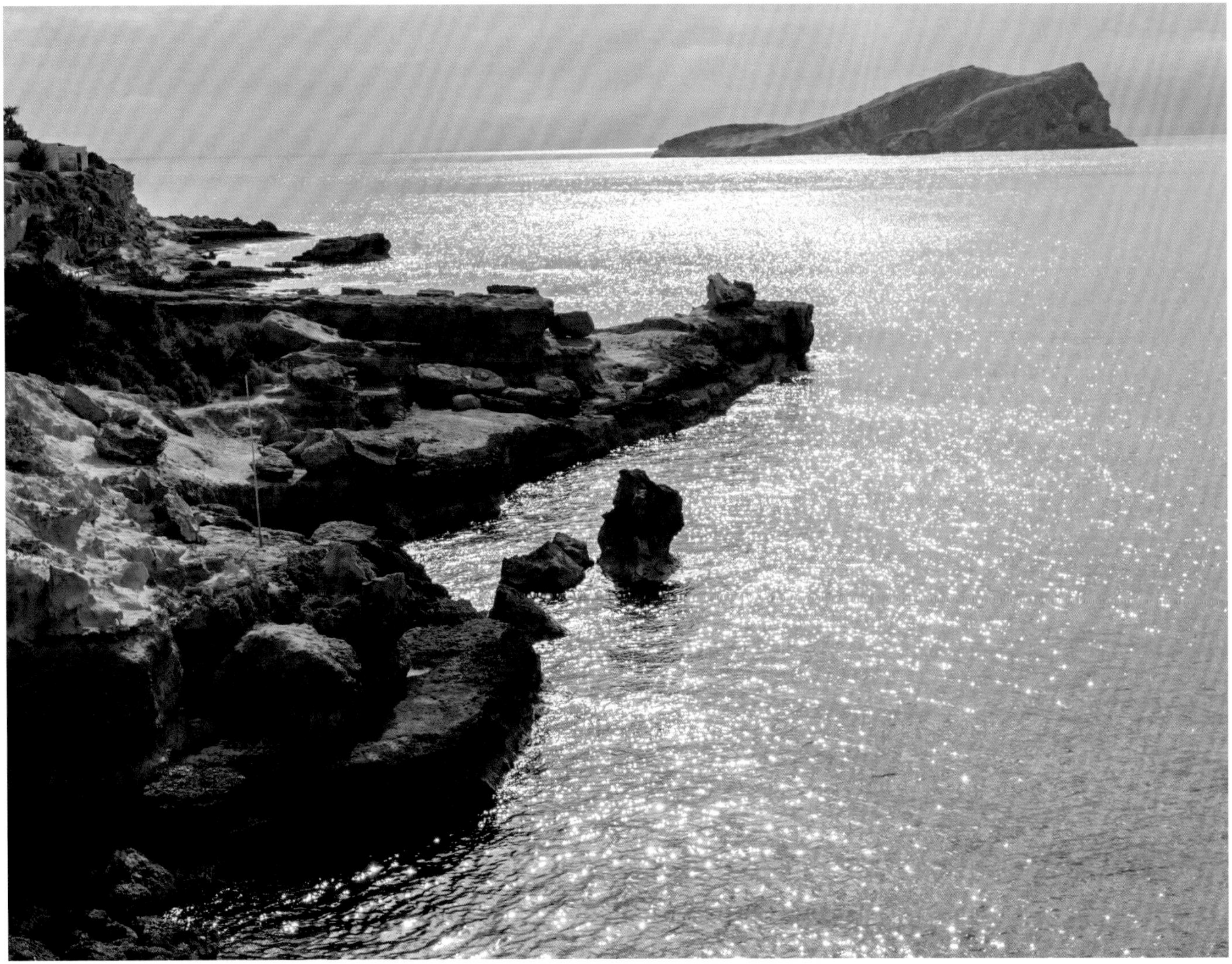

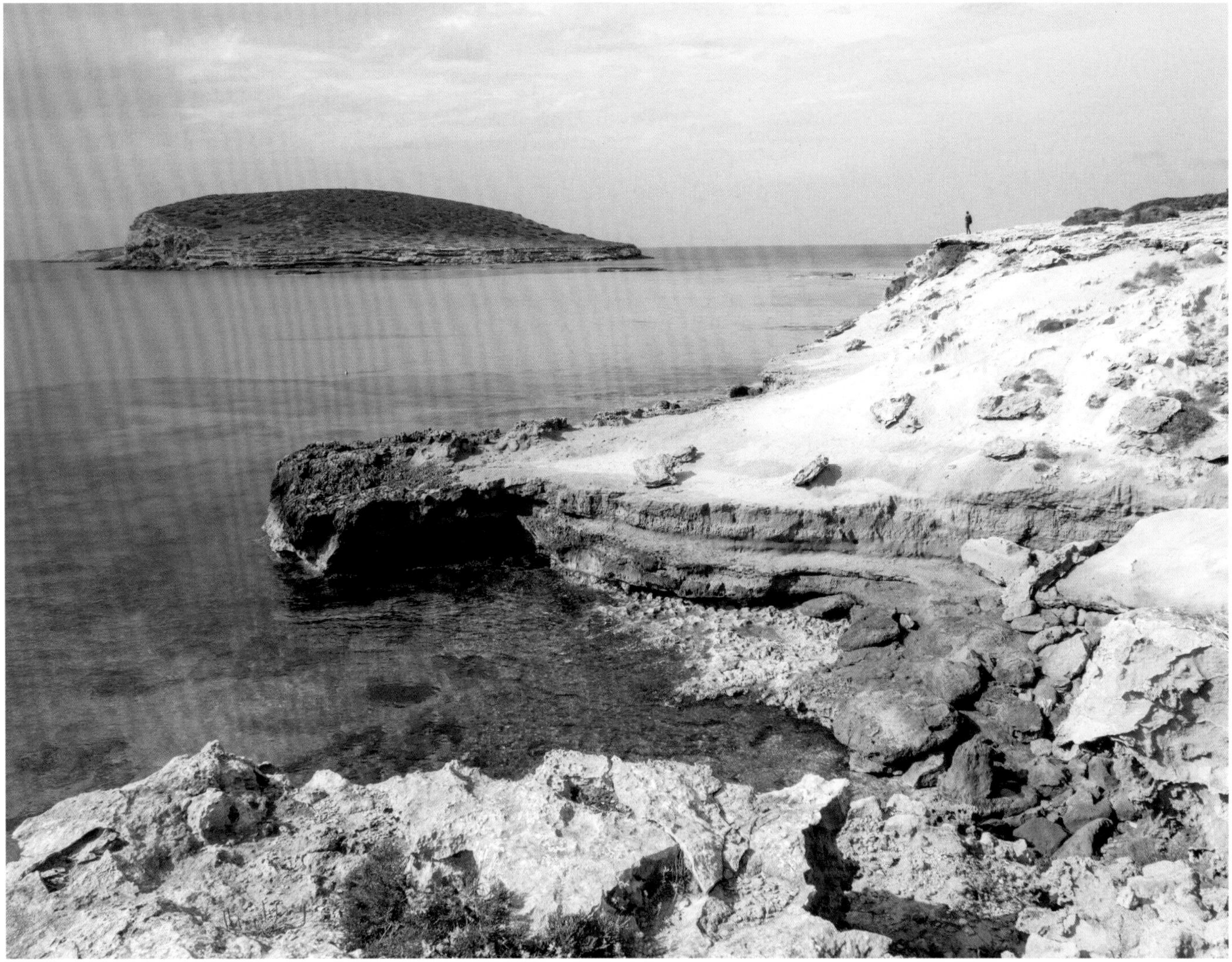

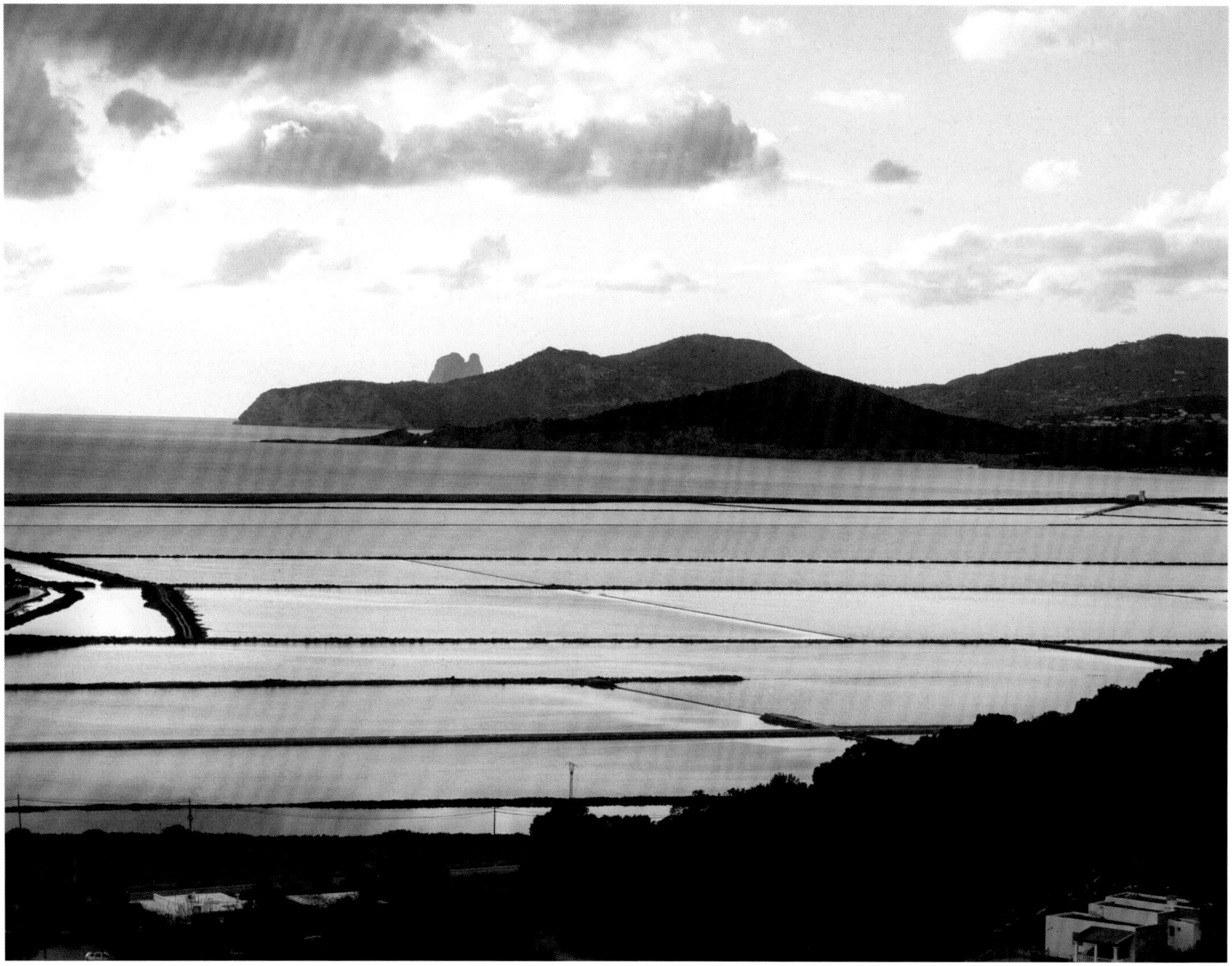

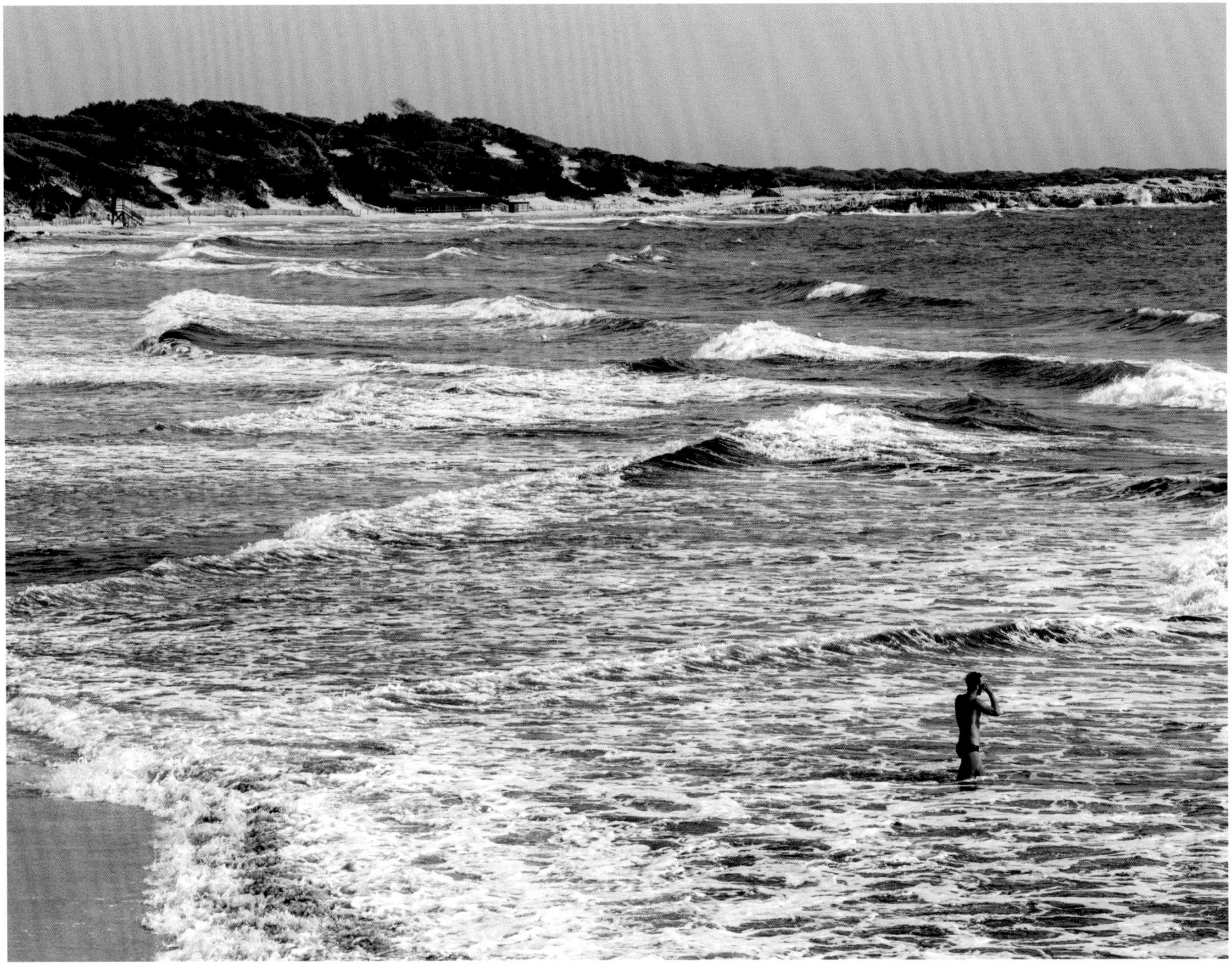

Platja de ses Salines

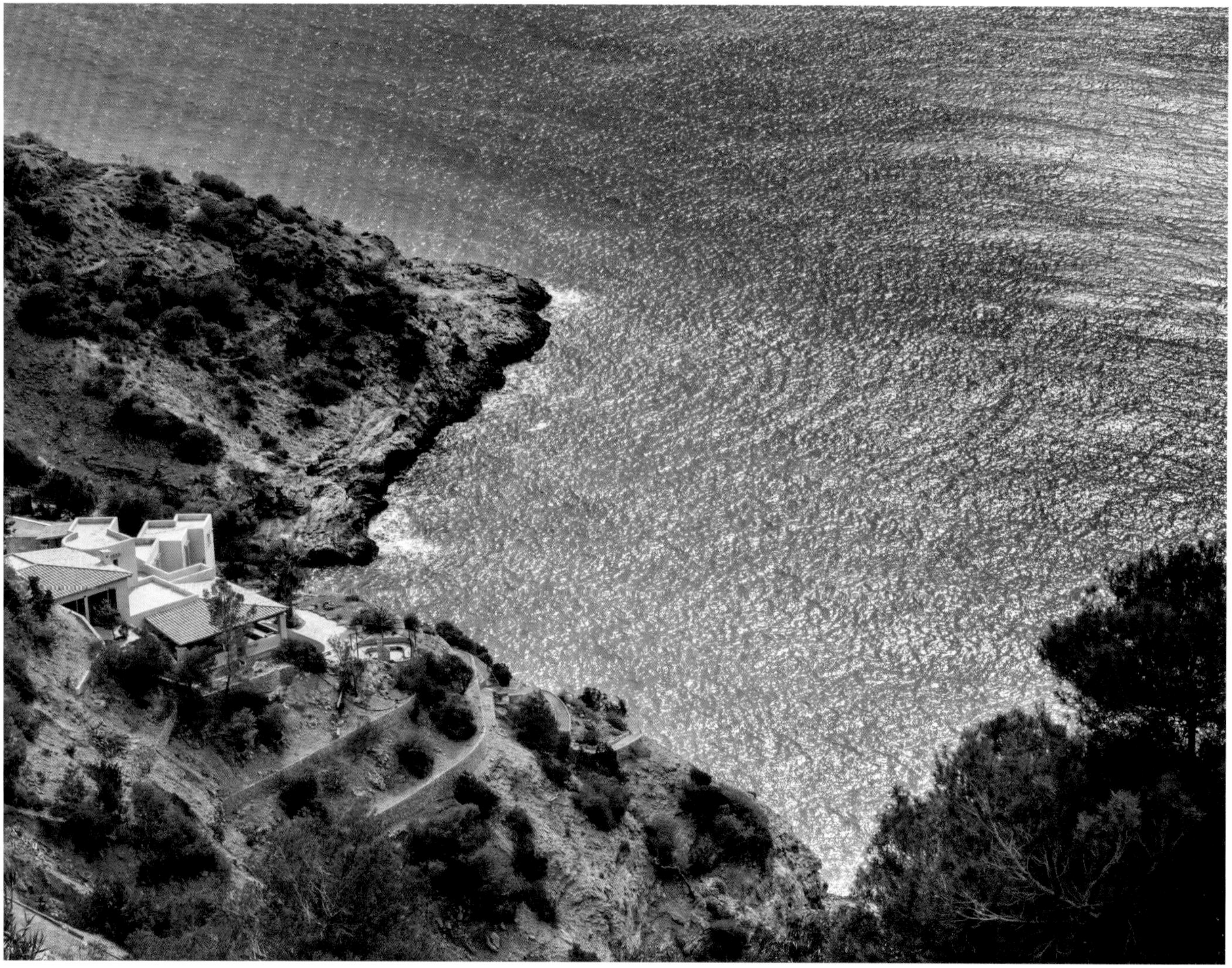

Es Cubells

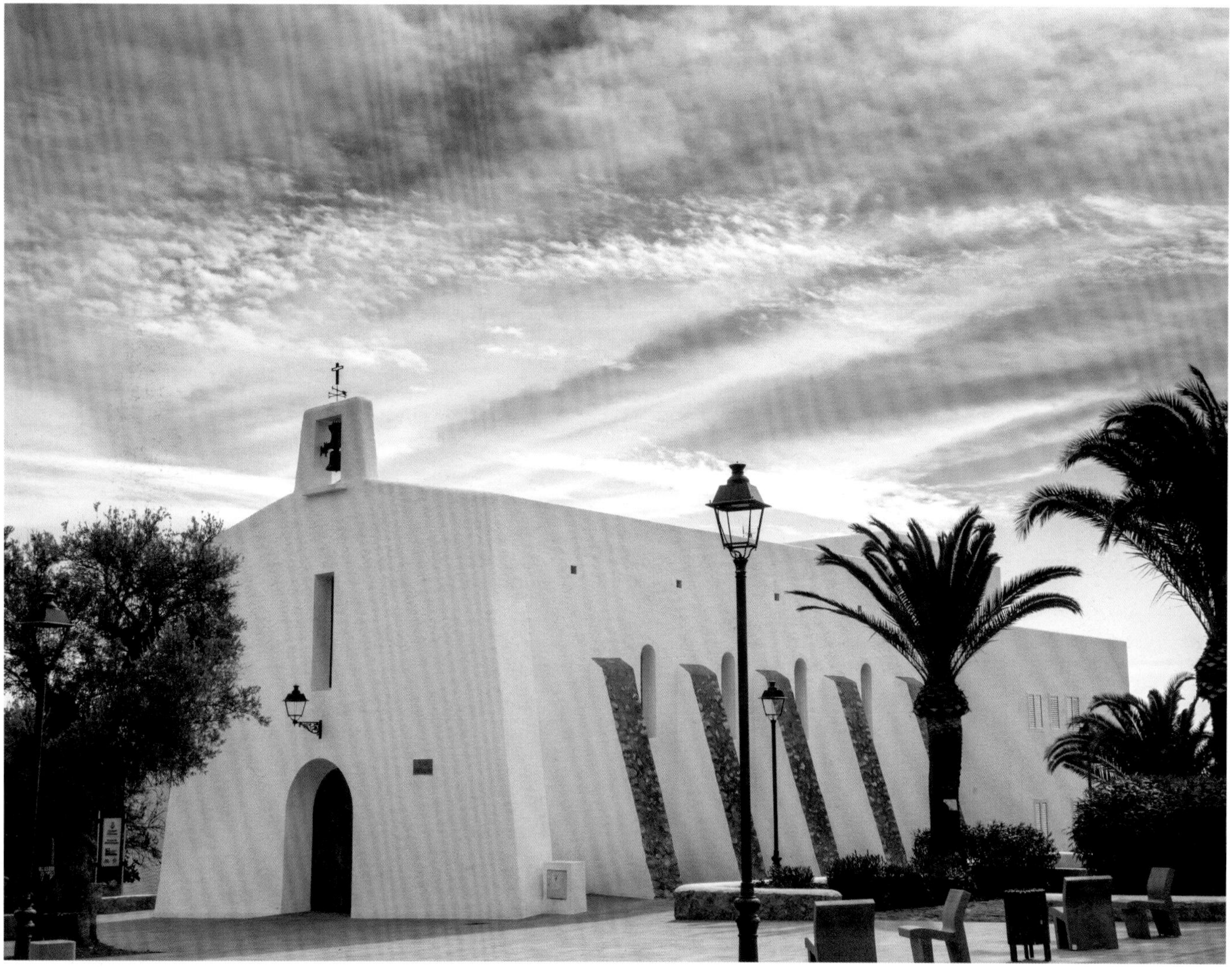

Es Cubells

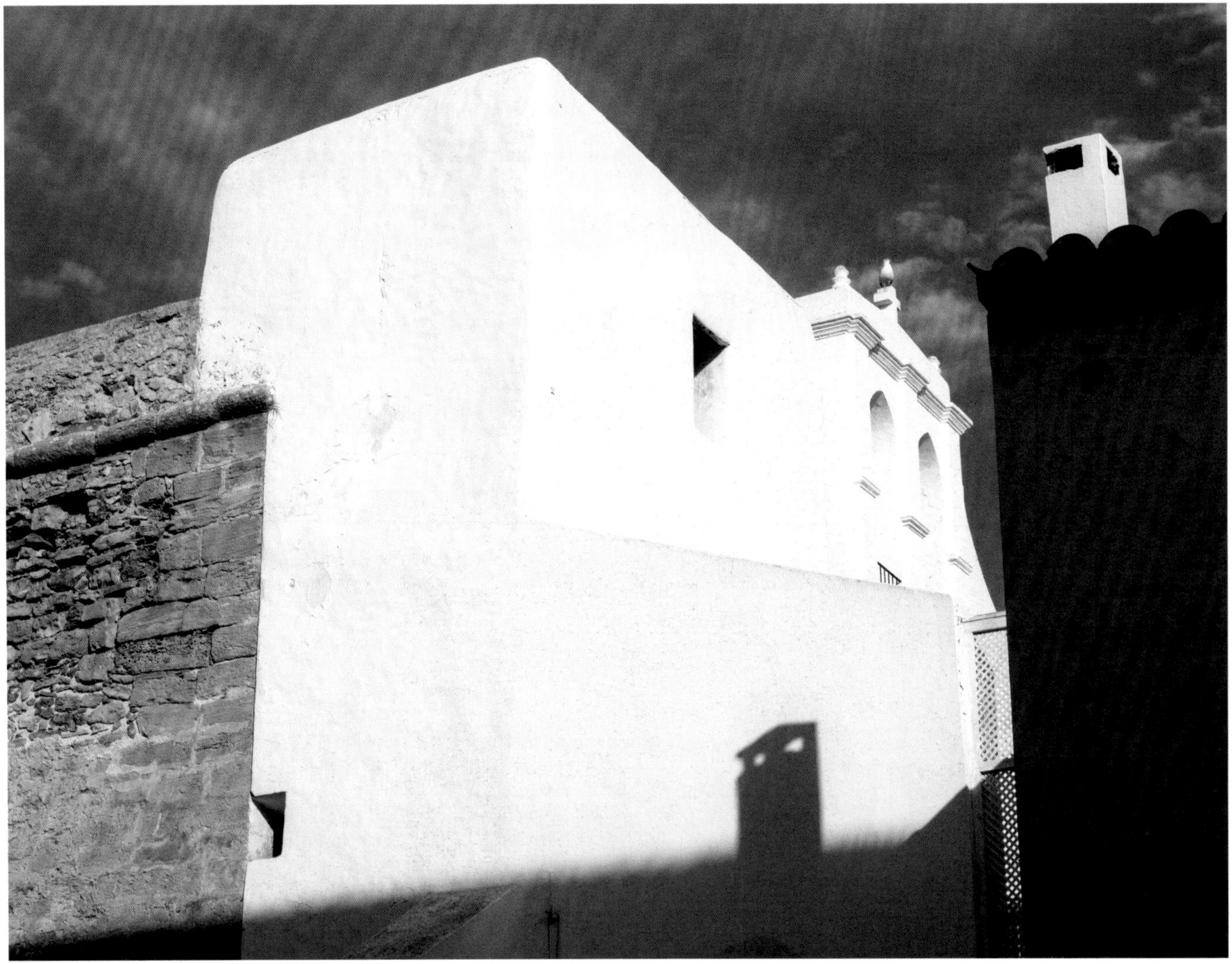

Sant Antoni de Portmany

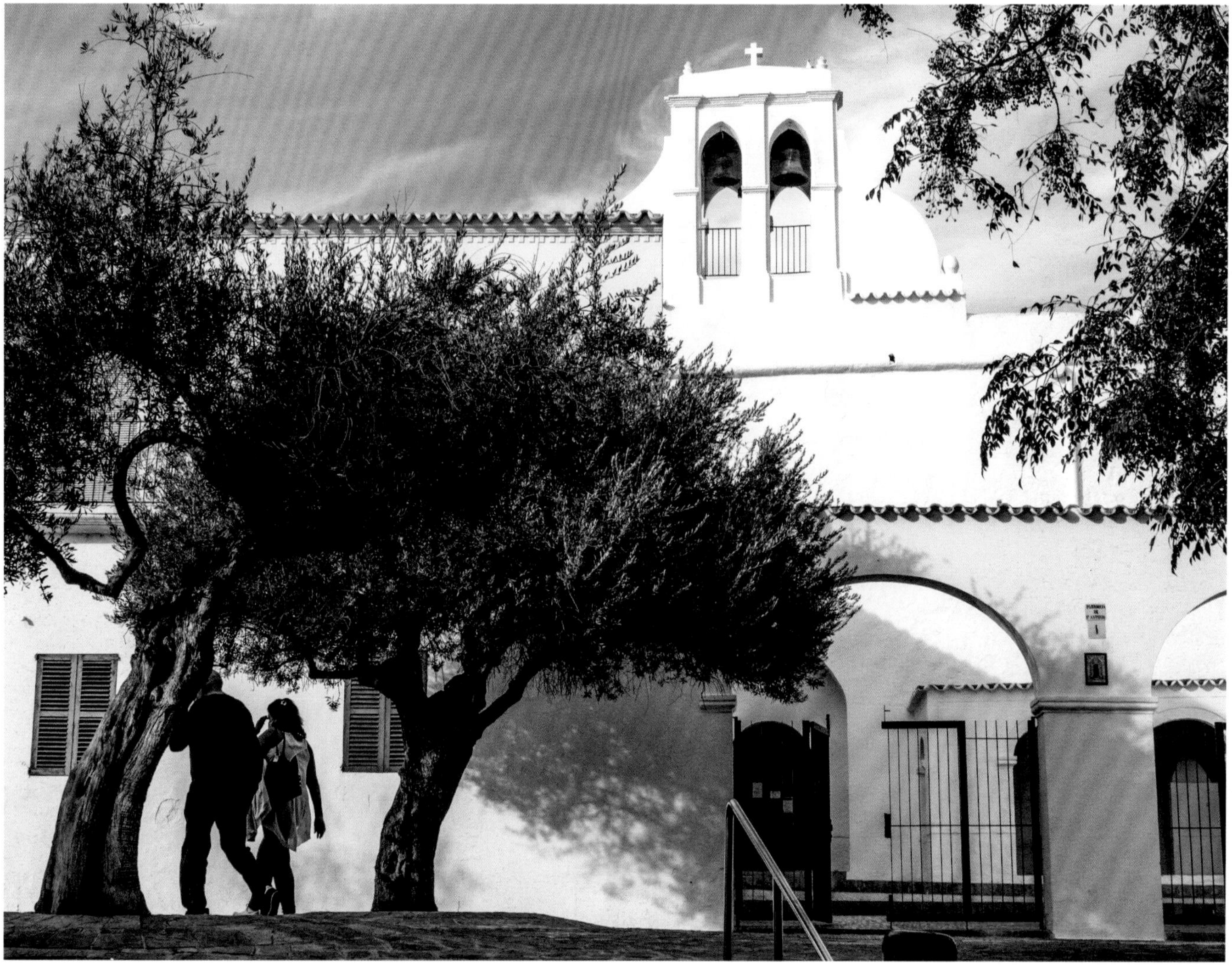

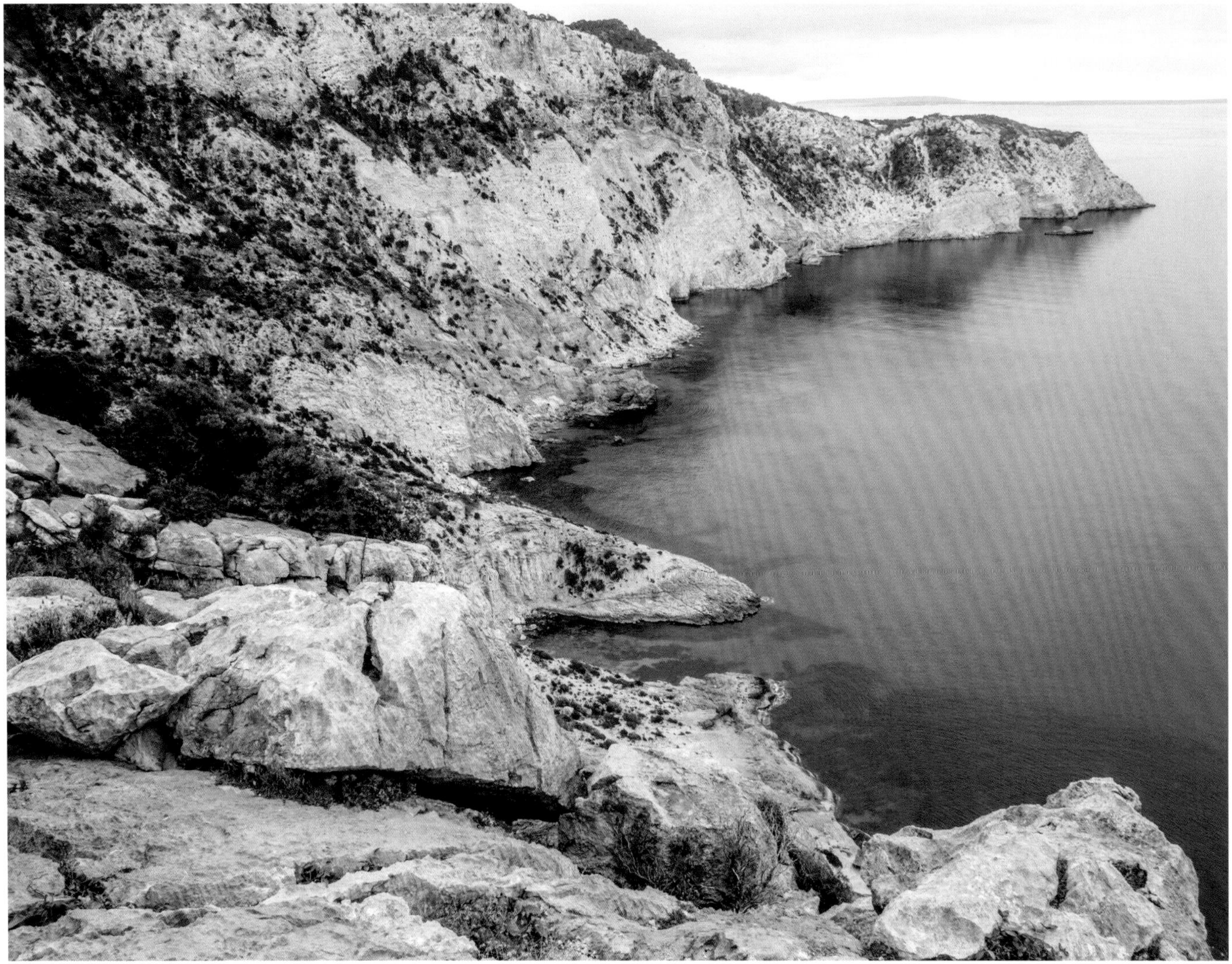

Cap Llentrisca

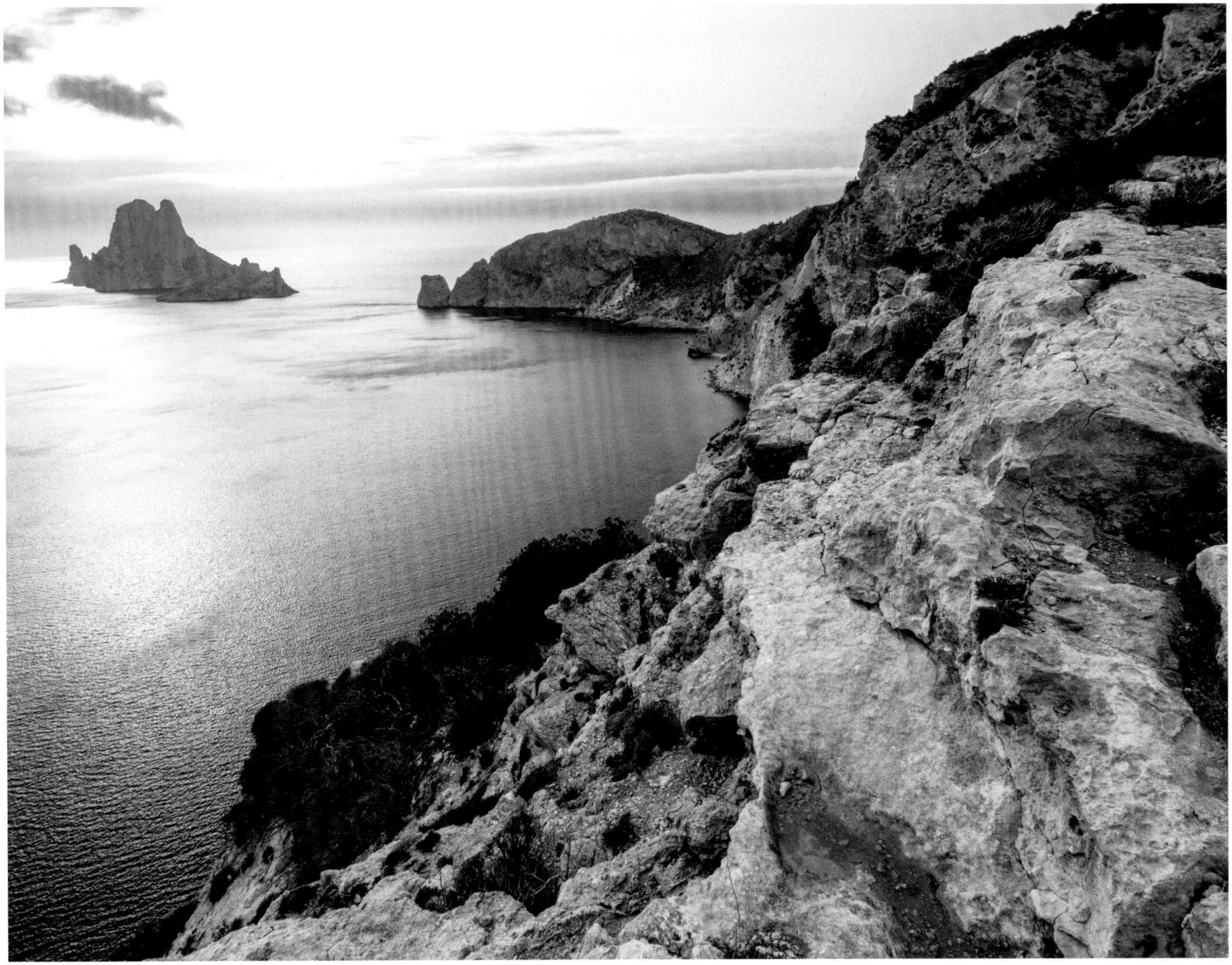

Cap Llentrisca

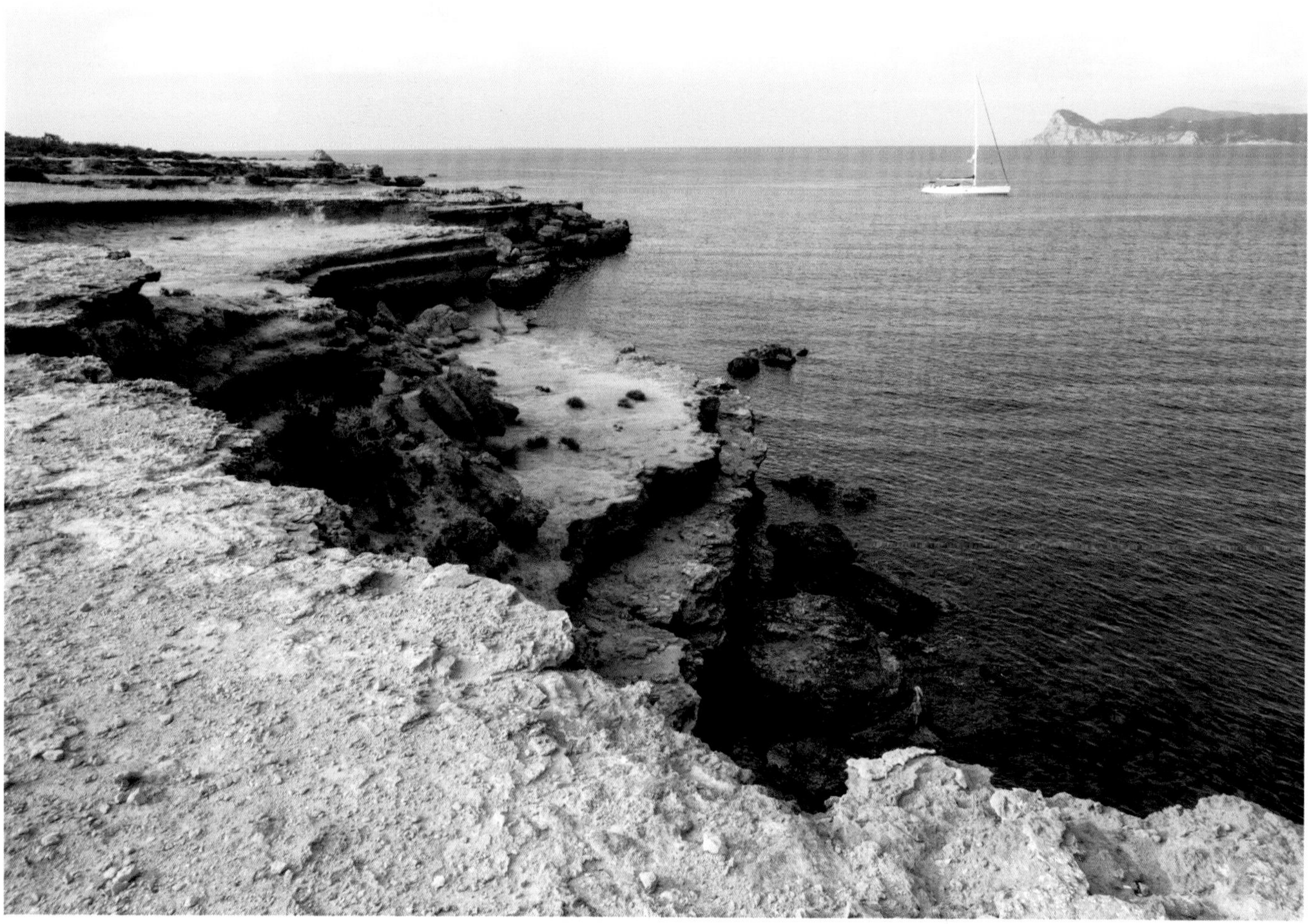

Torre d'en Rovira

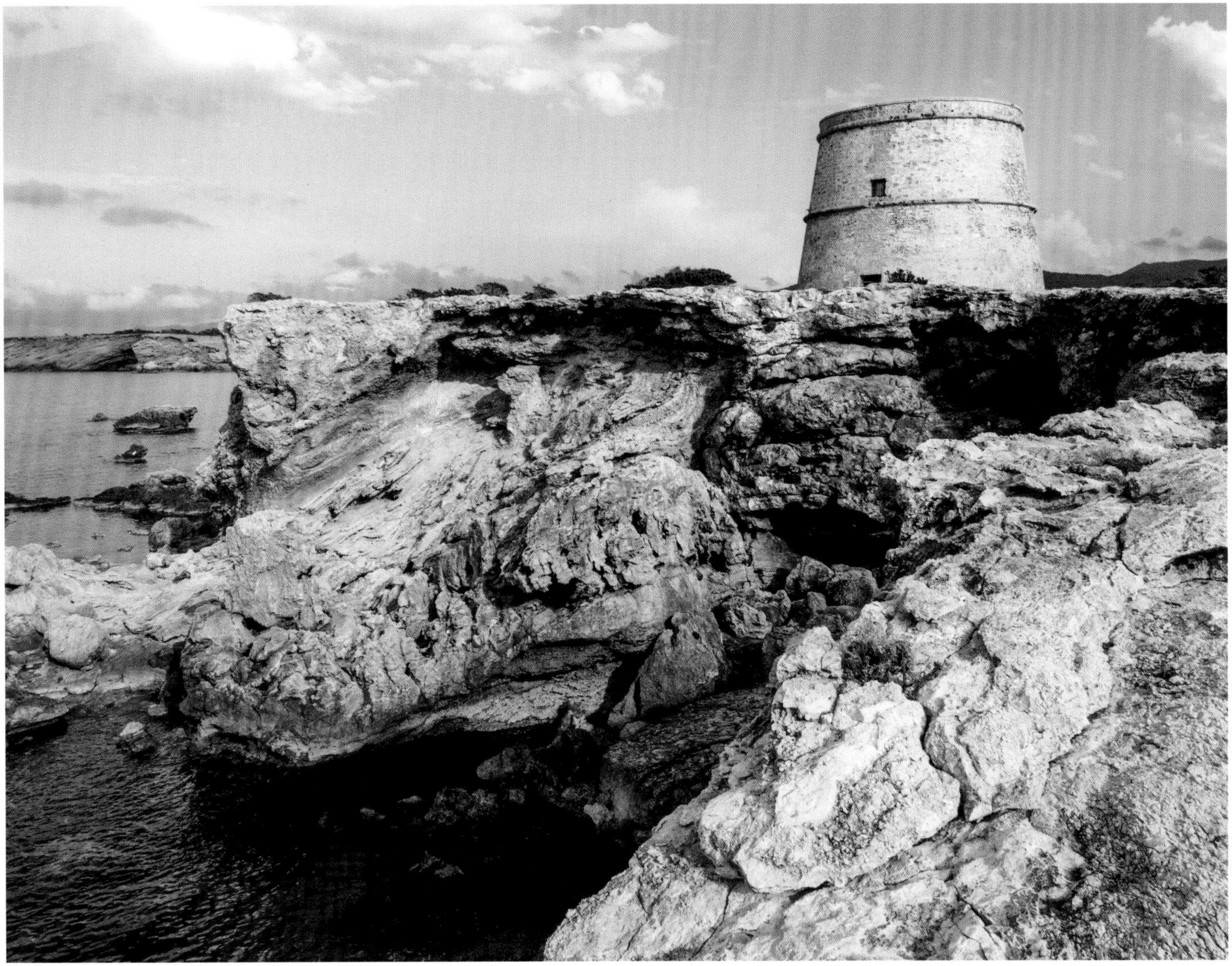

Torre d'en Rovira

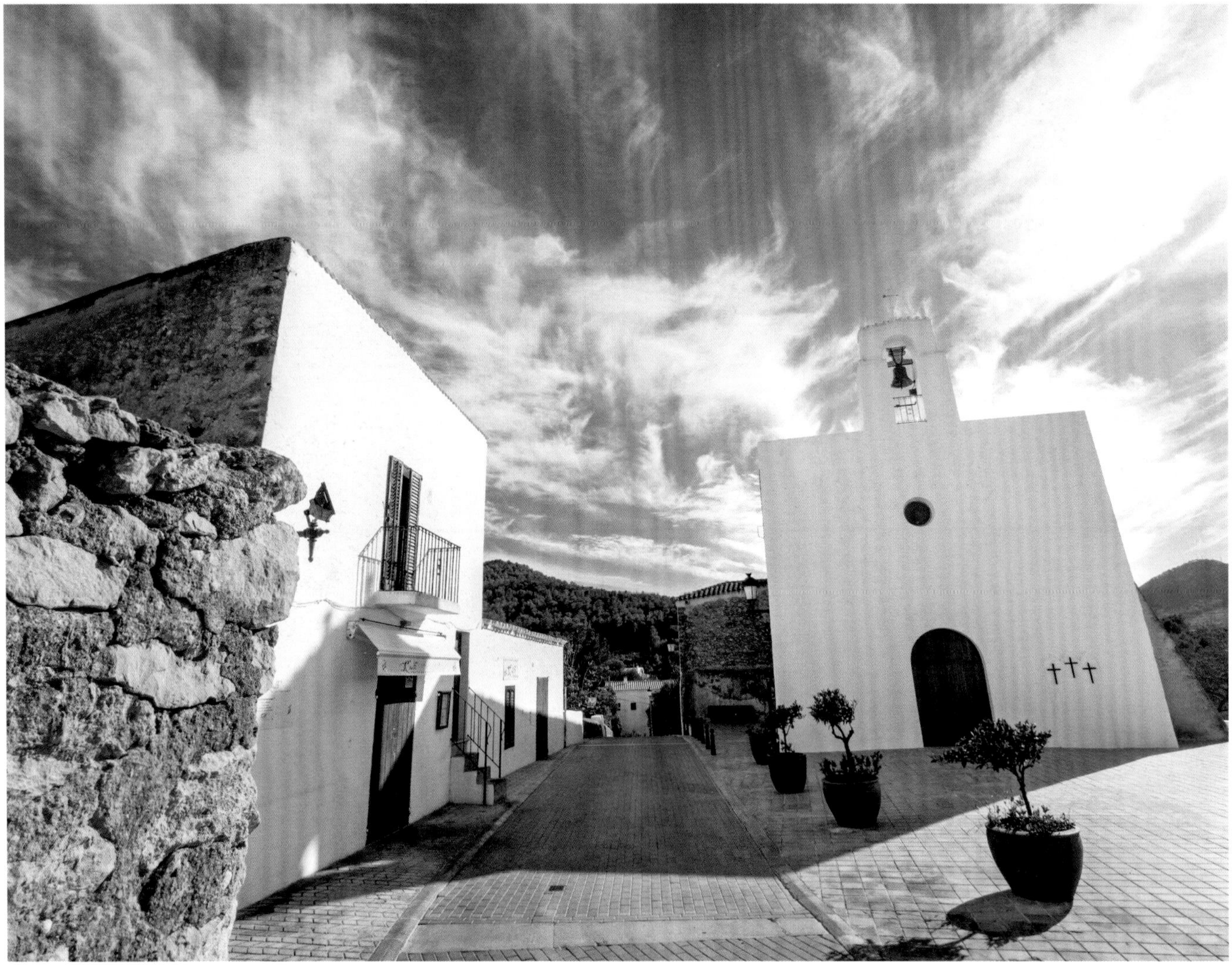

Sant Agustí des Vedrà

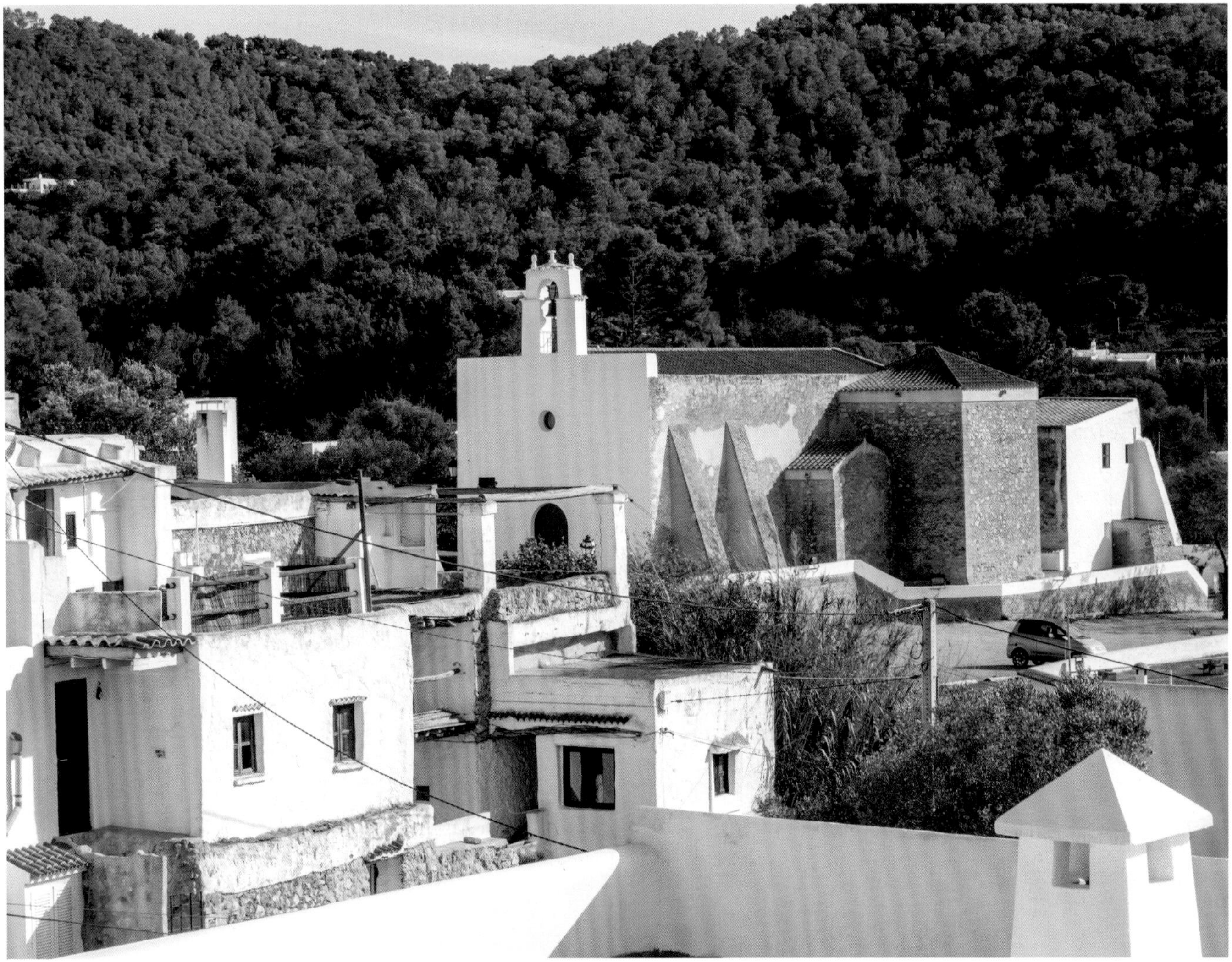

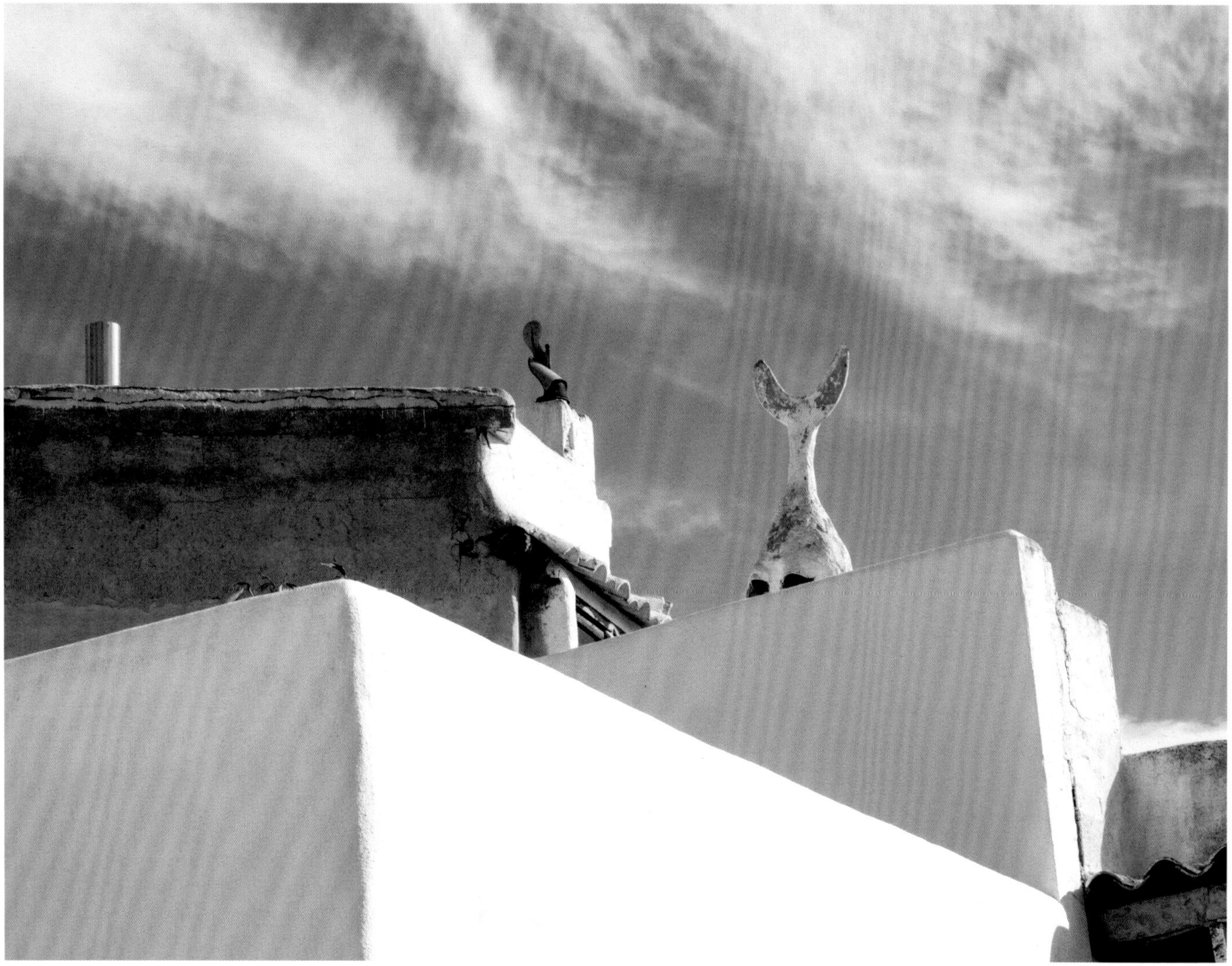

Sant Agustí des Vedrà

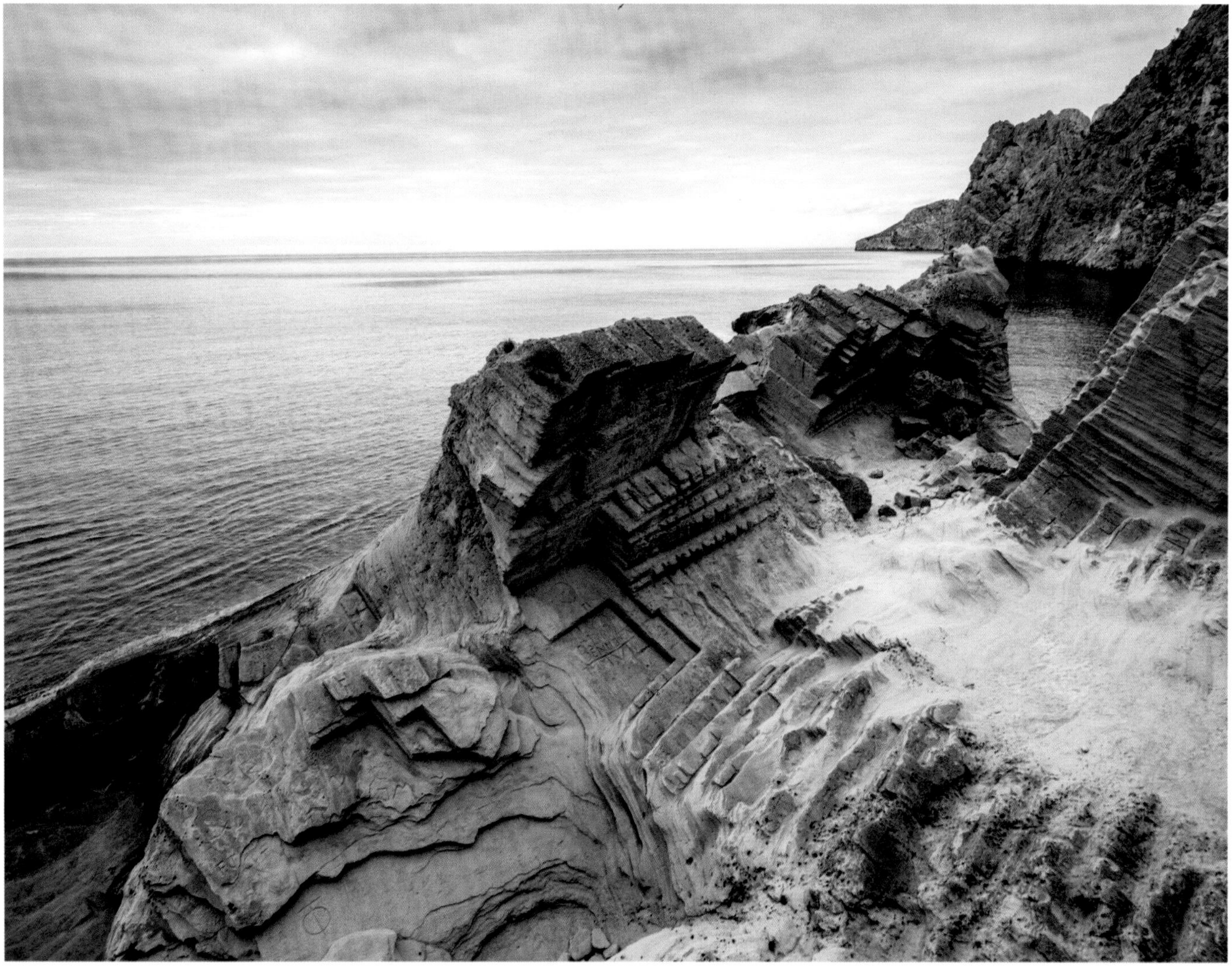

Punta de sa Pedrera

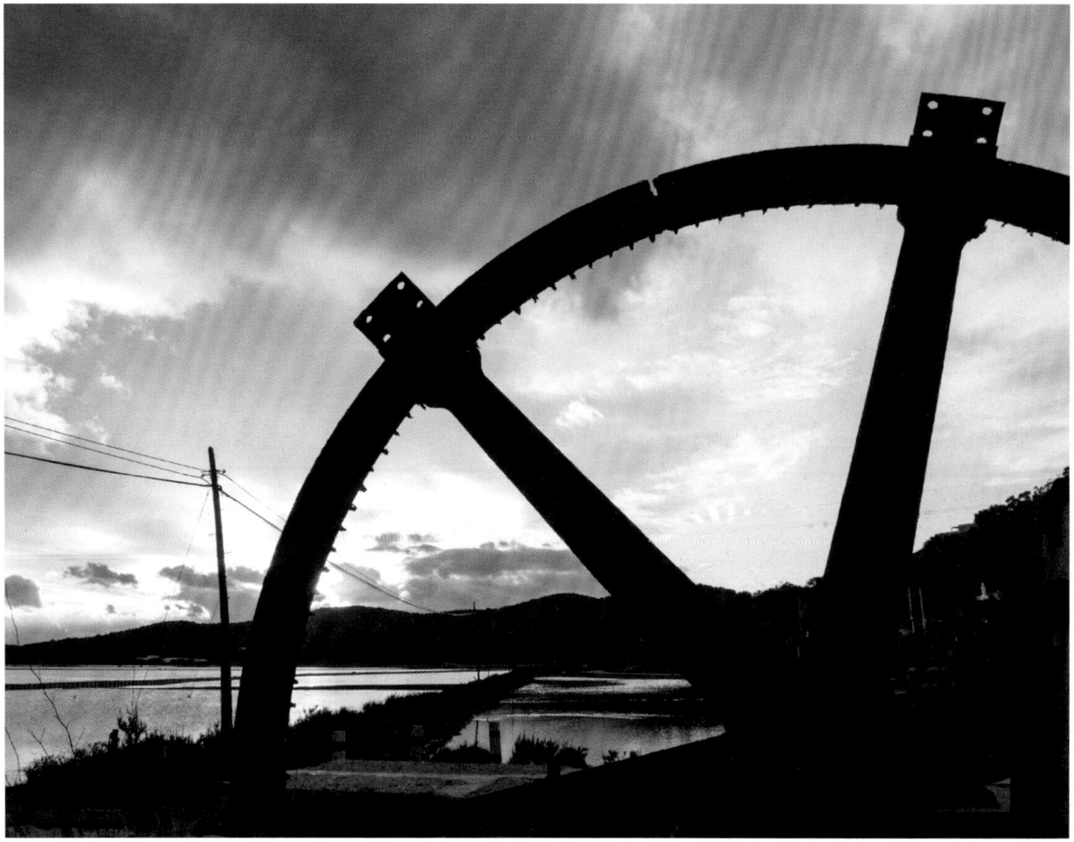

Es Cavallet

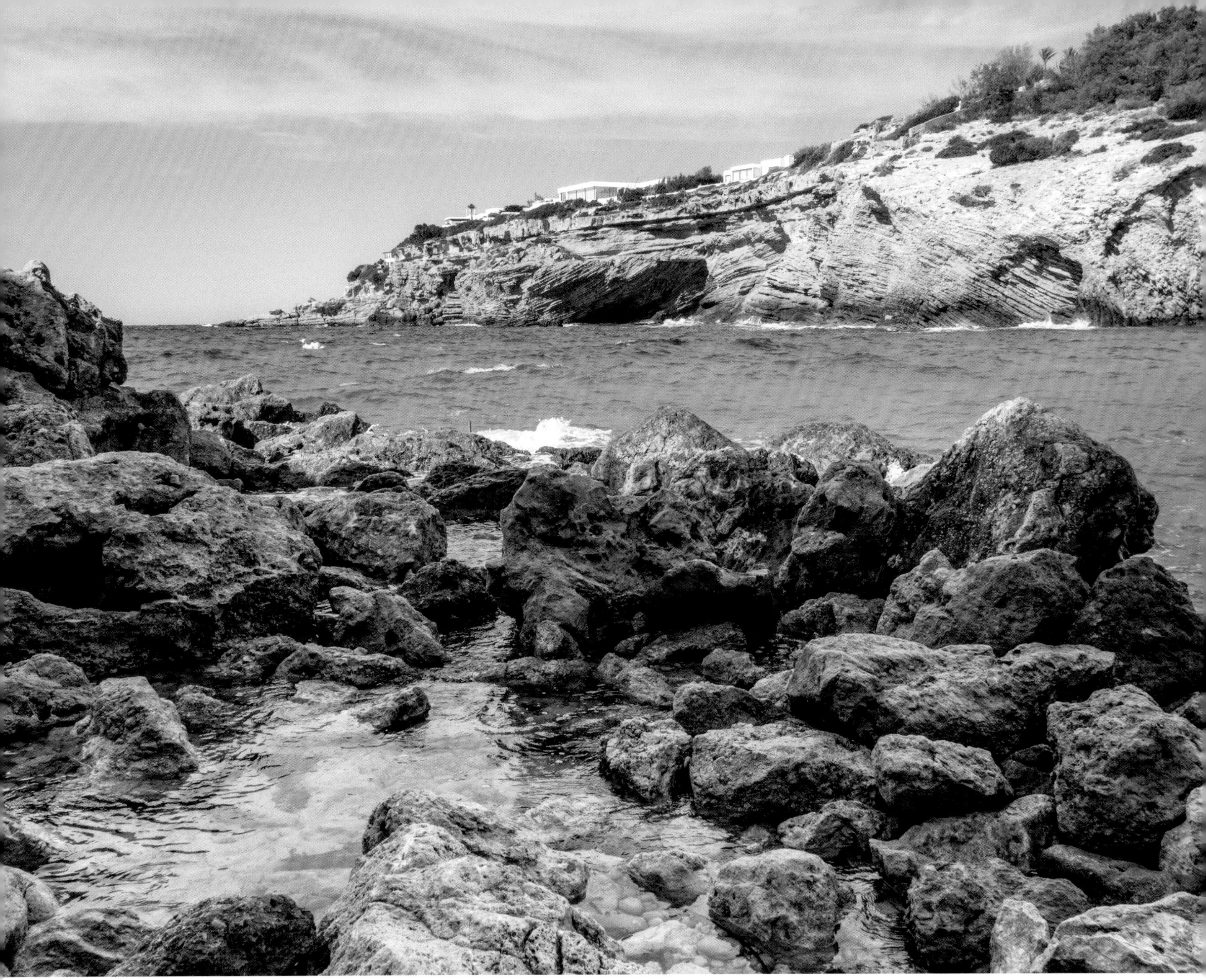

Cala Codolar

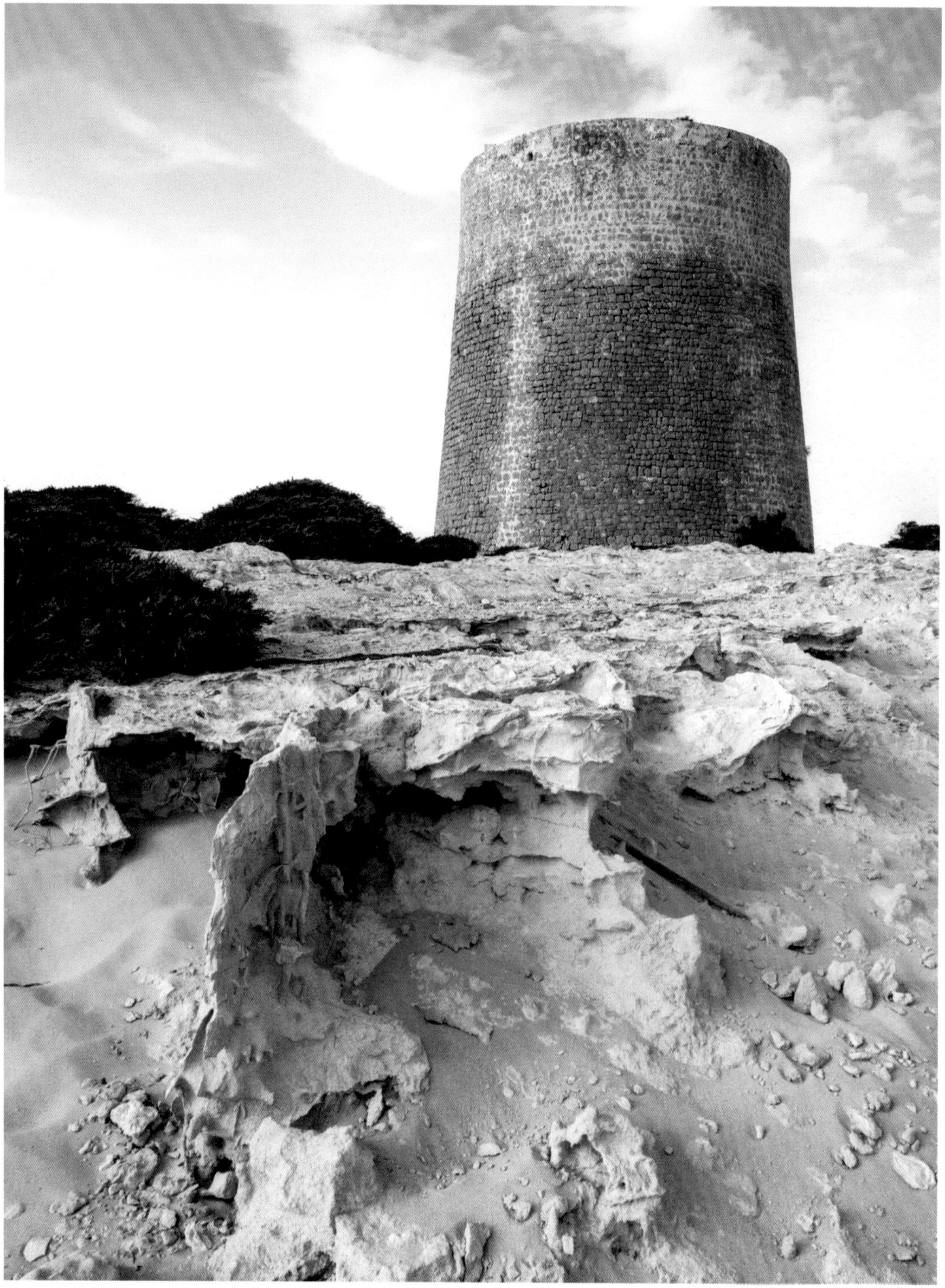

Punta de sa Torre de ses Portes

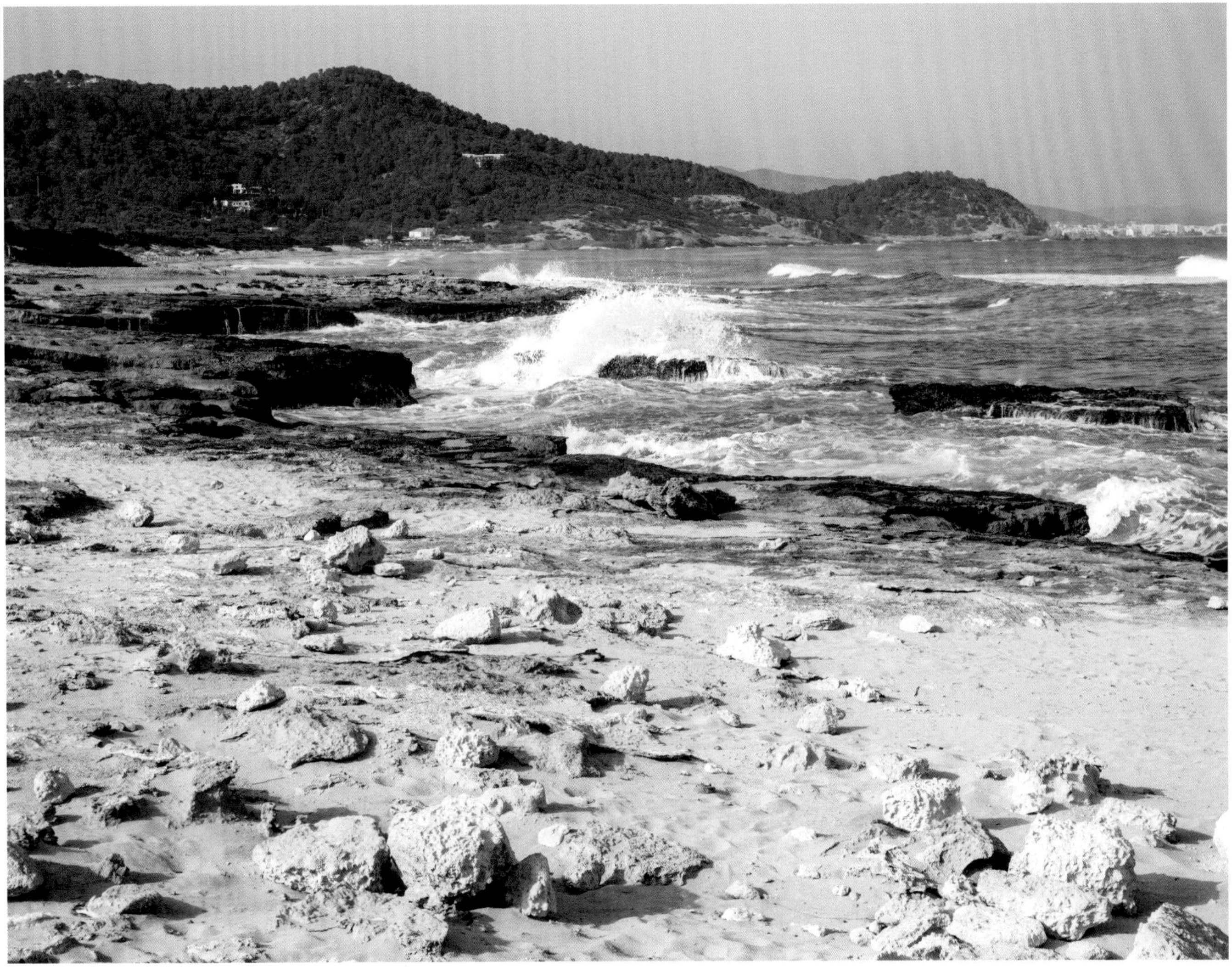

Platja des Cavallet

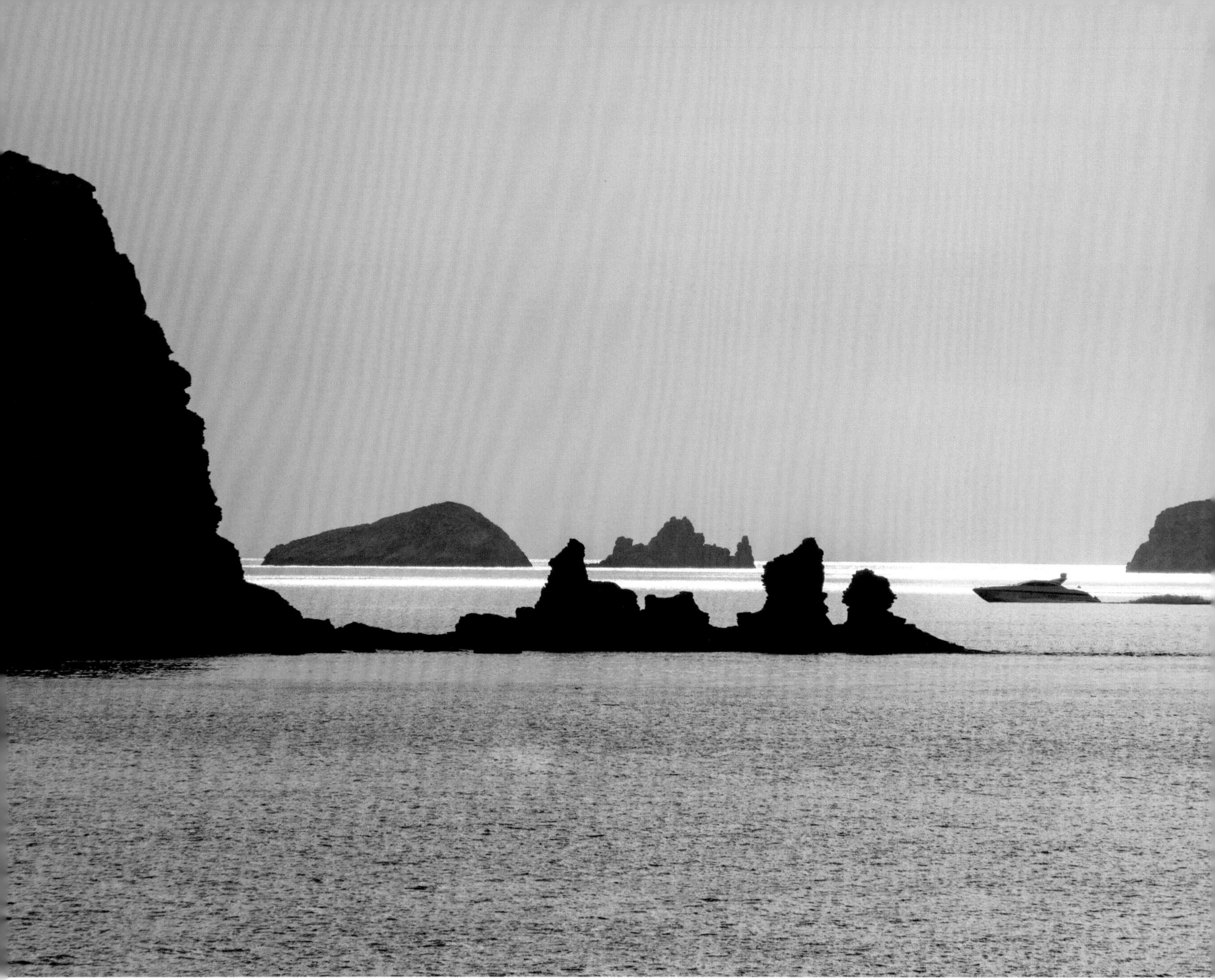

S'Espartar

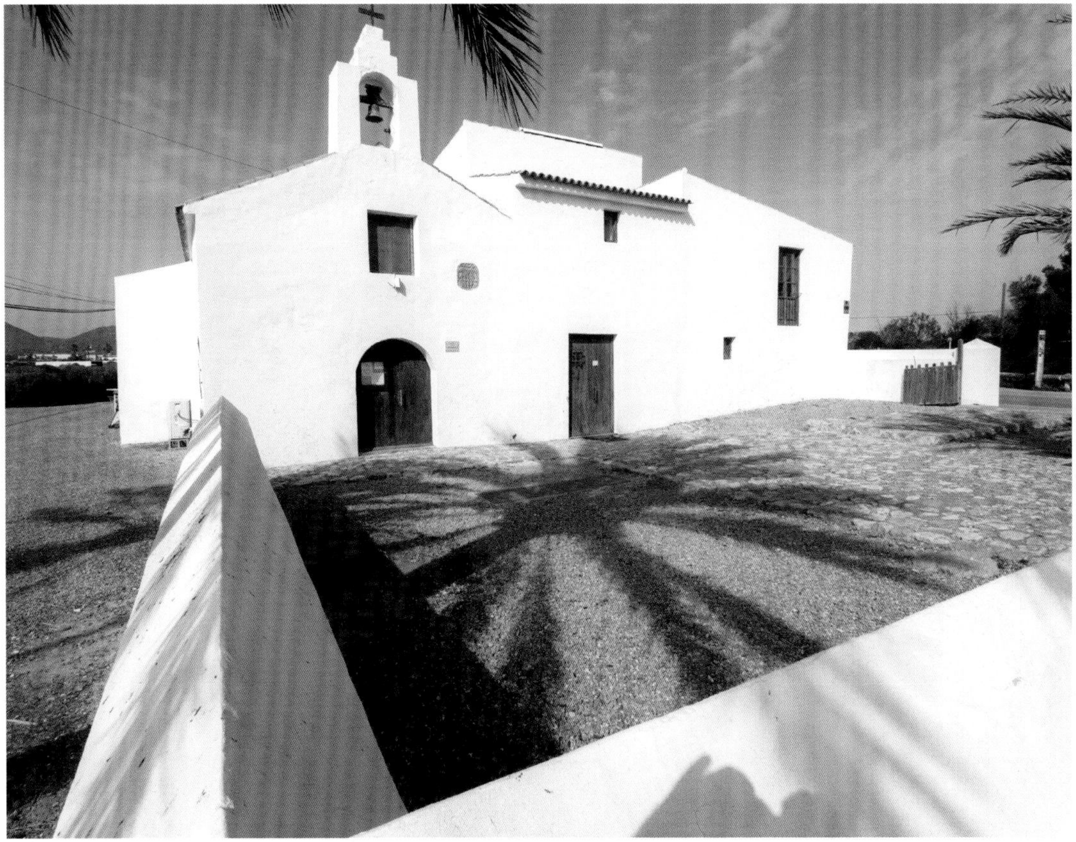

Sant Francesc de s'Estany

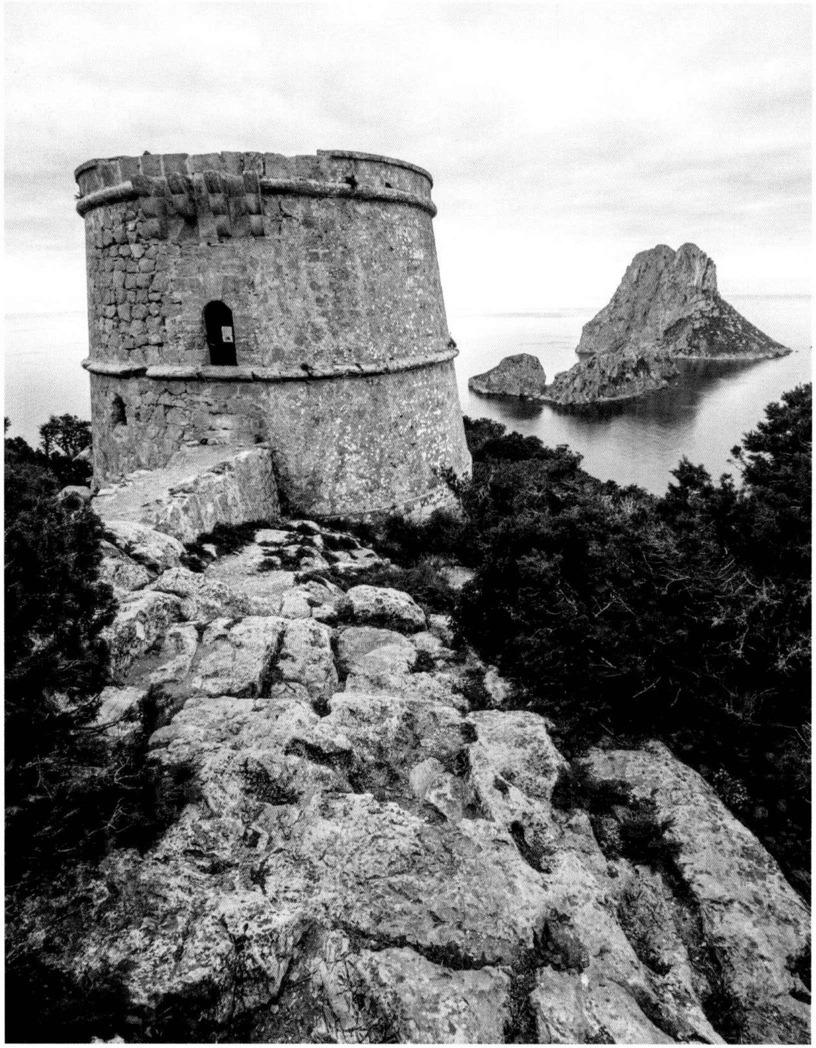

Torre des Savinar

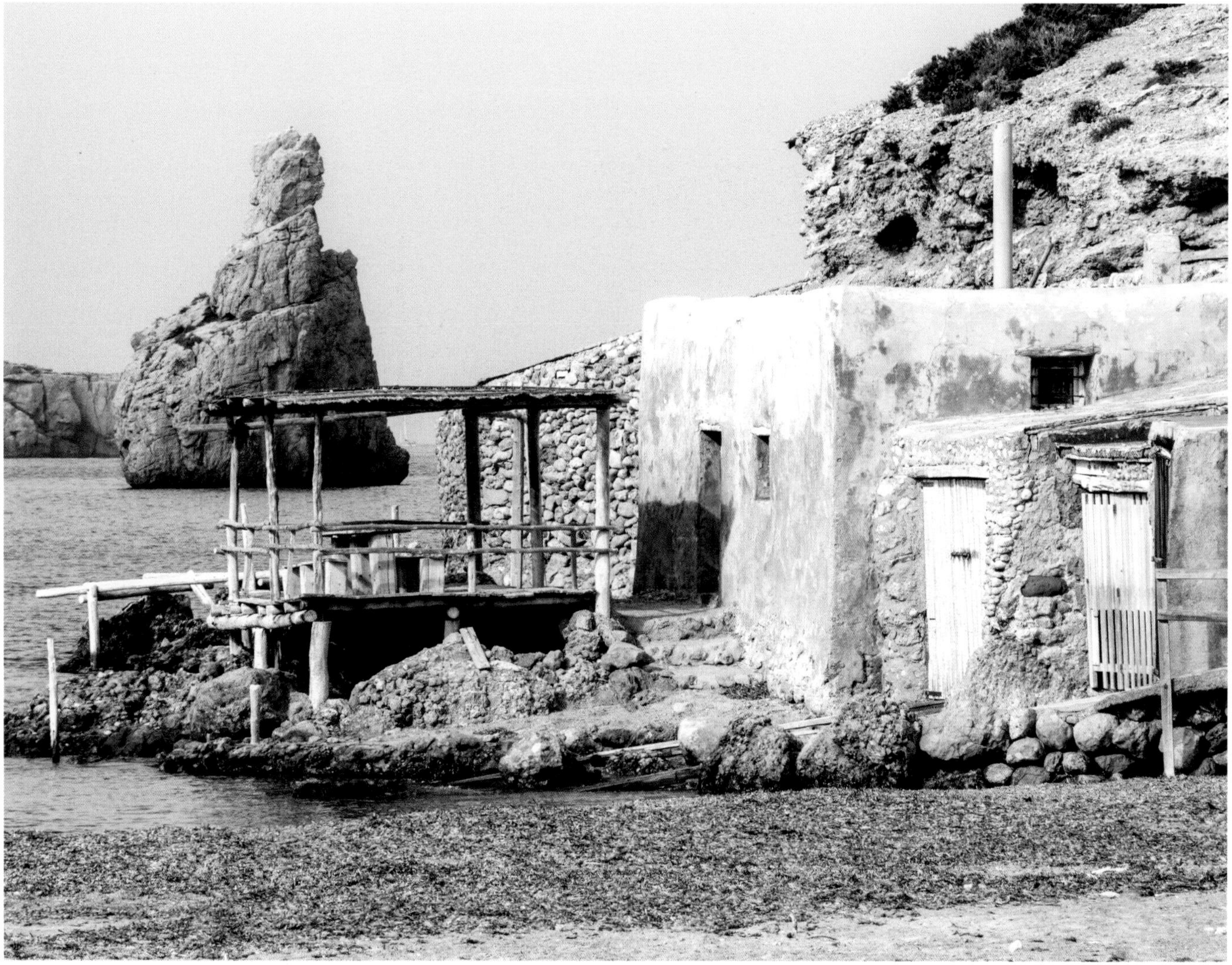

Benirràs

Formentera

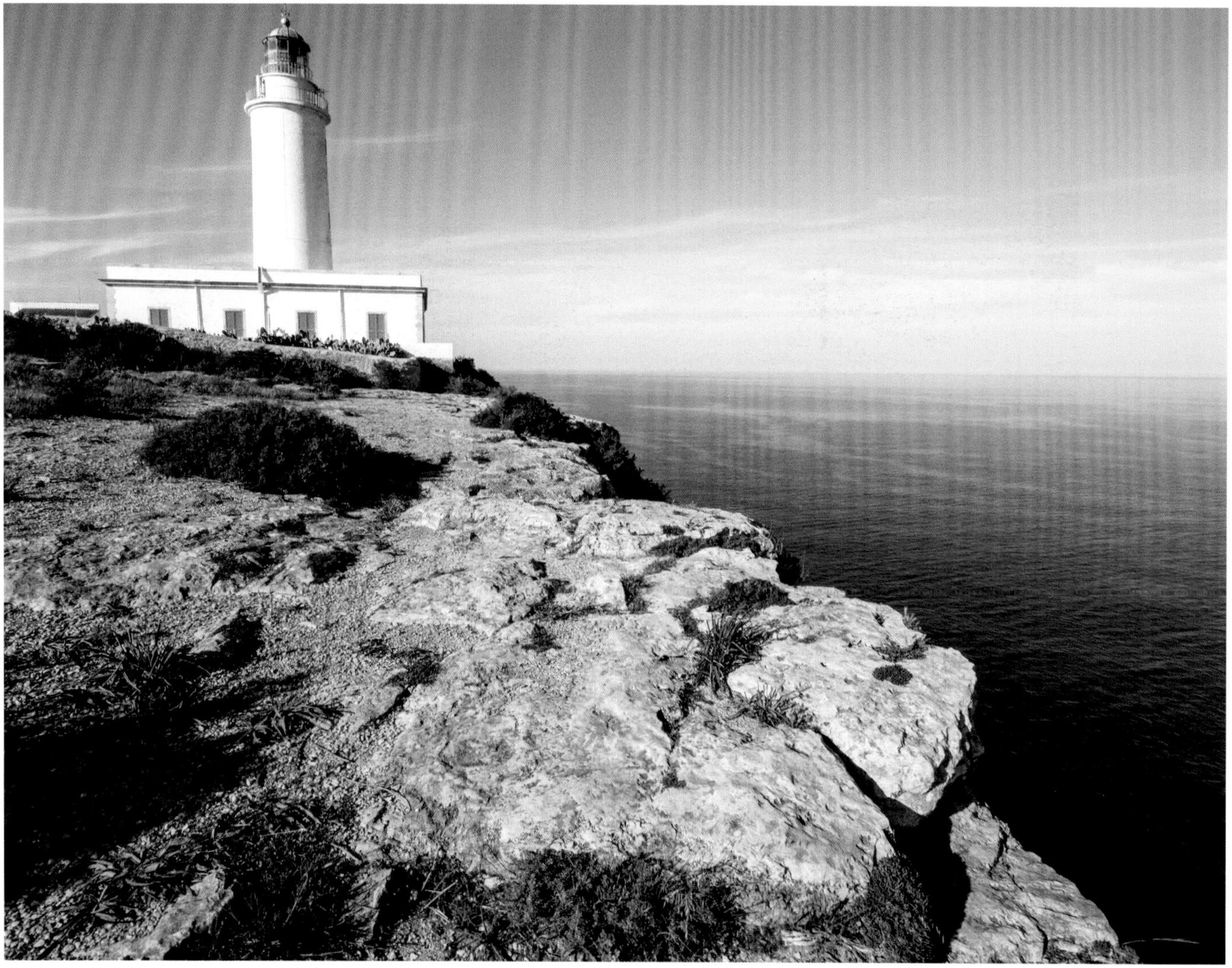

Far de la Mola

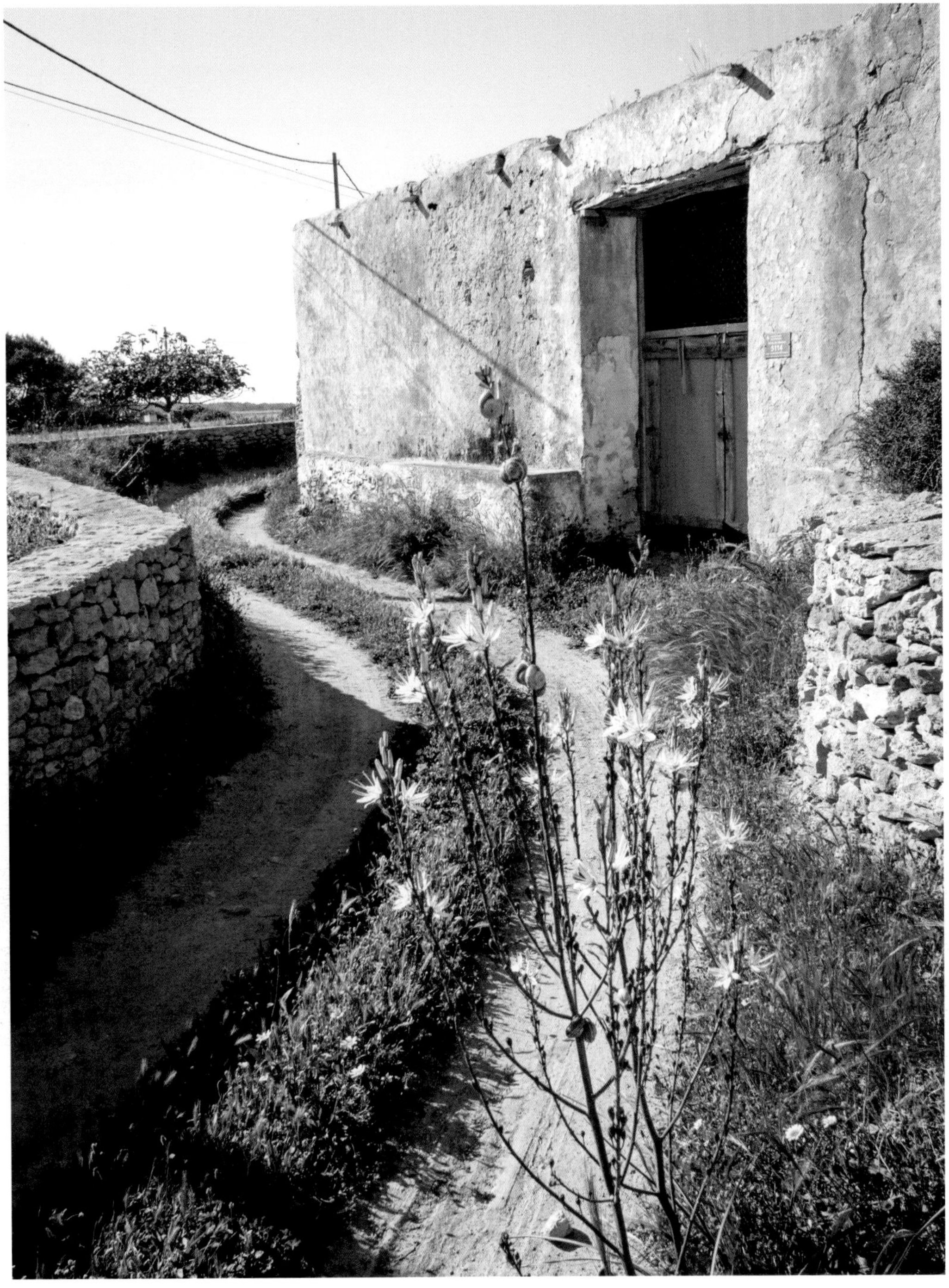

La Mola

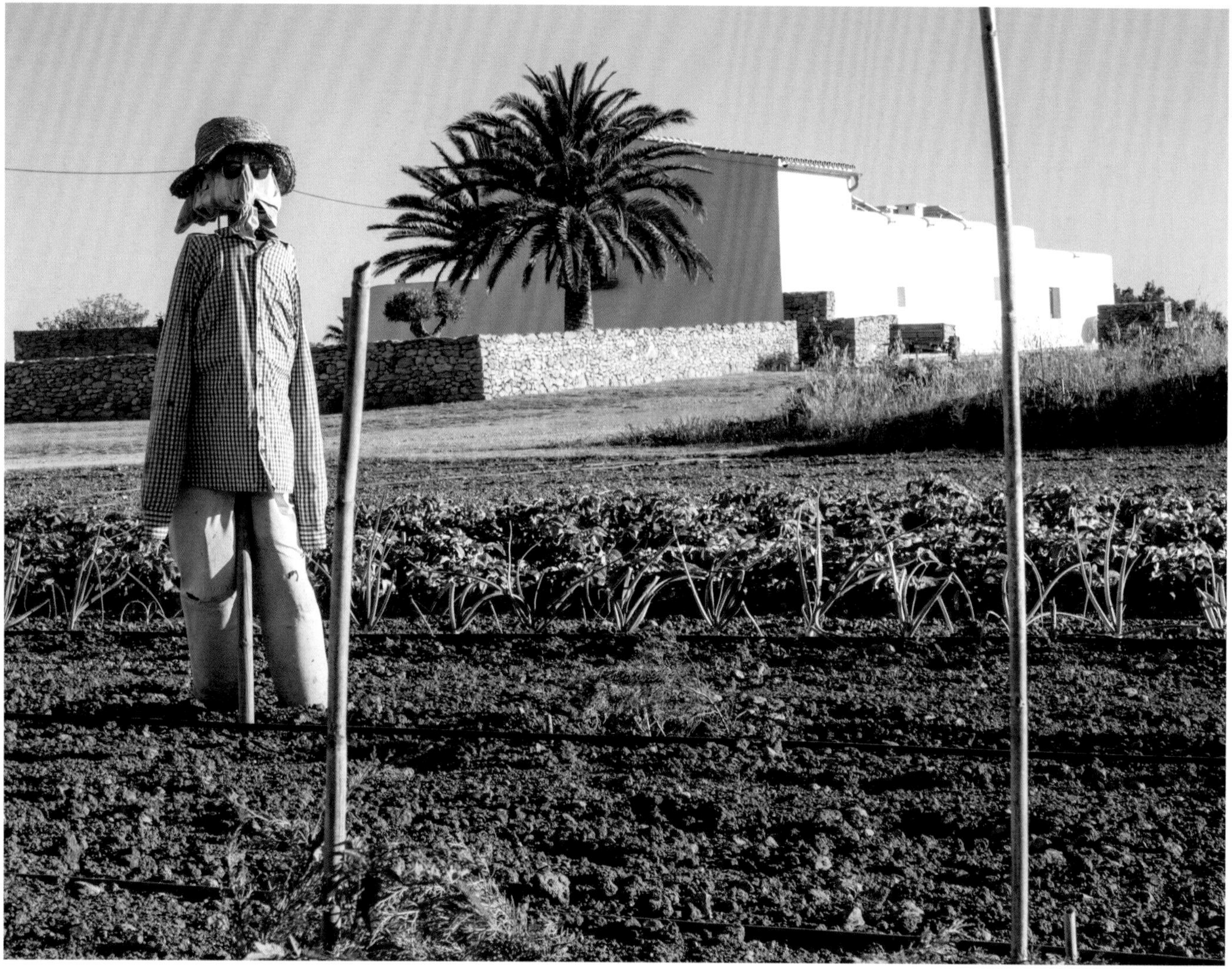

La Mola

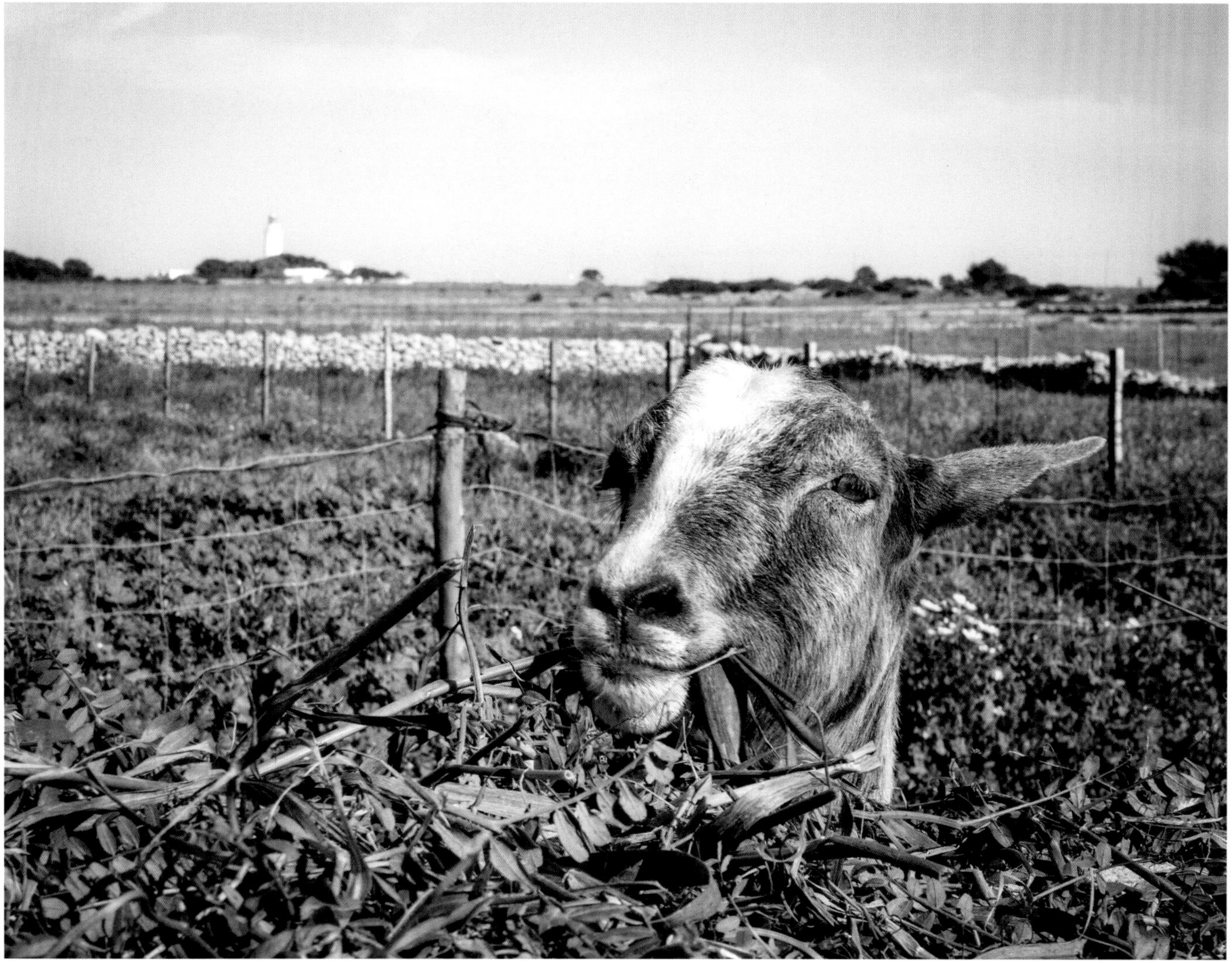

La Mola

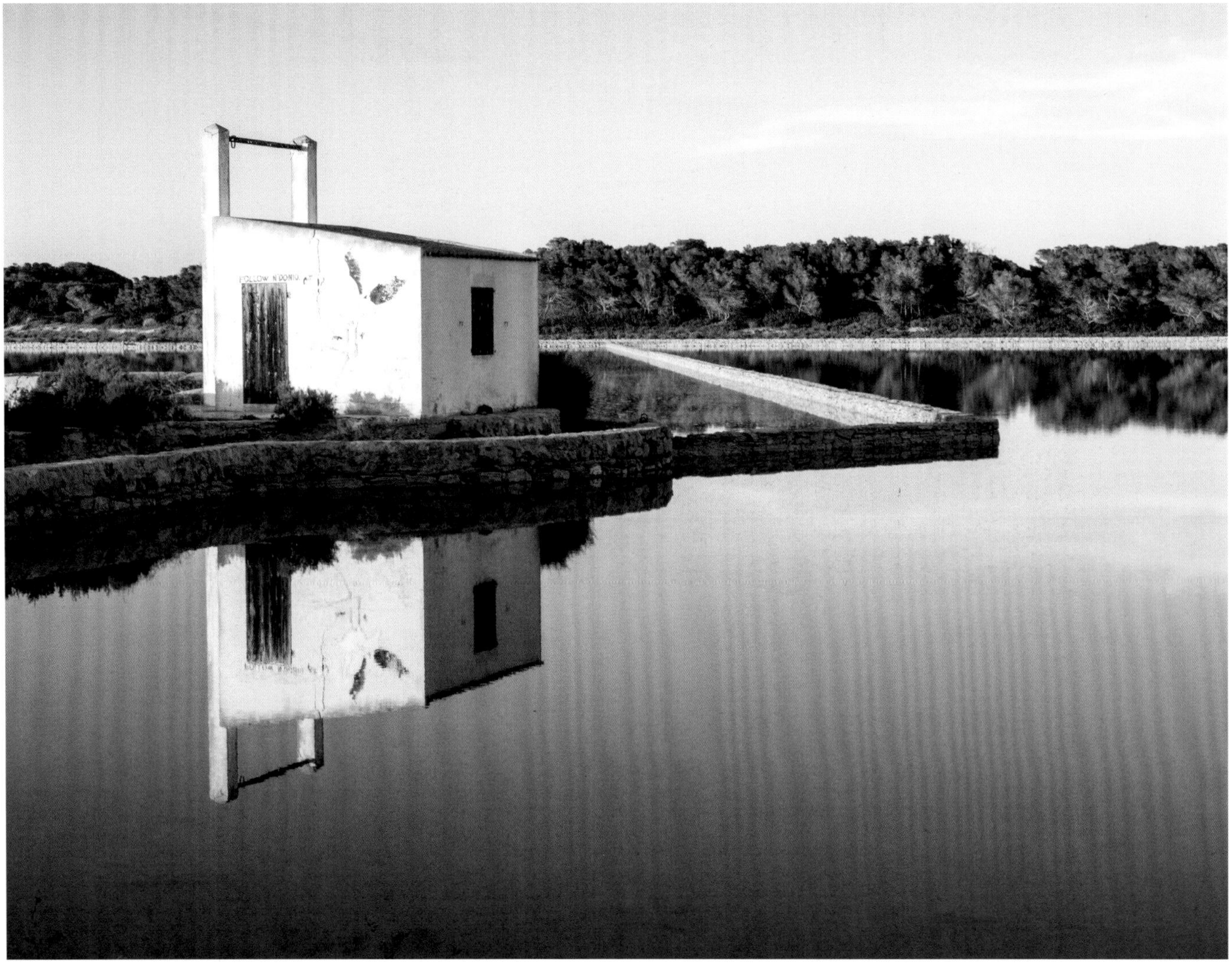

Estany Pudent

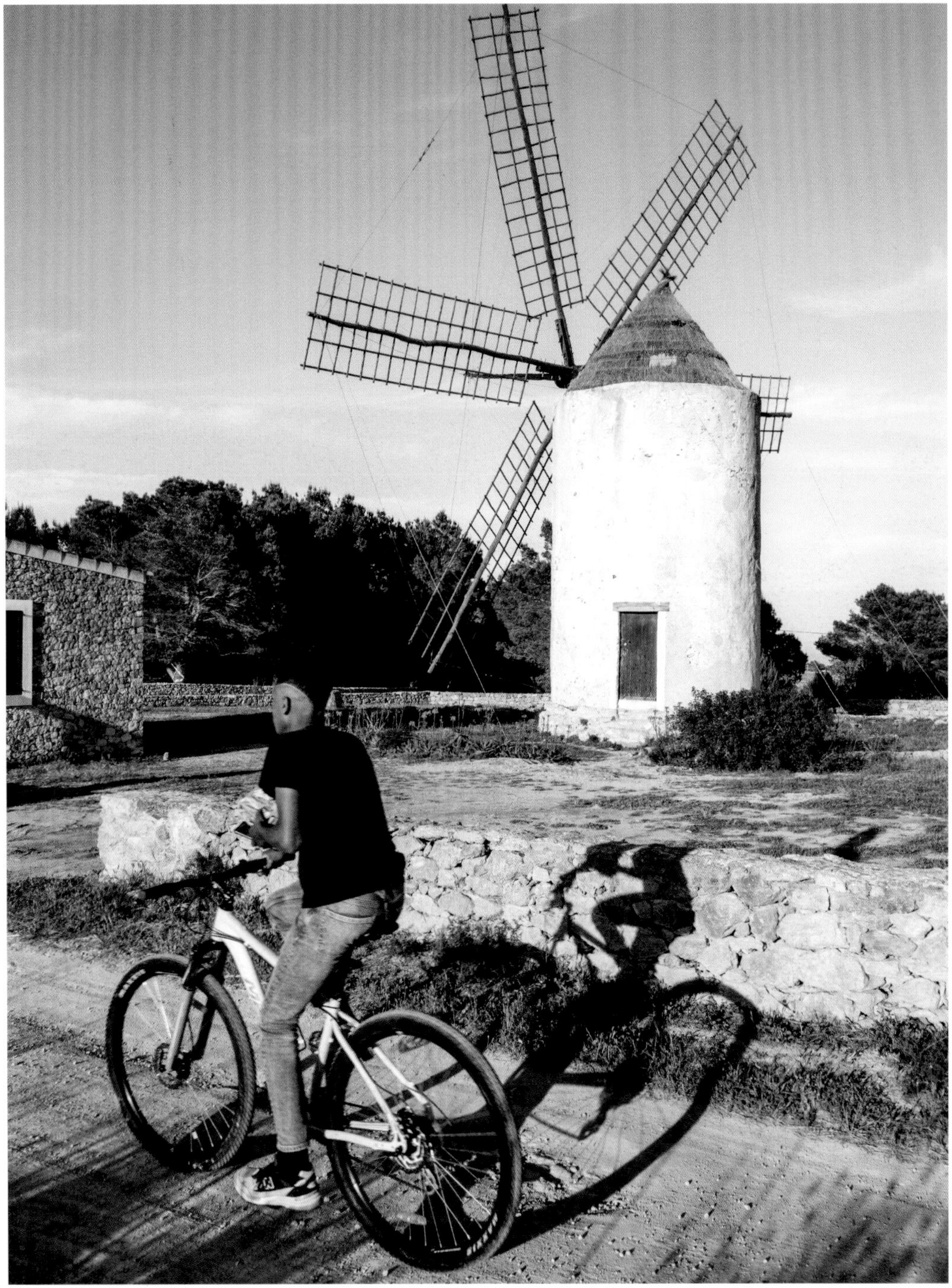

Molí Vell de la Mola

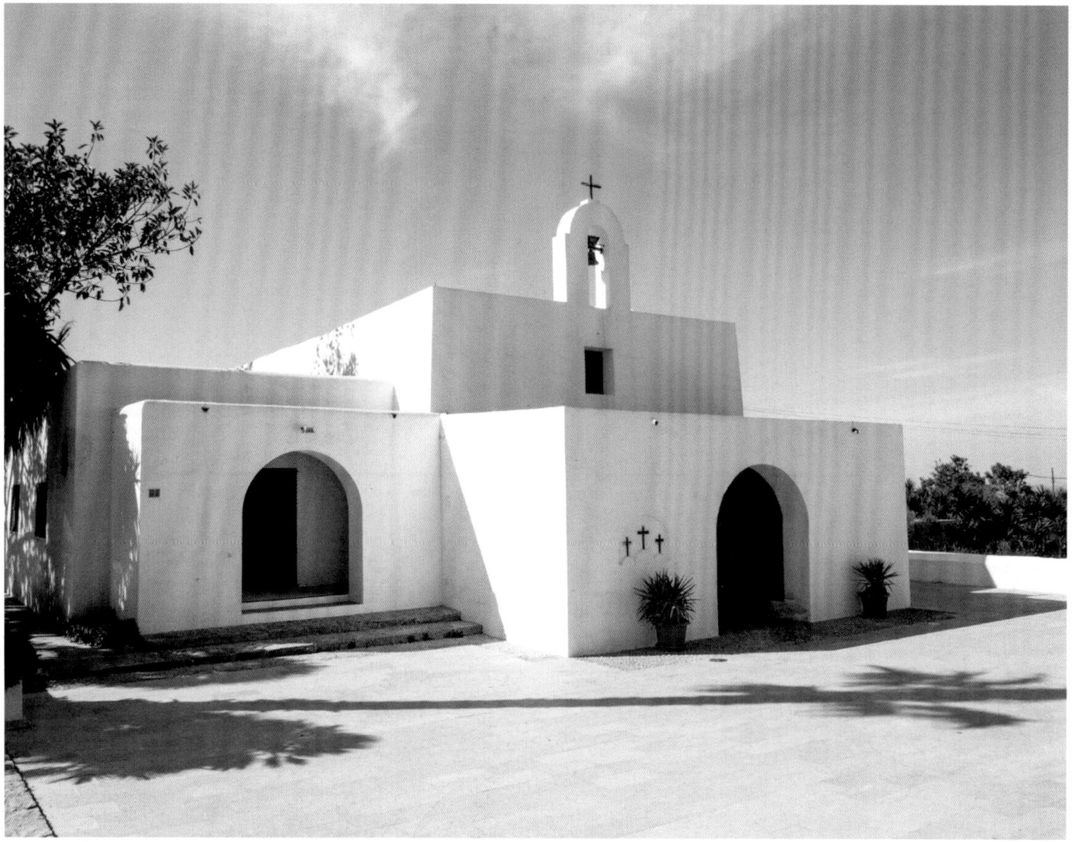

El Pilar de la Mola

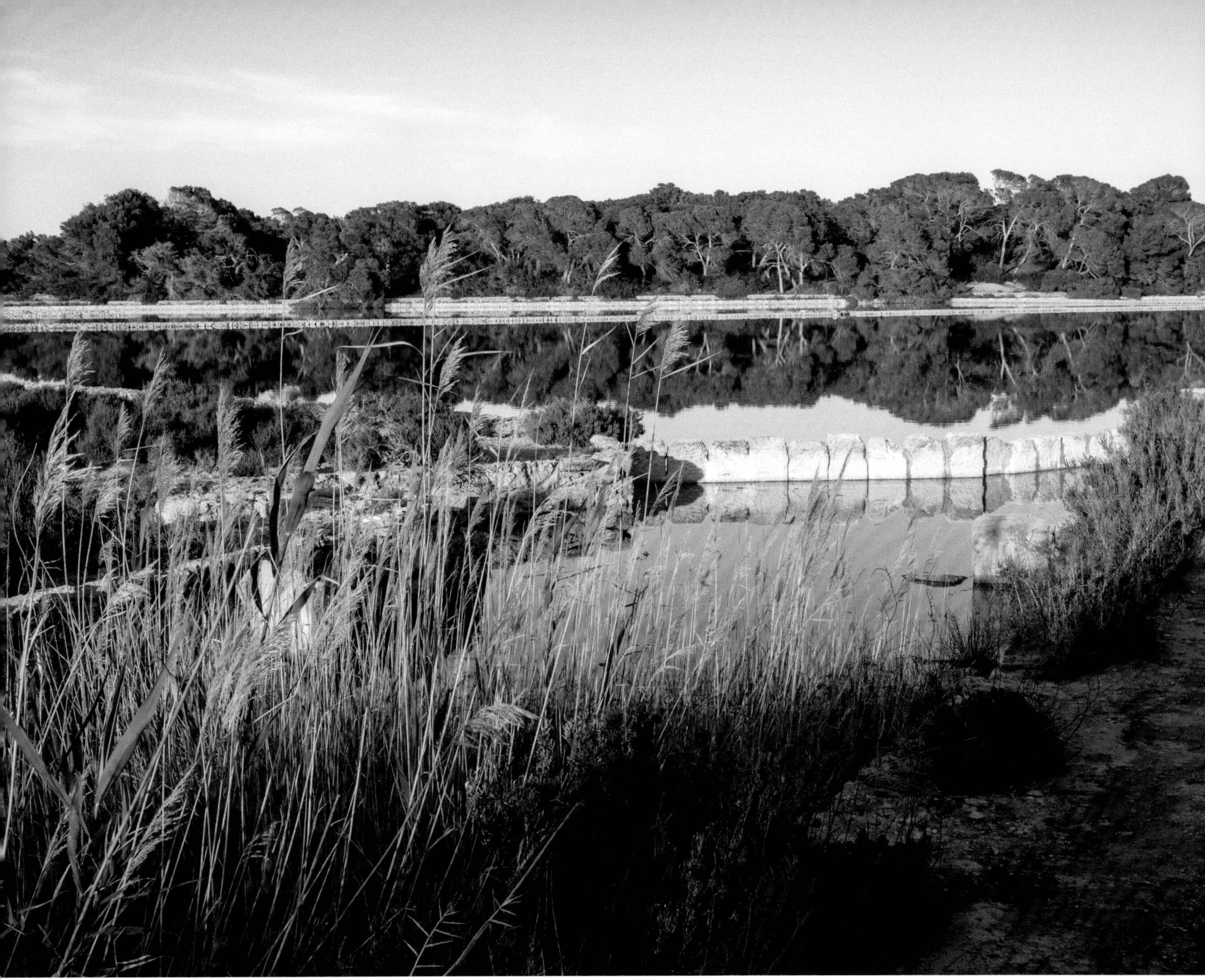

Estany Pudent

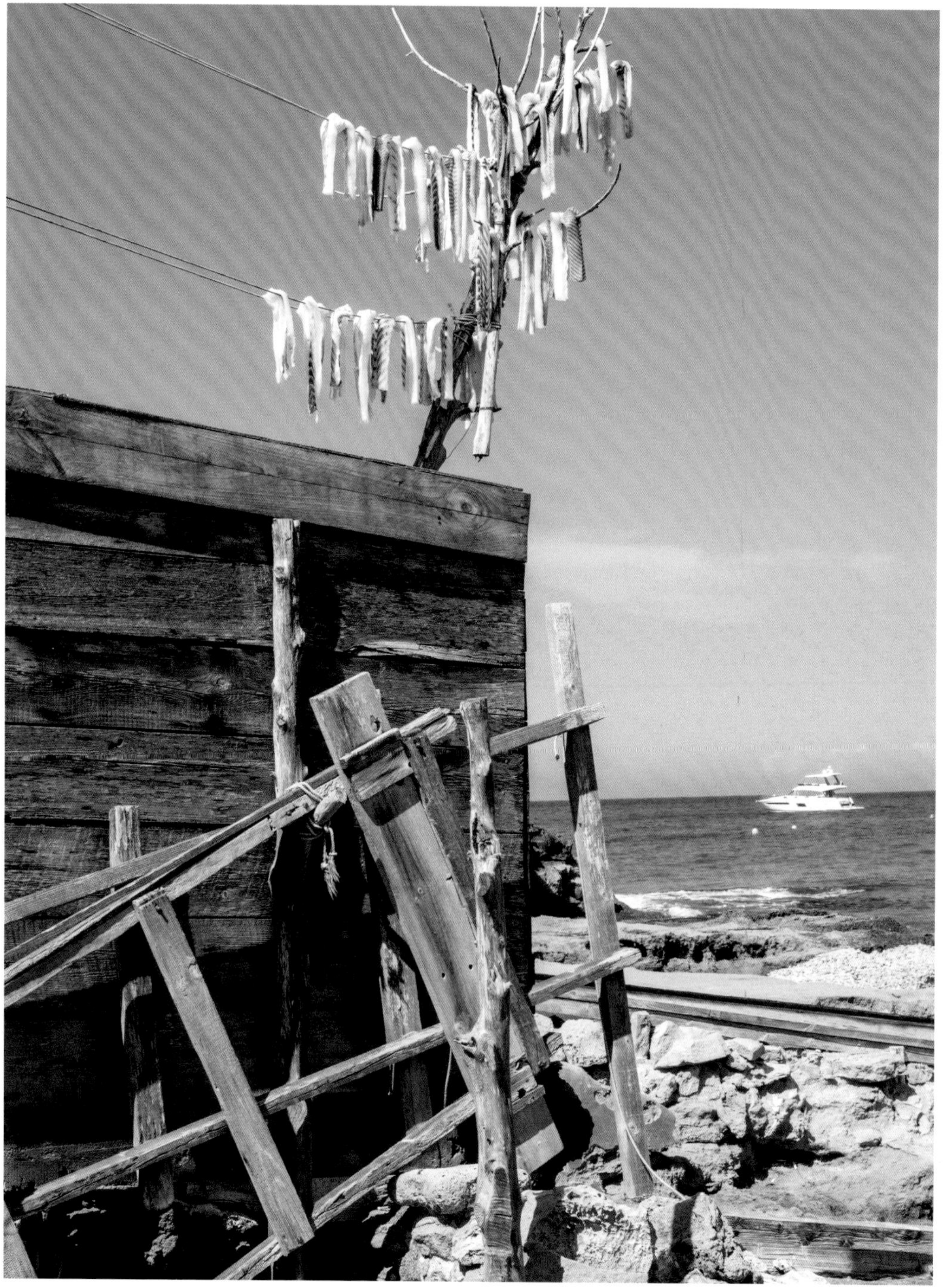

Caló de Sant Agustí

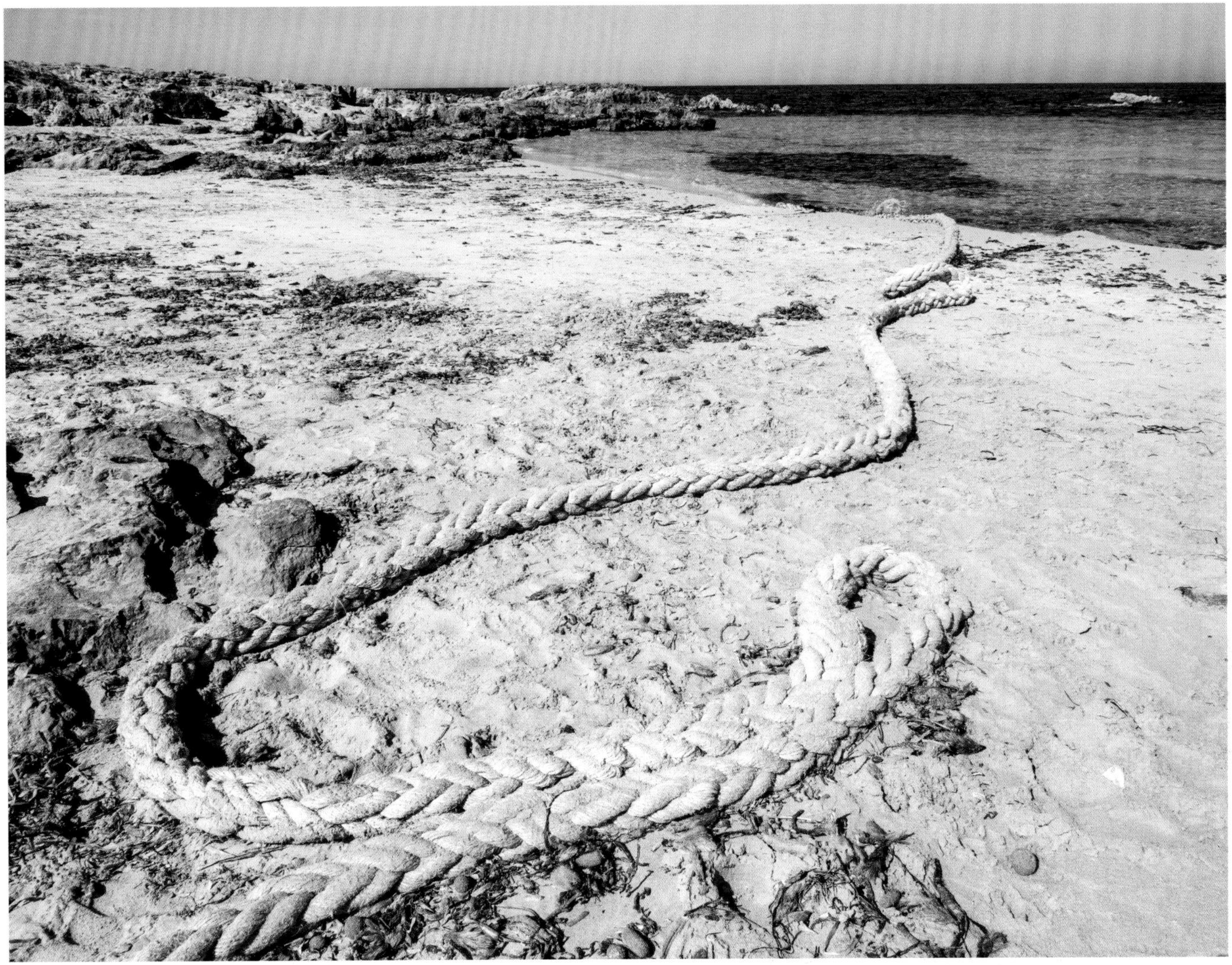

Punta des Trucadors

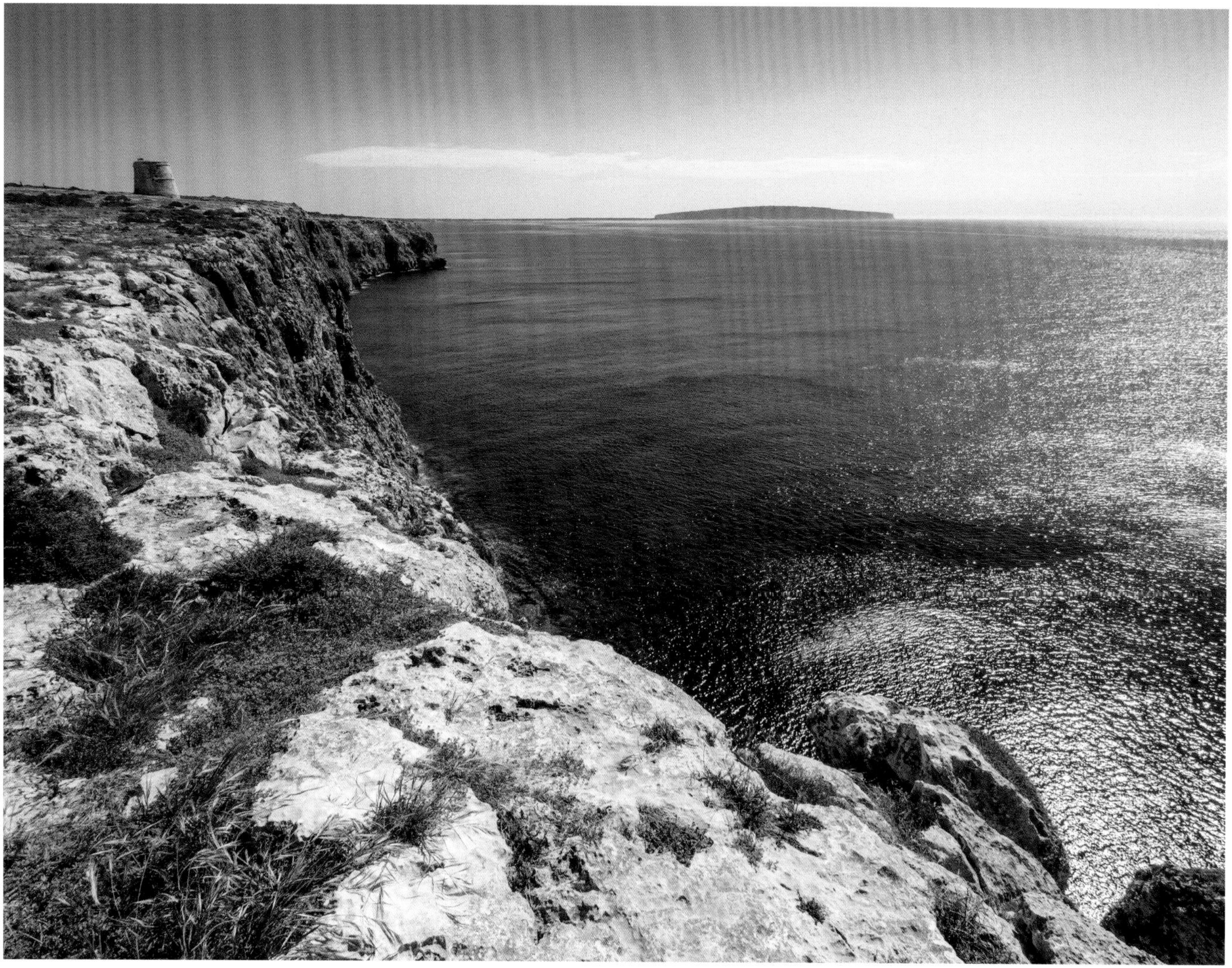

Cap de Barbaria

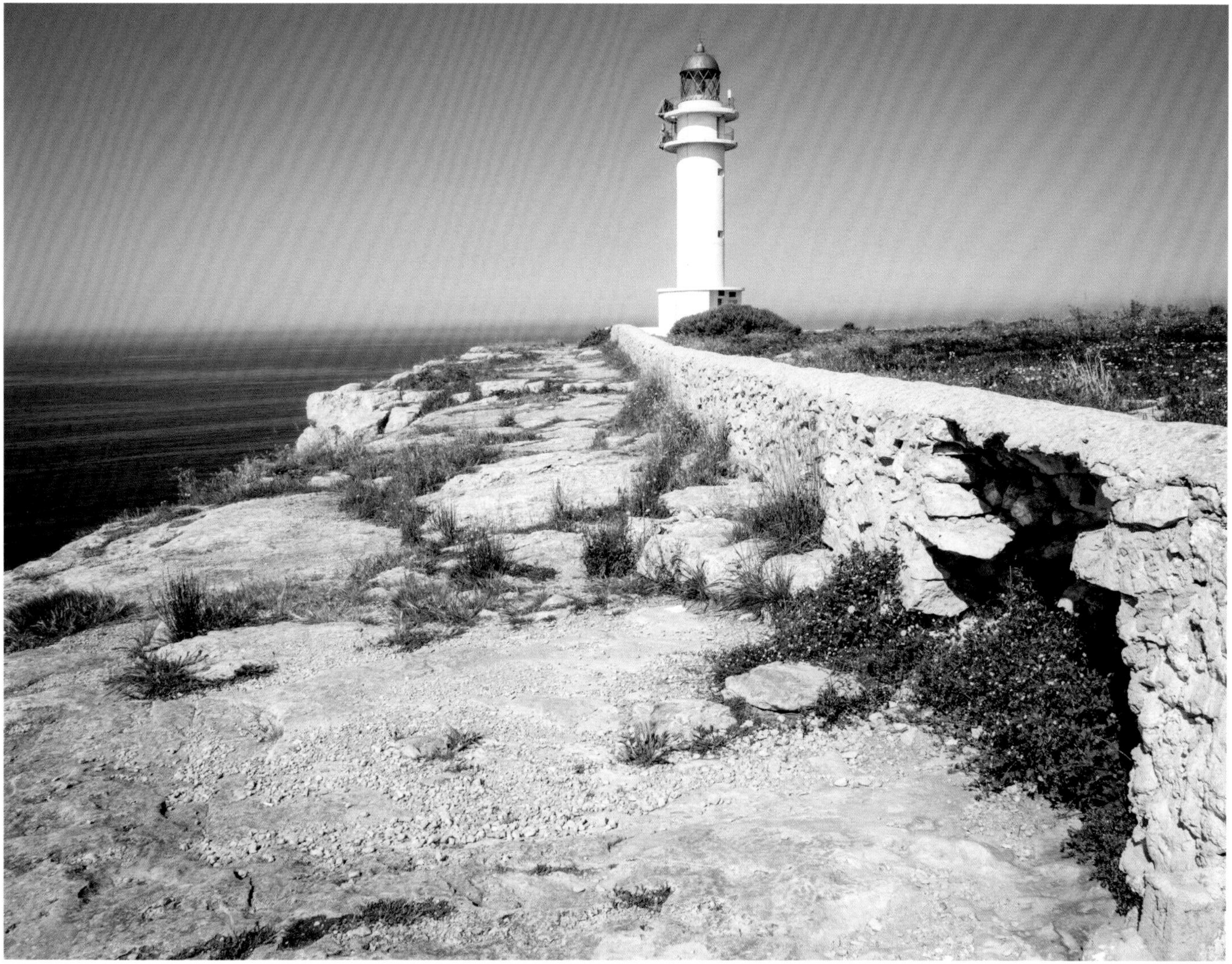

Cap de Barbaria

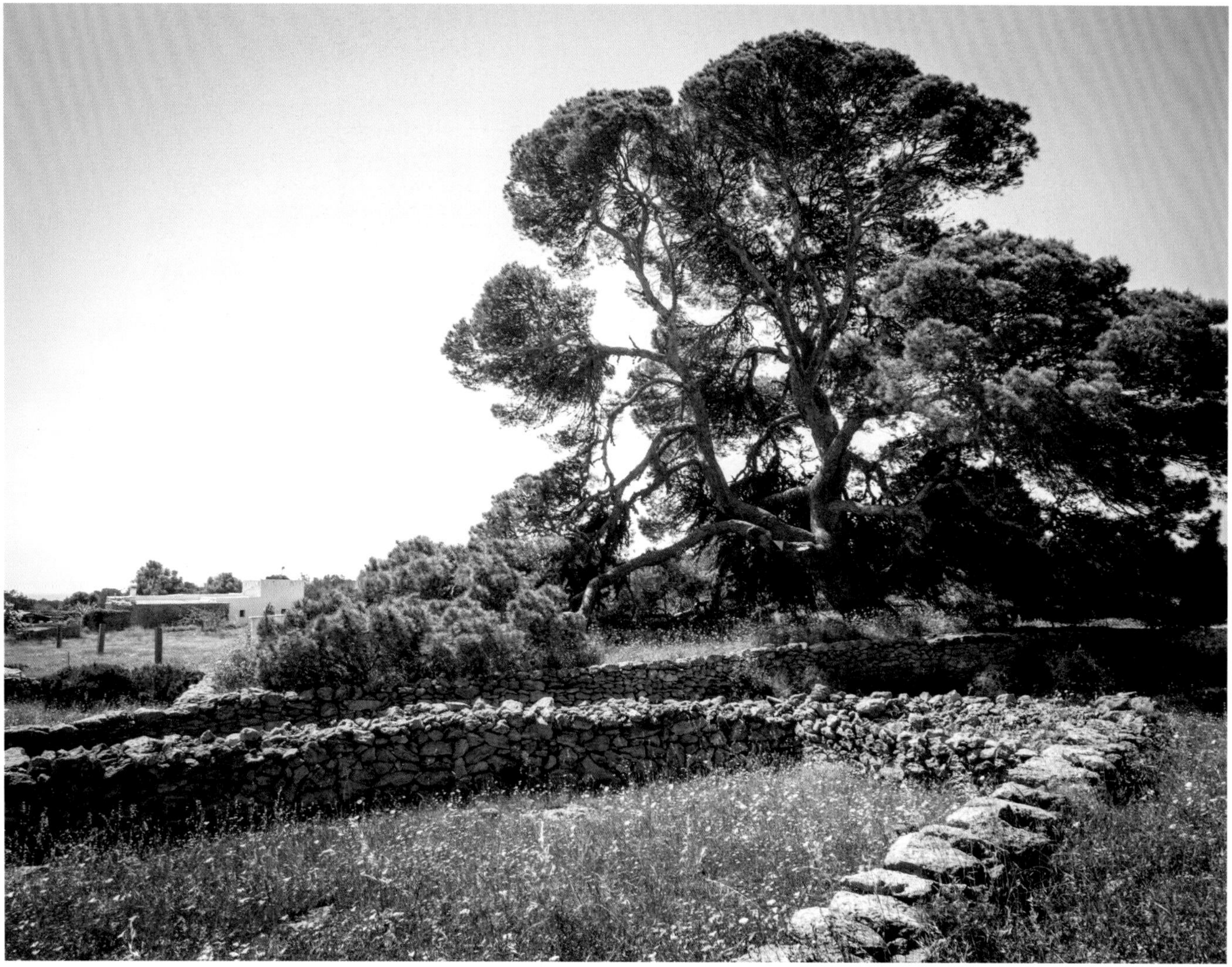

Cap de Barbaria

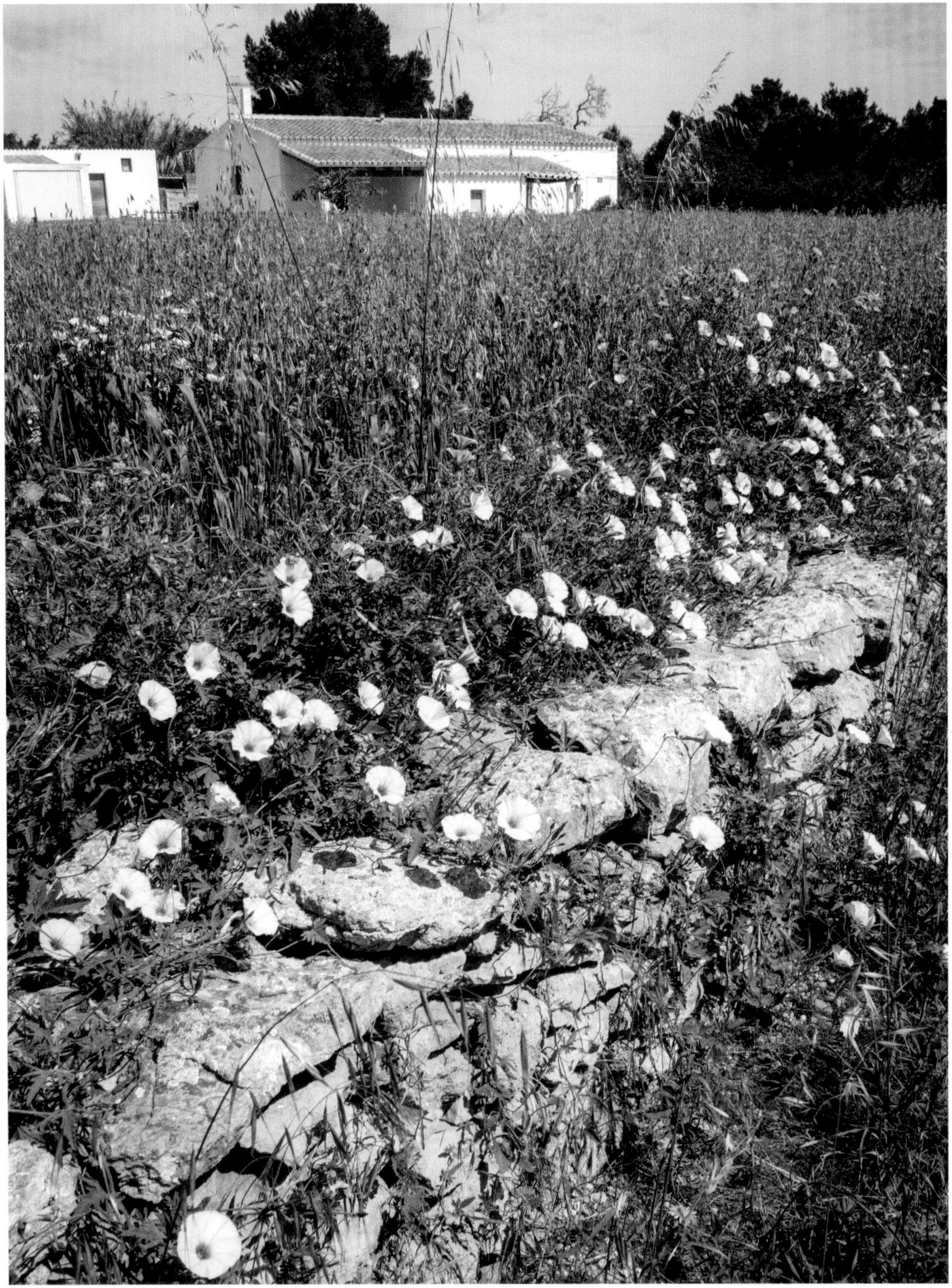

Cap de Barbaria

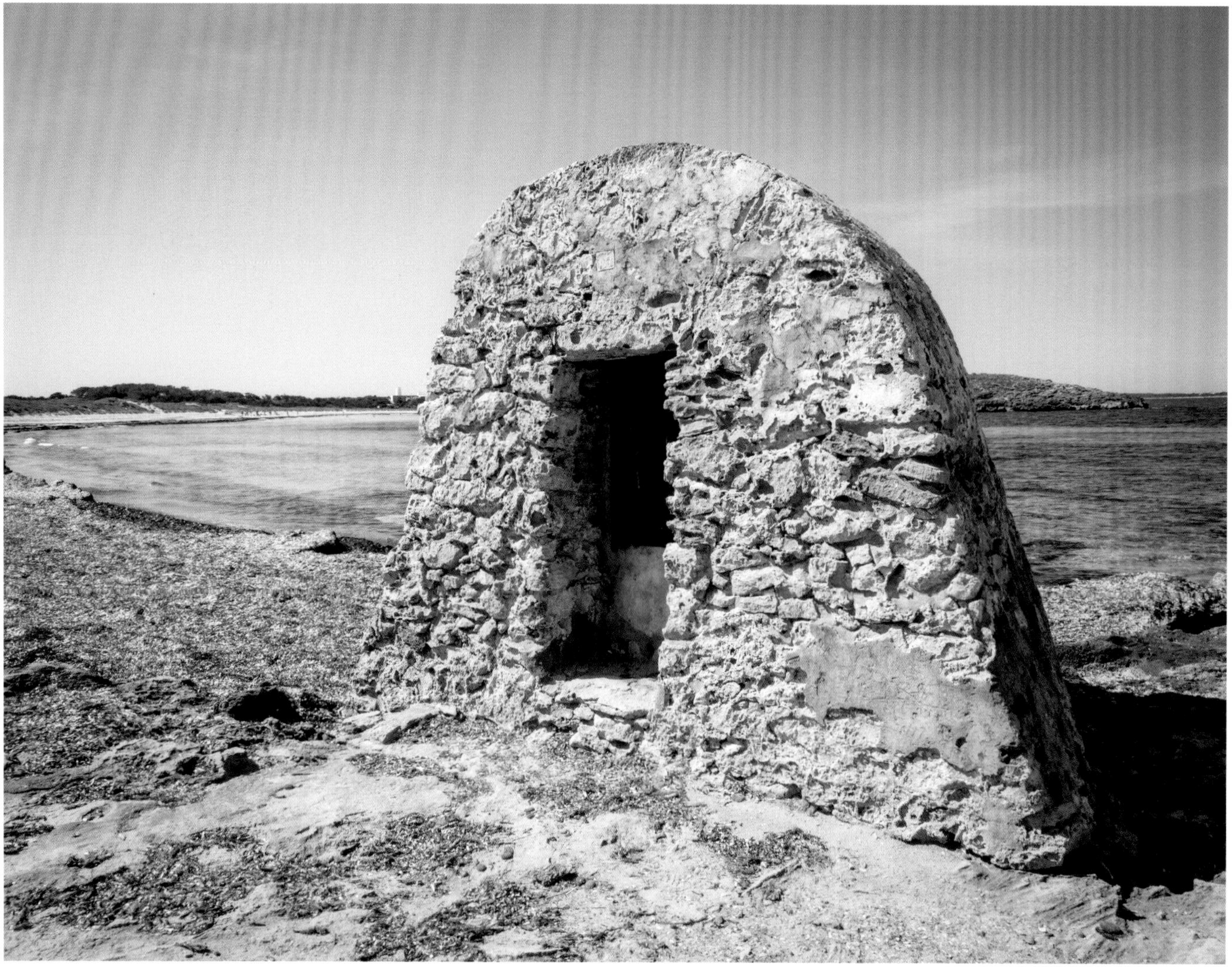

Pou de ses Illetes

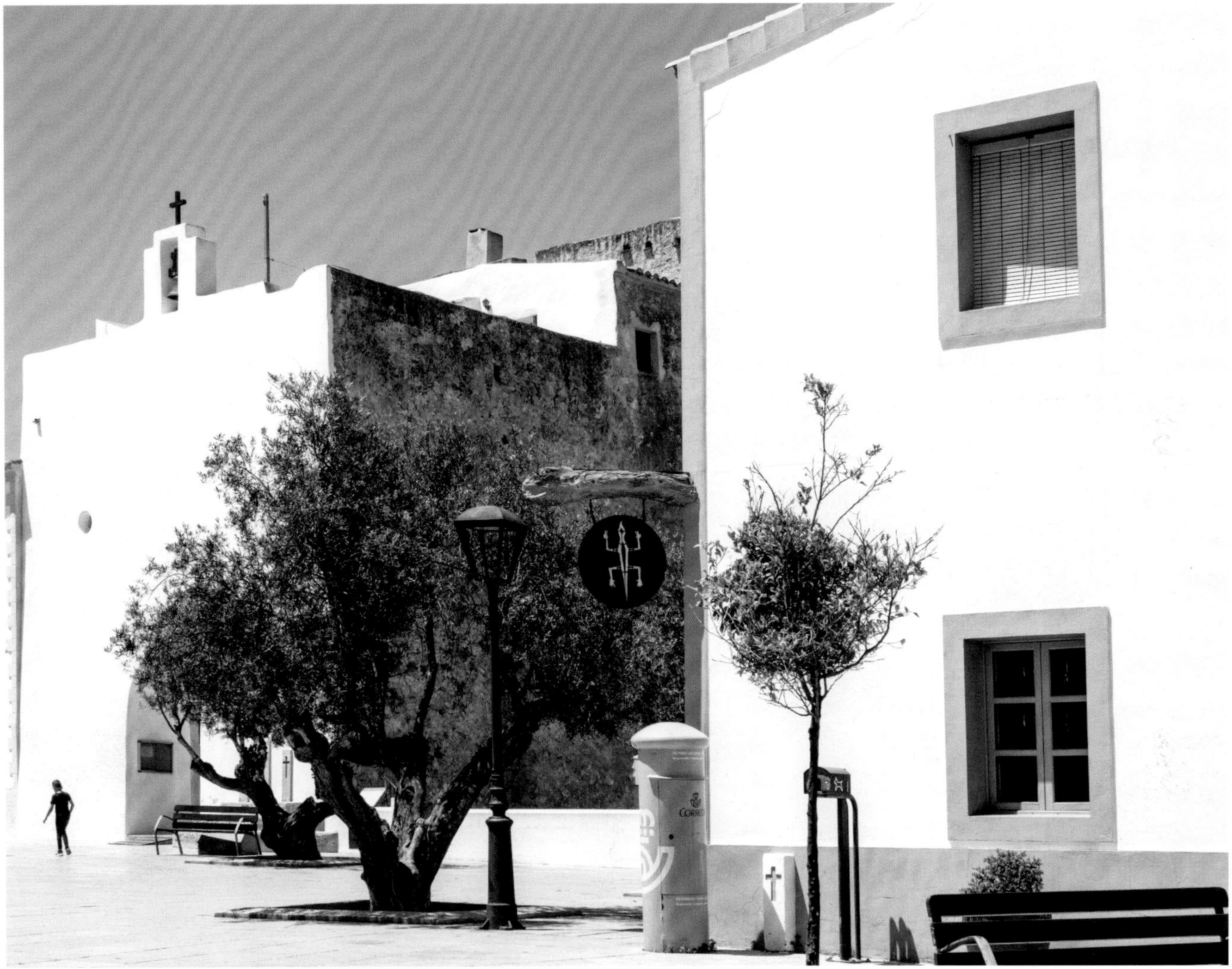

Sant Francesc Xavier

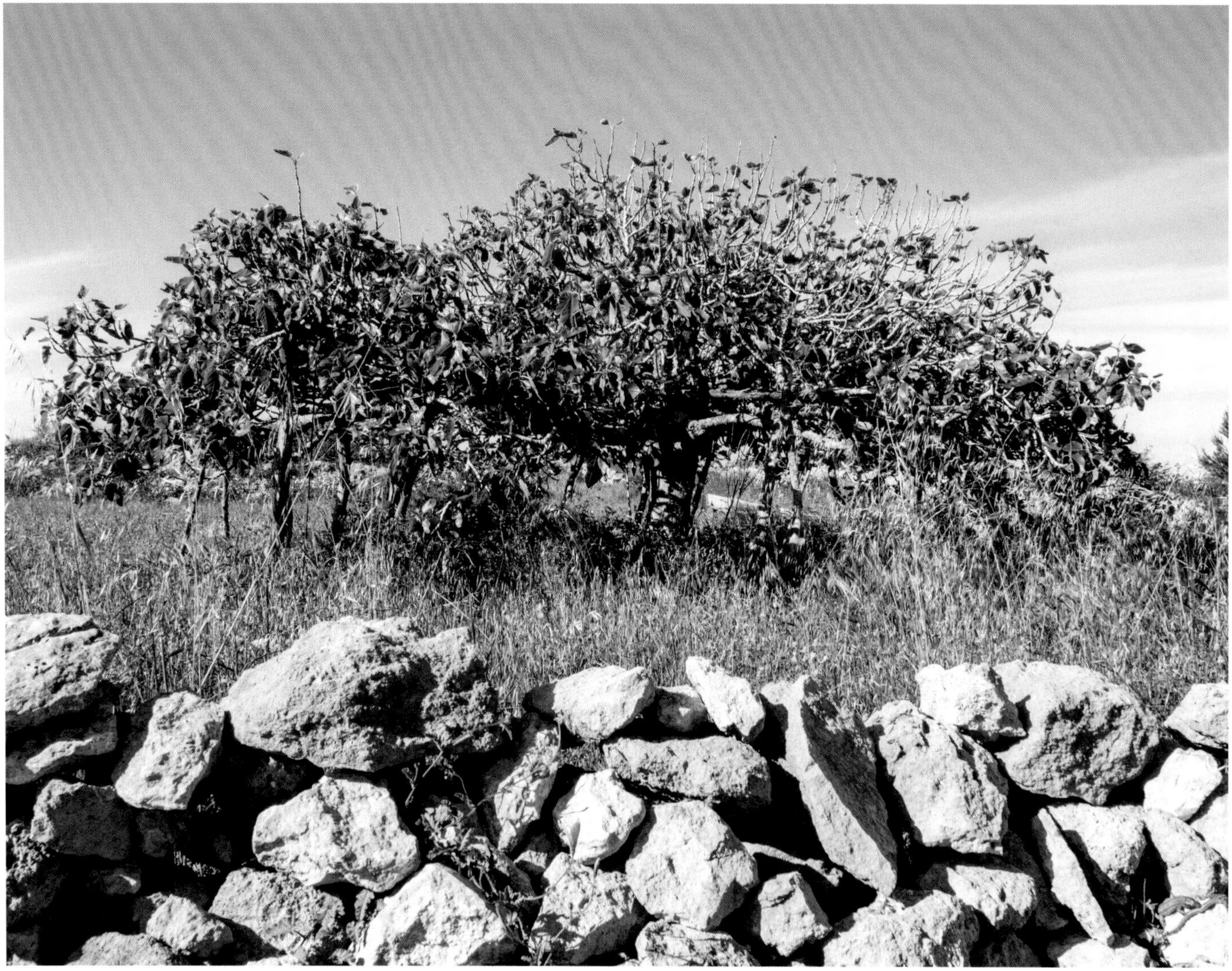

Cap de Barbaria. Figuera i paret seca

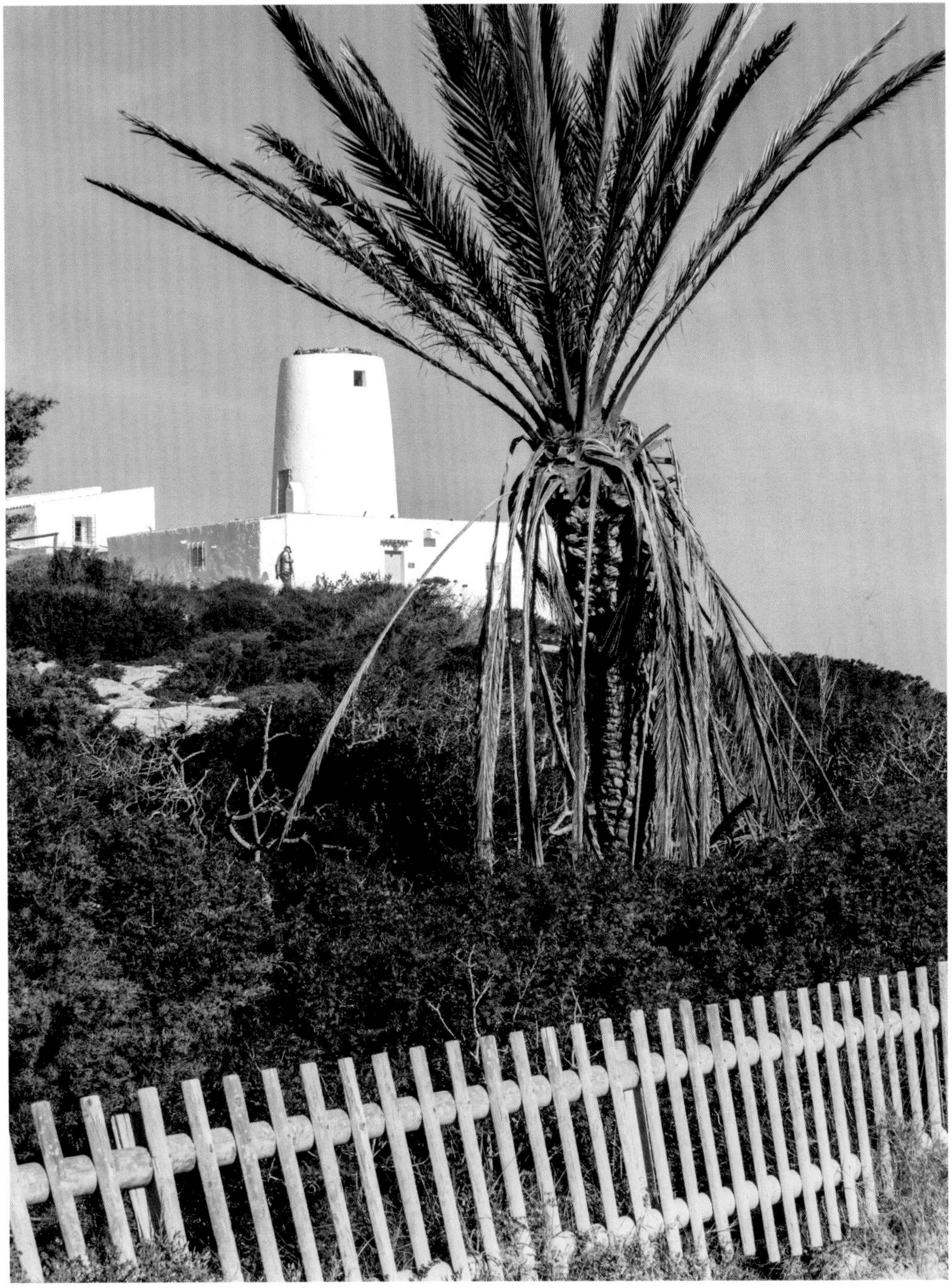

Molí de Sal

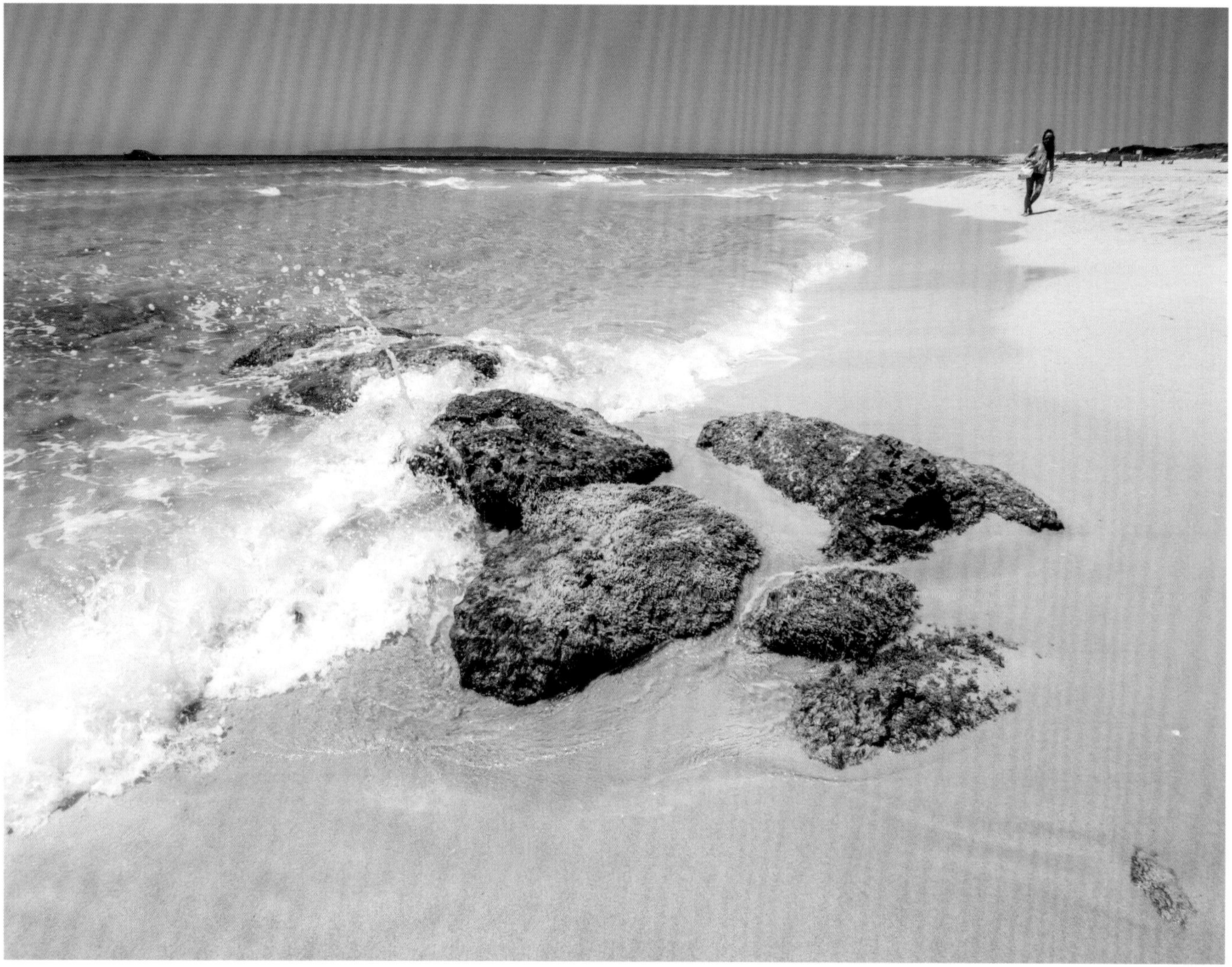

Platja de Migjorn

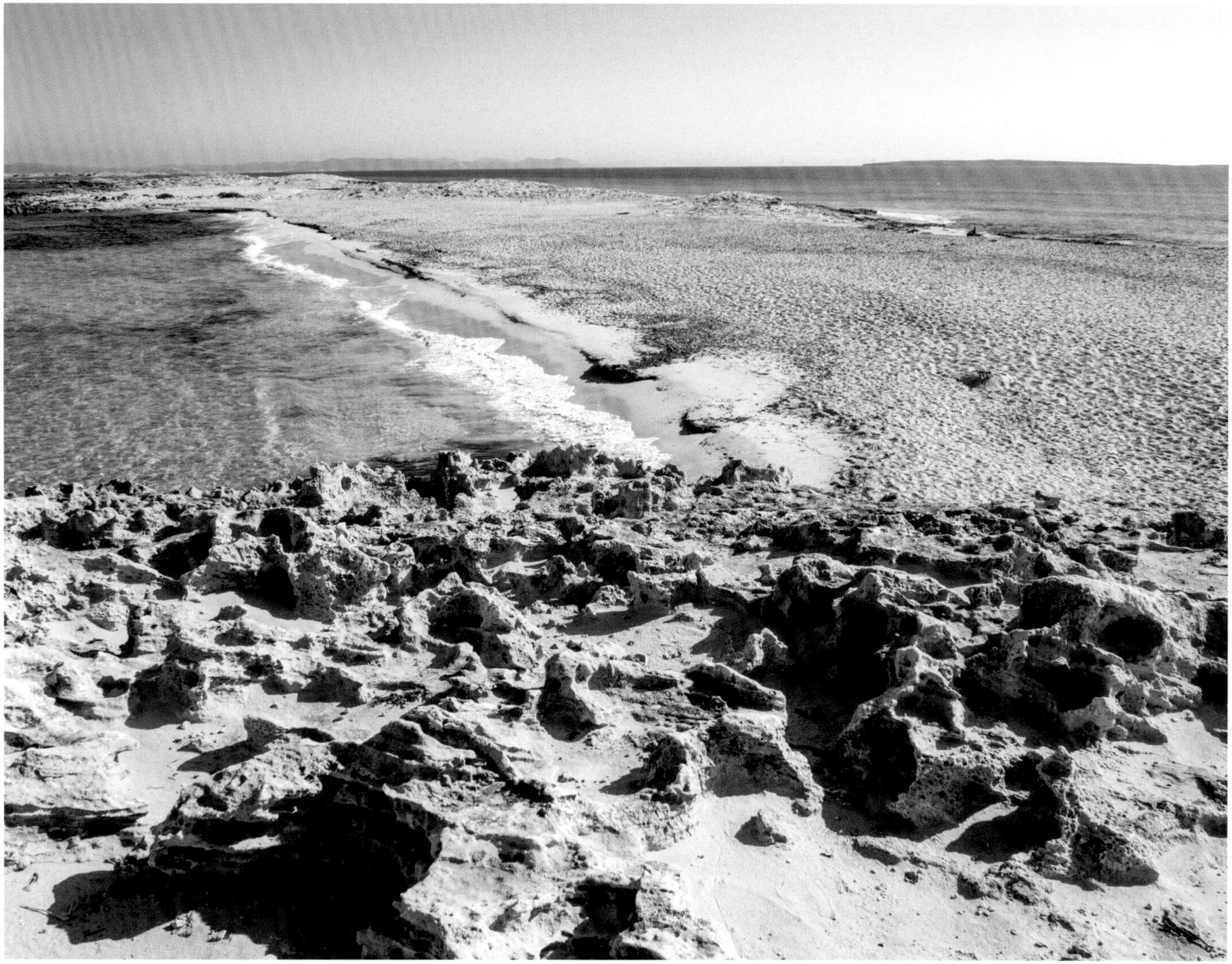

Punta des Trucadors

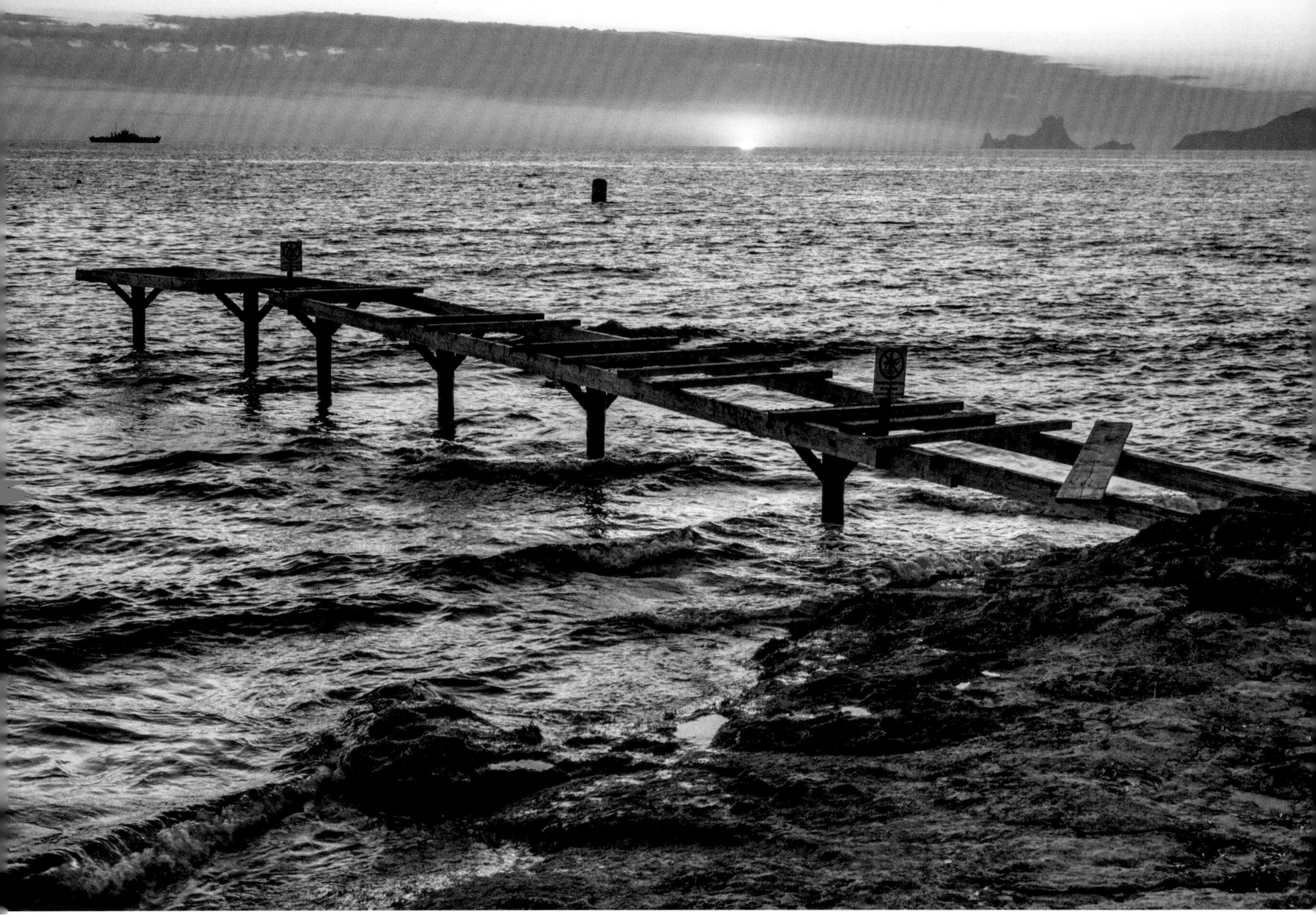

Racó de ses Ampolles

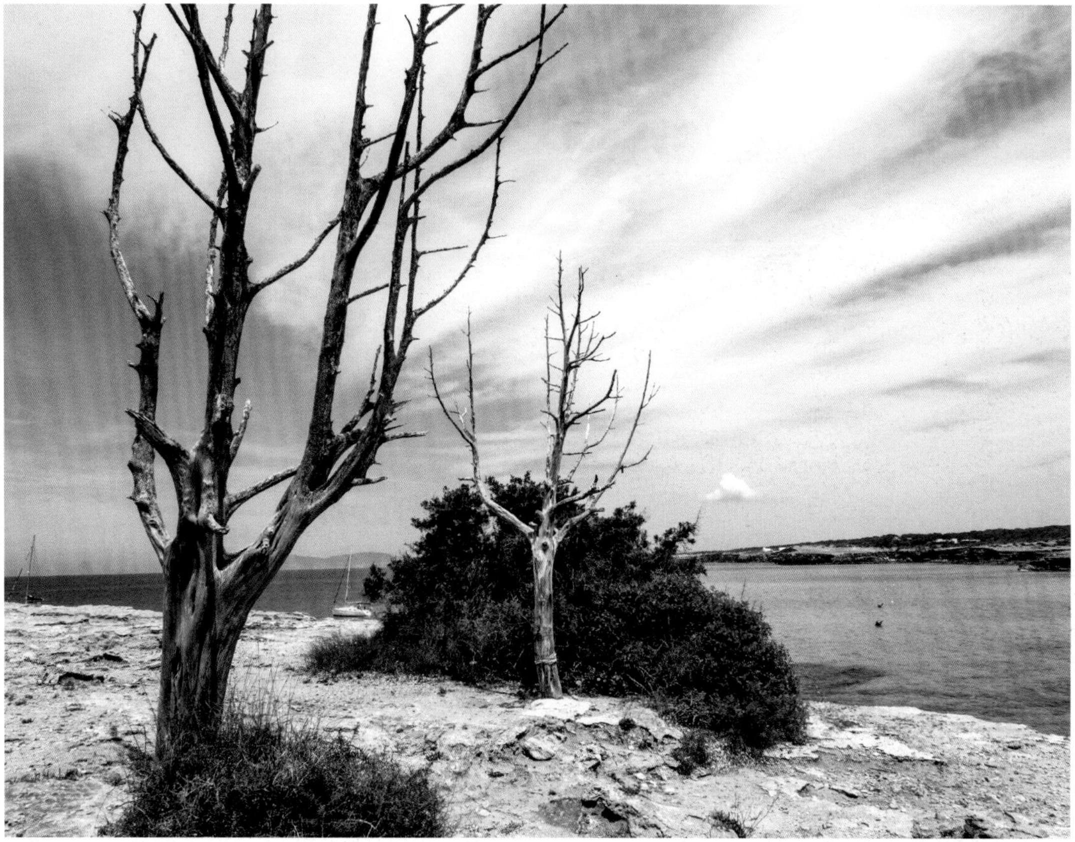

Cala Saona

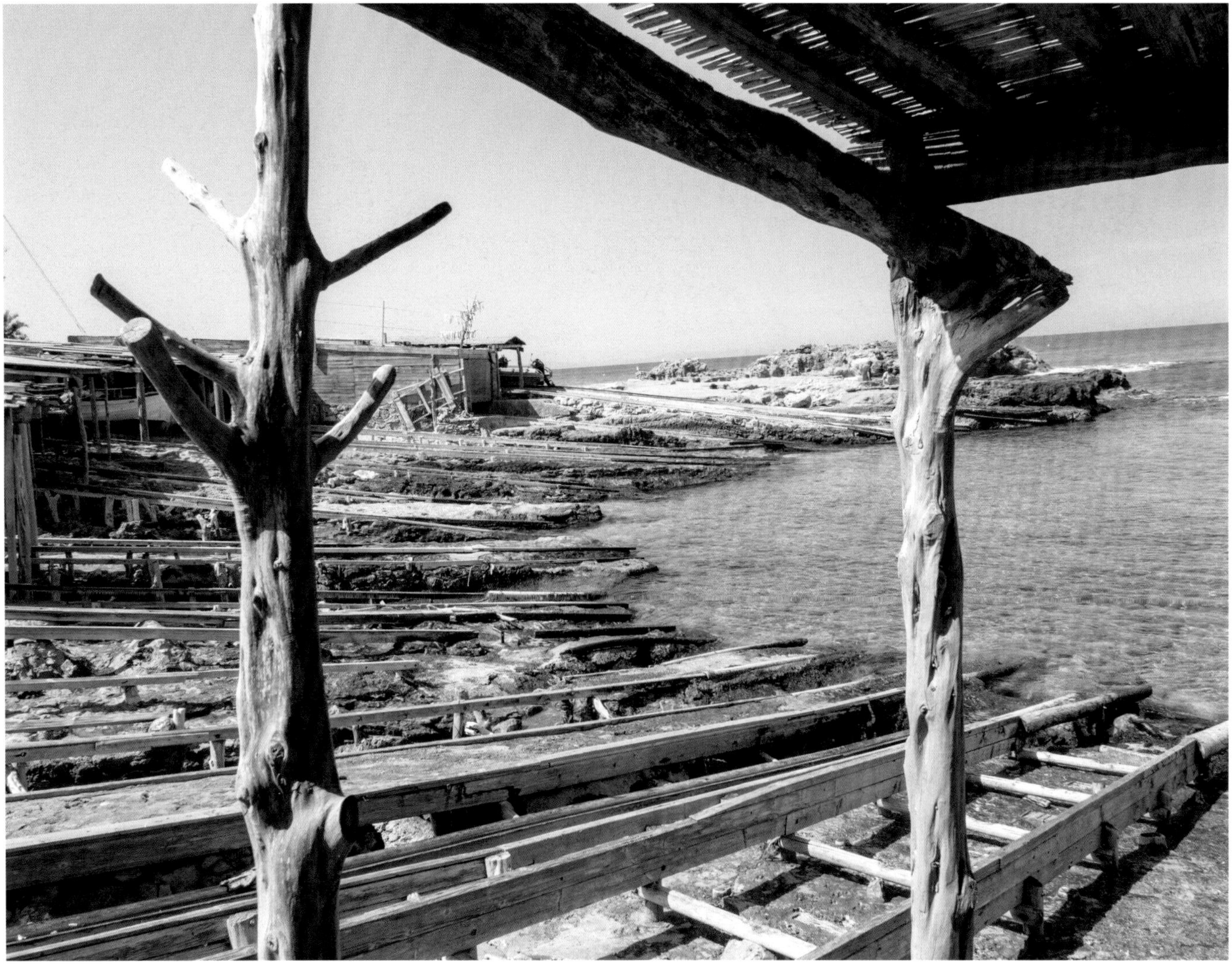

Caló de Sant Agustí

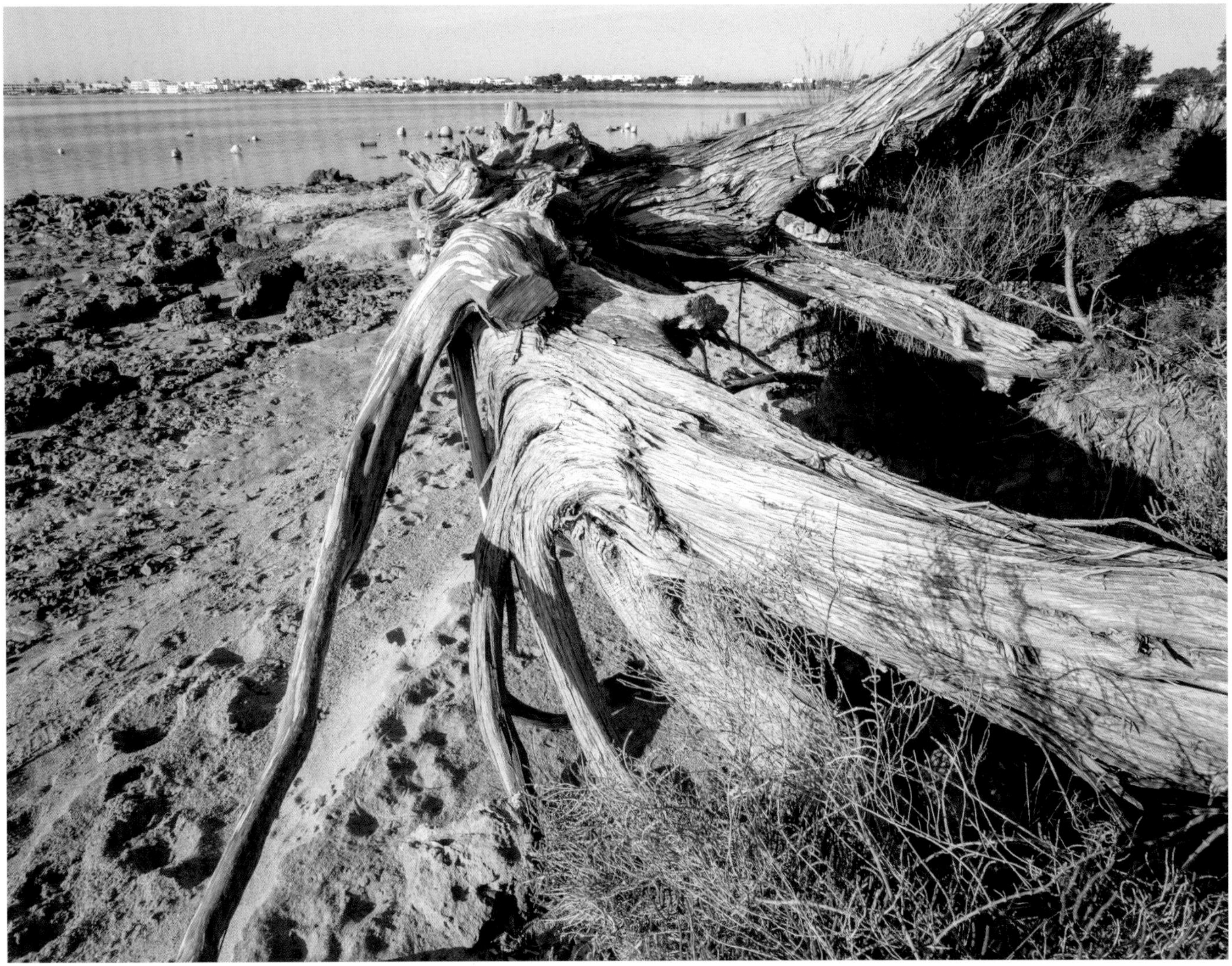

Estany des Peix

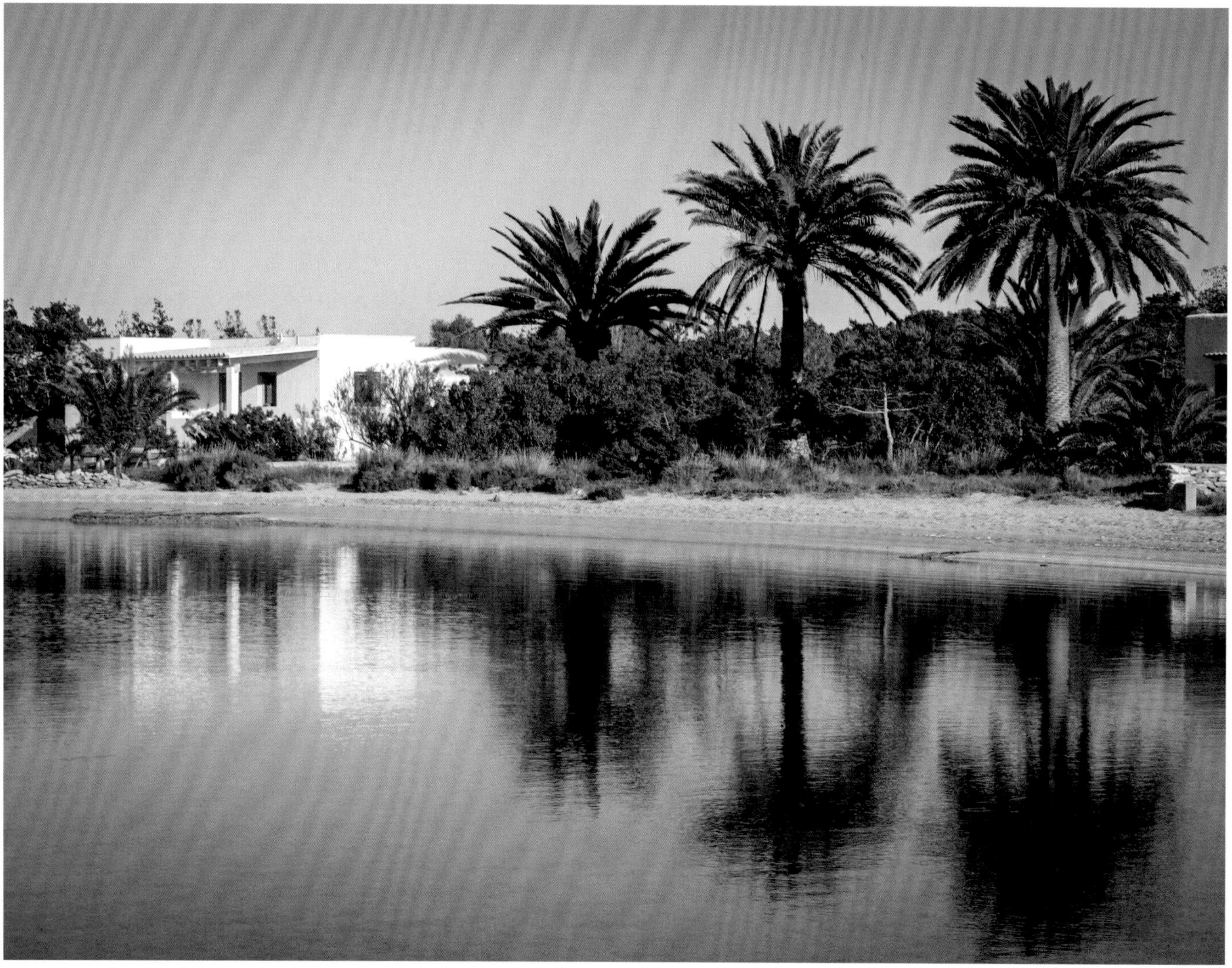

Estany des Peix

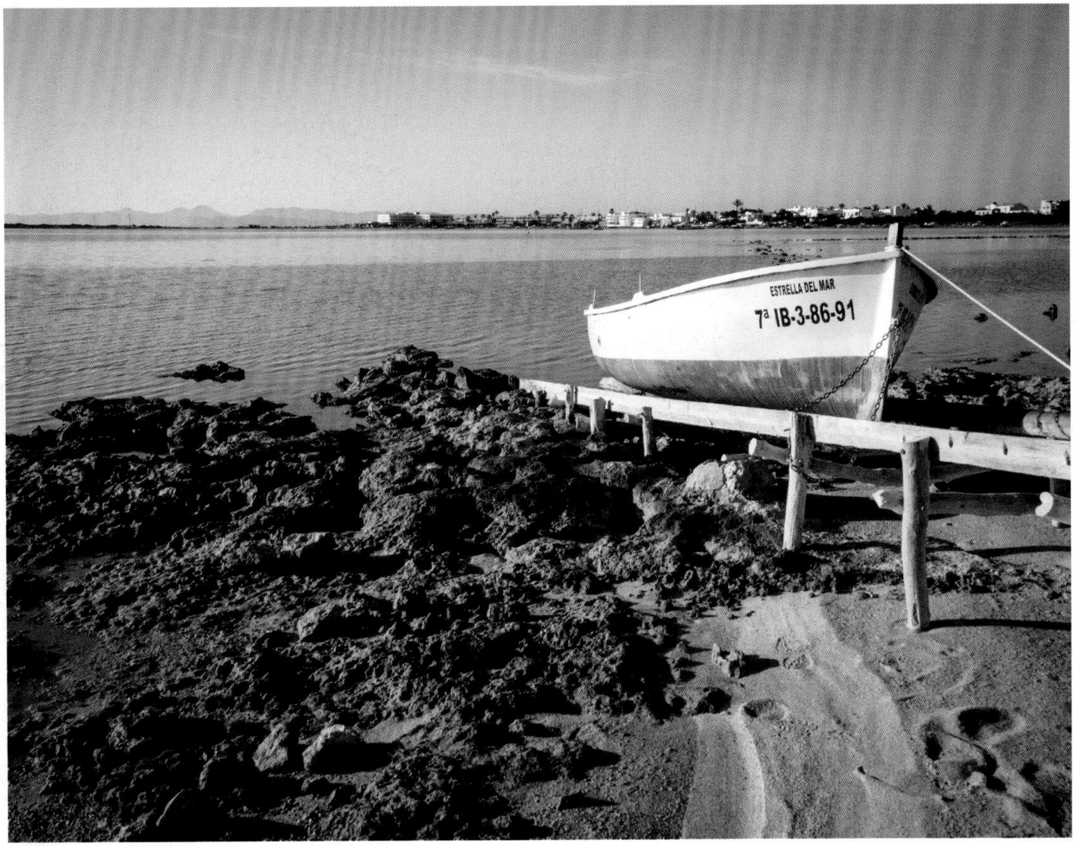

Estany des Peix

Eivissa i Formentera

Edita

Correcció lingüística
Marga Font

Traduccions
Babel traducciones

Disseny gràfic
Enric Muñoz

Impressió
Serveis Gràfics Amarant
Desembre, 2024

ISBN: 978-84-1012-741-8
DL: Me 362-2024

Imprès a Barcelona

Triangle Postals, SL
Sant Lluís, Menorca
Tel. +34 971 15 04 51
www.triangle.cat

Balàfia Postals, SL
Eivissa
Tel. +34 971 39 07 53
www.balafiapostals.com

Aquest llibre ha estat publicat amb l'ajuda de

Govern de les Illes Balears
Conselleria de Turisme, Cultura i Esports

institut d'estudis balearics